興味の尽きることのない漢字学習

漢字文化圏の人々だけではなく、
世界中に日本語研究をしている人が数多くいます。
漢字かなまじり文は、独特の形を持ちながら
伝統ある日本文化を支え、
伝達と文化発展の基礎となってきました。
その根幹は漢字。
一字一字を調べていくと、
その奥深さに心打たれ、興味がわいてきます。
漢字は、生涯かけての
勉強の相手となるのではないでしょうか。

「漢検」級別 主な出題内容

10級 …対象漢字数 80字
漢字の読み／漢字の書取／筆順・画数

9級 …対象漢字数 240字
漢字の読み／漢字の書取／筆順・画数

8級 …対象漢字数 440字
漢字の読み／漢字の書取／部首・部首名／筆順・画数／送り仮名／対義語／同じ漢字の読み

7級 …対象漢字数 640字
漢字の読み／漢字の書取／部首・部首名／筆順・画数／送り仮名／対義語／同音異字／三字熟語

6級 …対象漢字数 825字
漢字の読み／漢字の書取／部首・部首名／筆順・画数／送り仮名／対義語・類義語／同音・同訓異字／三字熟語／熟語の構成

5級 …対象漢字数 1006字
漢字の読み／漢字の書取／部首・部首名／筆順・画数／送り仮名／対義語・類義語／同音・同訓異字／誤字訂正／四字熟語／熟語の構成

4級 …対象漢字数 1322字
漢字の読み／漢字の書取／部首・部首名／送り仮名／対義語・類義語／同音・同訓異字／誤字訂正／四字熟語／熟語の構成

3級 …対象漢字数 1607 字
漢字の読み／漢字の書取／部首・部首名／送り仮名／対義語・類義語／同音・同訓異字／誤字訂正／四字熟語／熟語の構成

準2級 …対象漢字数 1940 字
漢字の読み／漢字の書取／部首・部首名／送り仮名／対義語・類義語／同音・同訓異字／誤字訂正／四字熟語／熟語の構成

2級 …対象漢字数 2136 字
漢字の読み／漢字の書取／部首・部首名／送り仮名／対義語・類義語／同音・同訓異字／誤字訂正／四字熟語／熟語の構成

準1級 …対象漢字数 約3000字
漢字の読み／漢字の書取／故事・諺／対義語・類義語／同音・同訓異字／誤字訂正／四字熟語

1級 …対象漢字数 約6000字
漢字の読み／漢字の書取／故事・諺／対義語・類義語／同音・同訓異字／誤字訂正／四字熟語

※ここに示したのは出題分野の一例です。毎回すべての分野から出題されるとは限りません。また、このほかの分野から出題されることもあります。

日本漢字能力検定採点基準 最終改定：平成25年4月1日

1 採点の対象

筆画を正しく、明確に書かれた字を採点の対象とし、くずした字や、乱雑に書かれた字は採点の対象外とする。

2 字種・字体

①2～10級の解答は、内閣告示「常用漢字表」（平成二十二年）による。ただし、旧字体での解答は正答とは認めない。

②1級および準1級の解答は、『漢検要覧 1／準1級対応』（公益財団法人日本漢字能力検定協会発行）に示す「標準字体」「許容字体」「旧字体一覧表」による。

3 読み

①2～10級の解答は、内閣告示「常用漢字表」（平成二十二年）による。

②1級および準1級の解答には、①の規定は適用しない。

4 仮名遣い

仮名遣いは、内閣告示「現代仮名遣い」による。

5 送り仮名

送り仮名は、内閣告示「送り仮名の付け方」による。

6 部首

部首は、『漢検要覧 2～10級対応』（公益財団法人日本漢字能力検定協会発行）収録の「部首一覧表と部首別の常用漢字」による。

7 筆順

筆順の原則は、文部省編『筆順指導の手びき』（昭和三十三年）による。常用漢字一字一字の筆順は、『漢検要覧 2～10級対応』収録の「常用漢字の筆順一覧」による。

8 合格基準

級	満点	合格
1級／準1級／2級	二〇〇点	八〇％程度
準2級／3級／4級／5級／6級／7級	二〇〇点	七〇％程度
8級／9級／10級	一五〇点	八〇％程度

※部首、筆順は『漢検 漢字学習ステップ』など公益財団法人日本漢字能力検定協会発行図書でも参照できます。

日本漢字能力検定審査基準

10級

程度　小学校第1学年の学習漢字を理解し、文や文章の中で使える。

領域・内容

《読むことと書くこと》　小学校学年別漢字配当表の第1学年の学習漢字を読み、書くことができる。

《筆順》　点画の長短、接し方や交わり方、筆順および総画数を理解している。

9級

程度　小学校第2学年までの学習漢字を理解し、文や文章の中で使える。

領域・内容

《読むことと書くこと》　小学校学年別漢字配当表の第2学年までの学習漢字を読み、書くことができる。

《筆順》　点画の長短、接し方や交わり方、筆順および総画数を理解している。

8級

程度　小学校第3学年までの学習漢字を理解し、文や文章の中で使える。

領域・内容

《読むことと書くこと》　小学校学年別漢字配当表の第3学年までの学習漢字を読み、書くことができる。

- 音読みと訓読みとを理解していること
- 送り仮名に注意して正しく書けること（食べる、楽しい、後ろ　など）
- 対義語の大体を理解していること（勝つ―負ける、重い―軽い　など）
- 同音異字を理解していること（反対、体育、期待、太陽　など）

《筆順》　筆順、総画数を正しく理解している。

《部首》　主な部首を理解している。

7級

程度　小学校第4学年までの学習漢字を理解し、文章の中で正しく使える。

領域・内容

《読むことと書くこと》　小学校学年別漢字配当表の第4学年までの学習漢字を読み、書くことができる。

- 音読みと訓読みとを正しく理解していること
- 送り仮名に注意して正しく書けること（等しい、短い、流れる　など）
- 熟語の構成を知っていること
- 対義語の大体を理解していること（入学―卒業、得点―失点　など）
- 同音異字を理解していること（健康、高校、広告、外交　など）

《筆順》　筆順、総画数を正しく理解している。

《部首》　部首を理解している。

６級

程度 小学校第５学年までの学習漢字を理解し、文章の中で漢字が果たしている役割を知り、正しく使える。

領域・内容

《読むことと書くこと》 小学校学年別漢字配当表の第５学年までの学習漢字を読み、書くことができる。

- 音読みと訓読みとを正しく理解していること
- 送り仮名や仮名遣いに注意して正しく書けること（告げる、失う など）
- 熟語の構成を知っていること（上下、絵画、大木、読書、不明 など）
- 対義語、類義語の大体を理解していること（禁止―許可、平等―均等 など）
- 同音・同訓異字を正しく理解していること

《筆順》 筆順、総画数を正しく理解している。

《部首》 部首を理解している。

５級

程度 小学校第６学年までの学習漢字を理解し、文章の中で漢字が果たしている役割に対する知識を身に付け、漢字を文章の中で適切に使える。

領域・内容

《読むことと書くこと》 小学校学年別漢字配当表の第６学年までの学習漢字を読み、書くことができる。

- 音読みと訓読みとを正しく理解していること
- 送り仮名や仮名遣いに注意して正しく書けること
- 熟語の構成を知っていること
- 対義語、類義語を正しく理解していること
- 同音・同訓異字を正しく理解していること

《四字熟語》 四字熟語を正しく理解している（有名無実、郷土芸能 など）。

《筆順》 筆順、総画数を正しく理解している。

《部首》 部首を理解し、識別できる。

４級

程度 常用漢字※のうち約１３００字を理解し、文章の中で適切に使える。

領域・内容

《読むことと書くこと》 小学校学年別漢字配当表のすべての漢字と、その他の常用漢字約３００字の読み書きを習得し、文章の中で適切に使える。

- 音読みと訓読みとを正しく理解していること
- 送り仮名や仮名遣いに注意して正しく書けること
- 熟語の構成を正しく理解していること
- 熟字訓、当て字を理解していること（小豆／あずき、土産／みやげ など）
- 対義語、類義語、同音・同訓異字を正しく理解していること

《四字熟語》 四字熟語を理解している。

《部首》 部首を識別し、漢字の構成と意味を理解している。

※常用漢字とは、平成22年11月30日付内閣告示による「常用漢字表」に示された２１３６字をいう。

３級

程度 常用漢字※のうち約１６００字を理解し、文章の中で適切に使える。

領域・内容

《読むことと書くこと》 小学校学年別漢字配当表のすべての漢字と、その他の常用漢字約６００字の読み書きを習得し、文章の中で適切に使える。

- 音読みと訓読みとを正しく理解していること
- 送り仮名や仮名遣いに注意して正しく書けること
- 熟語の構成を正しく理解していること
- 熟字訓、当て字を理解していること（乙女／おとめ、風邪／かぜ など）
- 対義語、類義語、同音・同訓異字を正しく理解していること

《四字熟語》 四字熟語を理解している。

《部首》 部首を識別し、漢字の構成と意味を理解している。

※常用漢字とは、平成22年11月30日付内閣告示による「常用漢字表」に示された２１３６字をいう。

準2級

程度　常用漢字[※1]のうち1940[※2]字を理解し、文章の中で適切に使える。

領域・内容

《読むことと書くこと》　1940字の漢字の読み書きを習得し、文章の中で適切に使える。

- 音読みと訓読みとを正しく理解していること
- 送り仮名や仮名遣いに注意して正しく書けること
- 熟語の構成を正しく理解していること
- 熟字訓、当て字を理解していること（硫黄／いおう、相撲／すもう　など）
- 対義語、類義語、同音・同訓異字を正しく理解していること

《四字熟語》　典拠のある四字熟語を理解している（驚天動地、孤立無援　など）。

《部首》　部首を識別し、漢字の構成と意味を理解している。

※1　常用漢字とは、平成22年11月30日付内閣告示による「常用漢字表」に示された2136字をいう。

※2　1940字とは、昭和56年10月1日付内閣告示による旧「常用漢字表」の1945字から「勺」「錘」「銑」「脹」「匁」の5字を除いたものを指す。

2級

程度　すべての常用漢字[※]を理解し、文章の中で適切に使える。

領域・内容

《読むことと書くこと》　すべての常用漢字の読み書きに習熟し、文章の中で適切に使える。

- 音読みと訓読みとを正しく理解していること
- 送り仮名や仮名遣いに注意して正しく書けること
- 熟語の構成を正しく理解していること
- 熟字訓、当て字を理解していること（海女／あま、玄人／くろうと　など）
- 対義語、類義語、同音・同訓異字などを正しく理解していること

《四字熟語》　典拠のある四字熟語を理解している（鶏口牛後、呉越同舟　など）。

《部首》　部首を識別し、漢字の構成と意味を理解している。

※　常用漢字とは、平成22年11月30日付内閣告示による「常用漢字表」に示された2136字をいう。

準1級

程度　常用漢字を含めて、約3000字の漢字の音・訓を理解し、文章の中で適切に使える。

領域・内容

《読むことと書くこと》　常用漢字の音・訓を含めて、約3000字の漢字の読み書きに慣れ、文章の中で適切に使える。

- 熟字訓、当て字を理解していること
- 対義語、類義語、同音・同訓異字などを理解していること
- 国字を理解していること（峠、凧、畠　など）
- 複数の漢字表記について理解していること（國—国、交叉—交差　など）

《四字熟語・故事・諺》　典拠のある四字熟語、故事成語・諺を正しく理解している。

《古典的文章》　古典的文章の中での漢字・漢語を理解している。

※　約3000字の漢字は、JIS第一水準を目安とする。

1級

程度　常用漢字を含めて、約6000字の漢字の音・訓を理解し、文章の中で適切に使える。

領域・内容

《読むことと書くこと》　常用漢字の音・訓を含めて、約6000字の漢字の読み書きに慣れ、文章の中で適切に使える。

- 熟字訓、当て字を理解していること
- 対義語、類義語、同音・同訓異字などを理解していること
- 国字を理解していること（怺える、毟る　など）
- 地名・国名などの漢字表記（当て字の一種）を知っていること
- 複数の漢字表記について理解していること（鹽—塩、颱風—台風　など）

《四字熟語・故事・諺》　典拠のある四字熟語、故事成語・諺を正しく理解している。

《古典的文章》　古典的文章の中での漢字・漢語を理解している。

※　約6000字の漢字は、JIS第一・第二水準を目安とする。

個人受検の申し込みについて　申し込みから合否の通知まで

1 受検級を決める

受検資格　制限はありません

実施級　1、準1、2、準2、3、4、5、6、7、8、9、10級

検定会場　全国主要都市約180か所に設置

（実施地区は検定の回ごとに決定）

2 検定に申し込む

●インターネットで申し込む

ホームページ http://www.kanken.or.jp/ から申し込む

（クレジットカード決済、コンビニ決済等が可能です）。

下記バーコードから日本漢字能力検定協会ホームページへ簡単にアクセスできます。

●コンビニエンスストアで申し込む

・ローソン「Loppi」

・セブン-イレブン「マルチコピー」

・ファミリーマート「Famiポート」

・サークルKサンクス「Kステーション」

・ミニストップ「MINISTOP Loppi」

検定料は各店舗のカウンターで支払う。

●取扱書店（大学生協含む）を利用する

取扱書店（大学生協含む）で検定料を支払い、願書と書店払込証書を郵送する。

●取扱新聞社などへ申し込む

願書、検定料（現金）を直接持参、または現金書留で送付する。

注意

①家族・友人と同じ会場での受検を希望する方は、願書を利用する申込方法をお選びいただき、1つの封筒に同封して送付してください。同封されない場合には、受検会場が異なることがあります（インターネット、コンビニエンスストアでの申し込みの場合は同一会場の指定はできませんのでご了承ください）。

②車いすで受検される方や、体の不自由な方はお申し込みの際に協会までご相談ください。

③申し込み後の変更・取り消し・返金はできません。また、次回への延期もできませんのでご注意ください。

3 受検票が届く

受検票は検定日の約1週間前に到着するよう協会より郵送します。

※検定日の4日前になっても届かない場合は協会へお問い合わせください。

お問い合わせ窓口

電話番号　0120-509-315（無料）

（海外からはご使用になれません。ホームページよりメールでお問い合わせください。）

お問い合わせ時間　月～金　9時00分～17時00分

（祝日・年末年始を除く）

※検定日とその前日の土、日は開設

※検定日と申込締切日は9時00分～18時00分

4 検定日当日

検定時間

2級　：10時00分～11時00分（60分間）
準2級　：11時50分～12時50分（60分間）
8・9・10級　：11時50分～12時30分（40分間）
1・3・5・7級　：13時40分～14時40分（60分間）
準1・4・6級　：15時30分～16時30分（60分間）

持ち物

受検票、鉛筆（HB、B、2B、シャープペンシルも可）、消しゴム

※ボールペン、万年筆などの使用は認められません。ルーペ持ち込み可。

注意

①会場への車での来場（送迎を含む）は、周辺の迷惑になりますのでご遠慮ください。
②検定開始15分前までに入場してください。答案用紙の記入方法などを説明します。
③携帯電話やゲーム、電子辞書などは、電源を切り、かばんにしまってから入場してください。
④検定中は受検票を机の上に置いてください。
⑤答案用紙には、あらかじめ名前や受検番号などが印字されています。
⑥お申し込みされた皆様に、後日、検定問題と標準解答をお送りします。

5 合否の通知

検定日の約40日後に、受検者全員に「検定結果通知」を郵送します。合格者には「合格証書」・「合格証明書」を同封します。**受検票は検定結果が届くまで大切に保管**してください。

注目

進学・就職に有利！
合格者全員に合格証明書発行

大学・短大の推薦入試の提出書類に、また就職の際の履歴書に添付してあなたの漢字能力をアピールしてください。合格者全員に、合格証書と共に合格証明書を2枚、無料でお届けいたします。

合格証明書が追加で必要な場合は

次の❶～❹を同封して、協会までお送りください。約1週間後、お手元にお届けします。

❶氏名・住所・電話番号・生年月日、および受検年月日・受検級・認証番号（合格証書の左上部に記載）を明記したもの
❷本人確認資料（在学証明書、運転免許証、住民票などのコピー）
❸住所・氏名を表に明記し切手を貼《は》った返信用封筒
❹証明書1枚につき発行手数料500円

◆団体受検の申し込み

学校や企業などで志願者が一定以上まとまると、団体申込ができ、自分の学校や企業内で受検できる制度もあります。団体申込を扱っているかどうかは先生や人事関係の担当者に確認してください。

「漢検」受検の際の注意点

【字の書き方】

問題の答えは楷書で大きくはっきり書きなさい。乱雑な字や続け字、また、行書体や草書体のようにくずした字は採点の対象とはしません。

特に漢字の書き取り問題では、答えの文字は教科書体をもとにして、はねるところ、とめるところなどもはっきり書きましょう。また、画数に注意して、一画一画を正しく、明確に書きなさい。

《例》

○熱　×熱

○言　×言

○糸　×糸

【字種・字体について】

(1)日本漢字能力検定2～10級においては、「常用漢字表」に示された字種で書きなさい。つまり、表外漢字（常用漢字表にない漢字）を用いると、正答とは認められません。

《例》

○交差点　×交叉点　（「叉」が表外漢字）

○寂しい　×淋しい　（「淋」が表外漢字）

(2)日本漢字能力検定2～10級においては、「常用漢字表」に示された字体で書きなさい。なお、「常用漢字表」に参考として示されている康熙《こうき》字典体など、旧字体と呼ばれているものを用いると、正答とは認められません。

《例》

○真　×眞

○飲　×飮

○弱　×弱

○渉　×涉

○迫　×迫

(3)一部例外として、平成22年告示「常用漢字表」で追加された字種で、許容字体として認められているものや、その筆写文字と印刷文字との差が習慣の相違に基づくとみなせるものは正答と認めます。

《例》

餌 → 餌 と書いても可

遜 → 遜 と書いても可

葛 → 葛 と書いても可

溺 → 溺 と書いても可

箸 → 箸 と書いても可

注意

(3)において、どの漢字が当てはまるかなど、一字一字については、当協会発行図書（2級対応のもの）掲載の漢字表で確認してください。

漢検

公益財団法人 日本漢字能力検定協会

改訂二版

漢検 漢字学習 ステップ 準2級

漢検 公益財団法人 日本漢字能力検定協会

もくじ

本書の使い方……4

ステップ　学習する漢字

1（ア～エツ）亜尉逸姻韻畝浦疫謁……7
2（エン～カ）猿凹翁虞渦禍靴寡稼……11
3（か～カク）蚊拐懐劾涯垣核殻……15
4（カク～か）嚇潟括喝渇褐轄且……19
5（カン～カン）缶陥患堪棺款閑寛……23
6（カン～ギ）憾還艦頑飢宜偽擬……27
力だめし　第1回……31
7（キュウ～ギョウ）糾窮拒享挟恭矯暁……35
8（キン～クン）菌琴謹襟吟隅勲薫……39
9（ケイ～ケン）茎渓蛍慶傑嫌献謙……43
10（ケン～コウ）繭顕懸弦呉碁江肯……47
11（コウ～ゴウ）侯洪貢溝衡購拷剛……51

25（ソウ～ダ）曹喪槽霜藻妥堕惰……119
26（ダ～チツ）駄泰濯但棚痴逐秩……123
27（チャク～チョク）嫡衷弔挑眺釣懲勅……127
28（チン～テイ）朕塚漬坪呈廷邸亭……131
29（テイ～テツ）貞逓偵艇泥迭徹撤……135
30（トウ～トク）悼搭棟筒謄騰洞督……139
力だめし　第5回……143
31（トツ～ハ）凸屯軟尼妊忍寧把……147
32（ハ～バク）覇廃培媒賠伯舶漠……151
33（はだ～ヒ）肌鉢閥煩頒妃披扉……155
34（ヒ～フ）罷猫賓頻瓶扶附譜……159
35（ブ～ヘイ）侮沸雰憤丙併塀幣……163
36（ヘイ～ボウ）弊偏遍泡俸褒剖紡……167
力だめし　第6回……171
37（ボク～マ）朴僕撲堀奔麻摩磨……175

12 （コク～サイ） 酷昆懇佐唆詐砕宰 …… 55
力だめし 第2回 …… 59
13 （サイ～シ） 栽斎崎索酢桟傘肢 …… 63
14 （シ～シャク） 嗣賜滋璽漆遮蛇酌 …… 67
15 （シャク～シュウ） 爵珠儒囚臭愁酬醜 …… 71
16 （ジュウ～ジュク） 汁充渋銃叔淑粛塾 …… 75
17 （シュン～ショウ） 俊准殉循庶緒叙升 …… 79
18 （ショウ～ショウ） 抄肖尚宵症祥渉訟 …… 83
力だめし 第3回 …… 87
19 （ショウ～ジョウ） 硝粧詔奨彰償礁浄 …… 91
20 （ジョウ～シン） 剰縄壌醸津唇娠紳 …… 95
21 （シン～スウ） 診刃迅甚帥睡枢崇 …… 99
22 （す～セツ） 据杉斉逝誓析拙窃 …… 103
23 （セン～ゼン） 仙栓旋践遷薦繊禅 …… 107
24 （ゼン～ソウ） 漸租疎塑壮荘捜挿 …… 111
力だめし 第4回 …… 115

38 （マツ～ユ） 抹岬銘妄盲耗厄愉 …… 179
39 （ユ～ヨウ） 諭癒唯悠猶裕融庸窯 …… 183
40 （ラ～リョウ） 羅酪痢履柳竜硫虜涼 …… 187
41 （リョウ～わく） 僚寮倫累塁戻鈴賄枠 …… 191
力だめし 第7回 …… 195
総まとめ …… 199

●付録
学年別漢字配当表 …… 206
級別漢字表 …… 209
部首一覧表 …… 212
中学校・高等学校で学習する音訓一覧表 …… 217
二とおりの読み／注意すべき読み …… 221
常用漢字表 付表 …… 222
●標準解答 …… 別冊

本書の使い方

「日本漢字能力検定（漢検）準2級」では、中学校で学習する漢字一一三〇字のうち、三三三字を中心として、読み・書き、使い方などが出題の対象となります。本書では、その三三三字を、**漢字表・練習問題**からなる41ステップに分けて、広く学習していきます。

また、数ステップごとに設けた**力だめし**では、復習と確認が行えます。巻末の**総まとめ**は審査基準に則した出題形式となっており、模擬試験としてご利用いただけます。

＊漢字表・練習問題などのそれぞれの使い方は次のページをご参照ください。

さらに付録として、「級別漢字表」や「常用漢字表　付表」などの資料を掲載しました。

「漢検」の主な出題内容は「日本漢字能力検定審査基準」「日本漢字能力検定採点基準」（いずれも本書巻頭カラーページに掲載）等で確認してください。

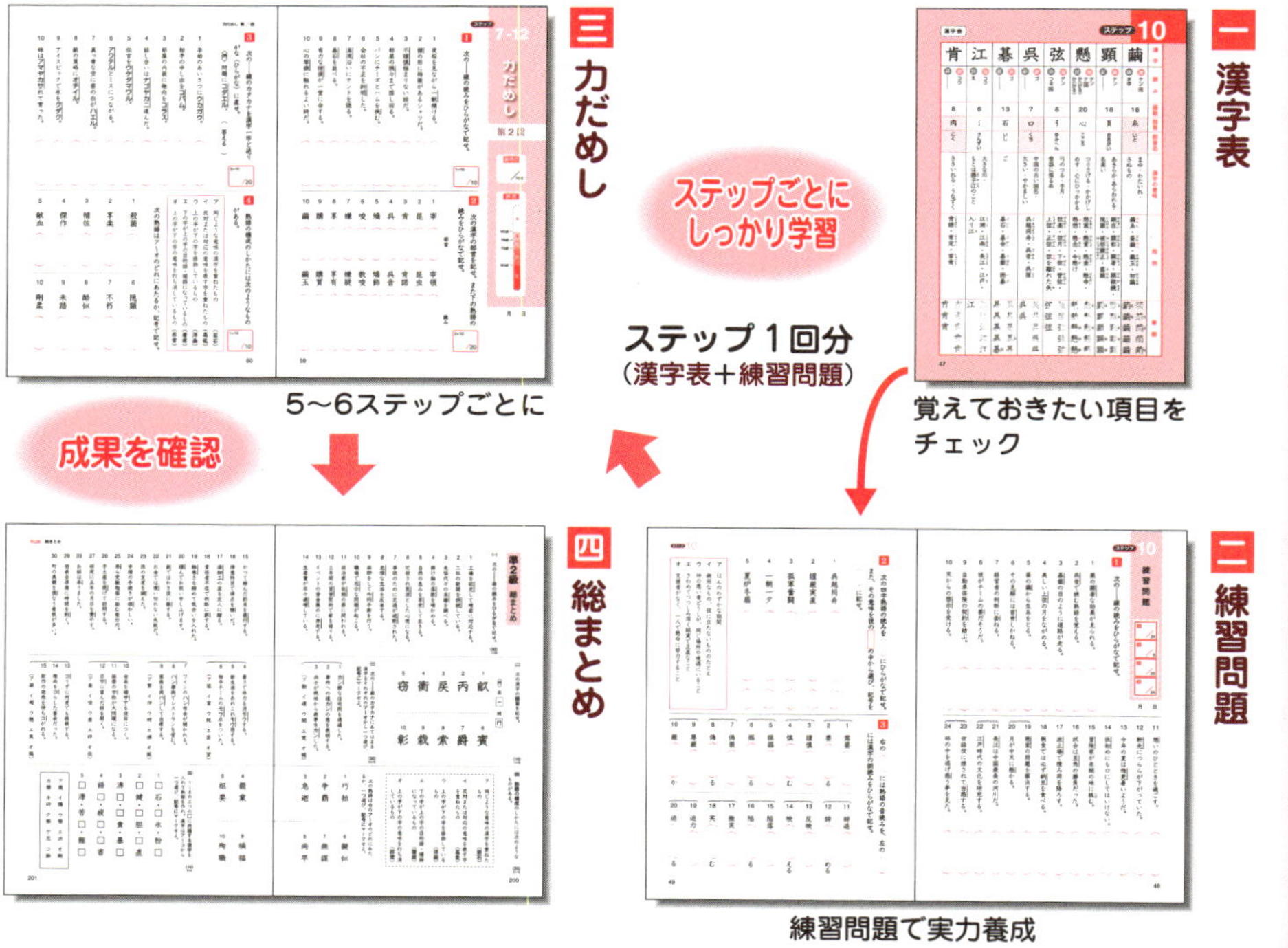

一 漢字表

各ステップで学習する漢字の数は8～9字です。漢字表には、それぞれの漢字について覚えておきたい項目が整理されています。漢字表の内容を確認してから、練習問題に進んでください。

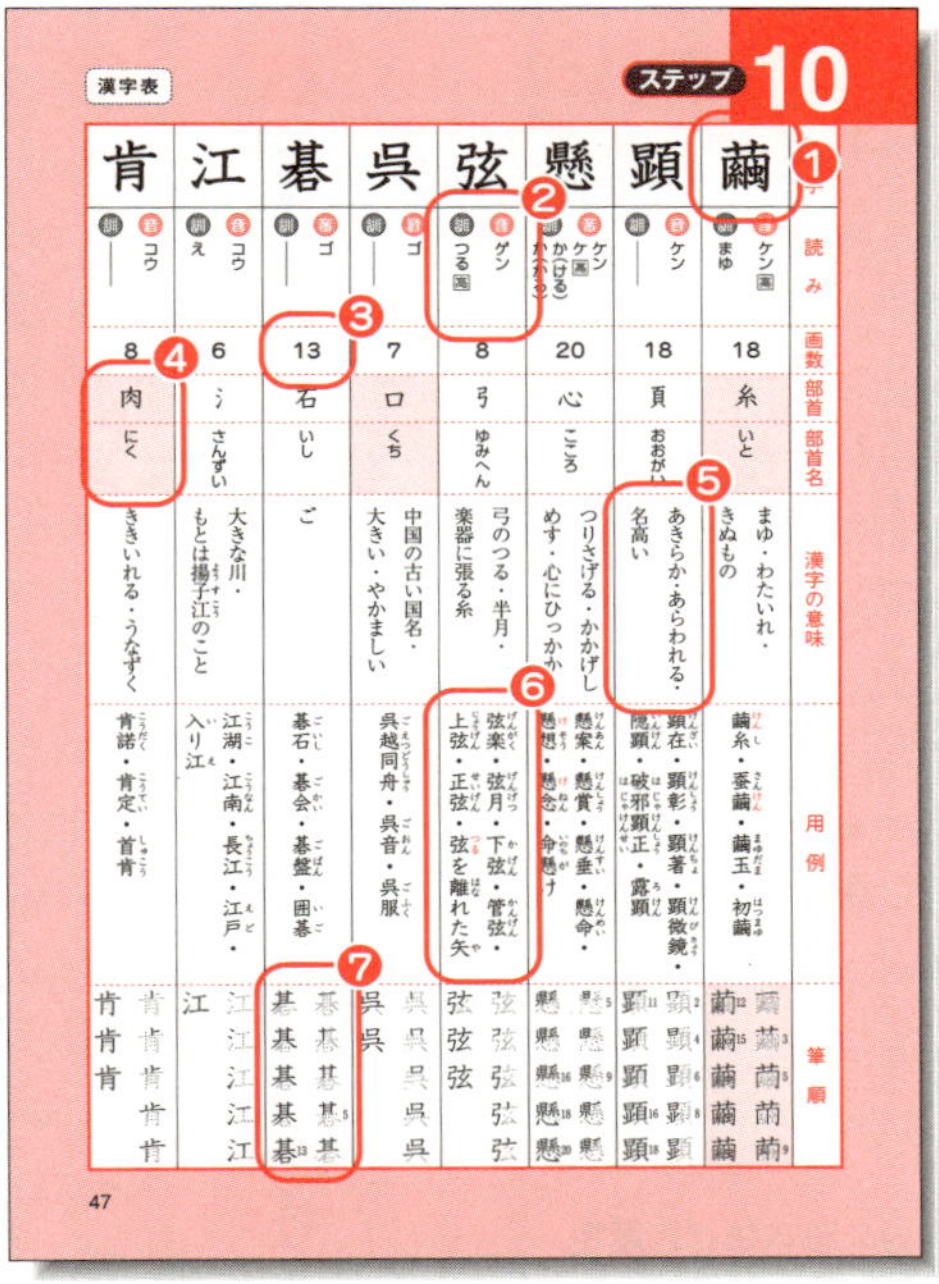

漢字表　ステップ 10

漢字	読み	画数	部首	部首名	漢字の意味	用例
繭 ❶	音 ケン高　訓 まゆ	18	糸	いと	まゆ・わたいれ・きぬもの	繭糸《けんし》・蚕繭《さんけん》・繭玉《まゆだま》・初繭《はつまゆ》
顕	音 ケン　訓 ―	18	頁	おおがい	❺ あきらか・あらわれる・名高い	顕在《けんざい》・顕彰《けんしょう》・顕著《けんちょ》・顕微鏡《けんびきょう》・隠顕《いんけん》・破邪顕正《はじゃけんしょう／はじゃけんせい》・露顕《ろけん》
懸	音 ケン・ケ高　訓 か(ける)・か(かる)	20	心	こころ	つりさげる・かかげしめす・心にひっかかる	懸案《けんあん》・懸賞《けんしょう》・懸垂《けんすい》・懸命《けんめい》・懸想《けそう》・懸念《けねん》・命懸《いのちが》け
弦	❷ 音 ゲン　訓 つる高	8	弓	ゆみへん	弓のつる・半月・楽器に張る糸	❻ 弦楽《げんがく》・弦月《げんげつ》・下弦《かげん》・管弦《かんげん》・上弦《じょうげん》・正弦《せいげん》・弦《つる》を離《はな》れた矢《や》
呉	音 ゴ　訓 ―	7	口	くち	中国の古い国名・大きい・やかましい	呉越同舟《ごえつどうしゅう》・呉音《ごおん》・呉服《ごふく》
碁	音 ゴ　訓 ―	❸ 13	石	いし	ご	碁石《ごいし》・碁会《ごかい》・碁盤《ごばん》・囲碁《いご》
江	音 コウ　訓 え	6	氵	さんずい	大きな川・もとは揚子江《ようすこう》のこと	江湖《こうこ》・江南《こうなん》・長江《ちょうこう》・江戸《えど》・入《い》り江《え》
肯	音 コウ　訓 ―	8	❹ 肉	にく	ききいれる・うなずく	肯諾《こうだく》・肯定《こうてい》・首肯《しゅこう》

筆順 ❼

47

❶ **学習漢字**

ここで学習する漢字を教科書体で記してあります。この字形を参考にして略さずていねいに書くよう心がけましょう。

❷ **読み**

音読みはカタカナで、訓読みはひらがなで記載してあります。高は高校で学習する読みです。

❸ **画数**

総画数を示してあります。

❹ **部首・部首名**

「漢検」で採用している部首・部首名です。注意したいものには、色をつけてあります(筆順も同様)。

❺ **意味**

学習漢字の基本的な意味です。漢字の意味を把握することは、用例の意味や同音・同訓異字の学習、熟語の構成を学ぶうえで重要です。

❻ **用例**

学習漢字を用いた熟語を中心に用例を挙げました。2級の漢字や高校で学習する読みは赤字で示してあります。

❼ **筆順**

筆順は10の場面を示しています。途中を省略した場合は、その場面の横に現在何画目なのかを表示しました。

二 練習問題

各ステップの問題は、読み・書き取り問題を中心にさまざまな問題で構成されています。得点記入欄に記録して繰り返し学習してください。

1 読み問題……各ステップで学習する漢字を中心に、音読み・訓読み・特別な読み（熟字訓・当て字）を適宜配分してあります。

4 書き取り問題…同音・同訓異字を含め、用例を幅広く扱っています。

その他、さまざまな角度から学習できるようになっています。

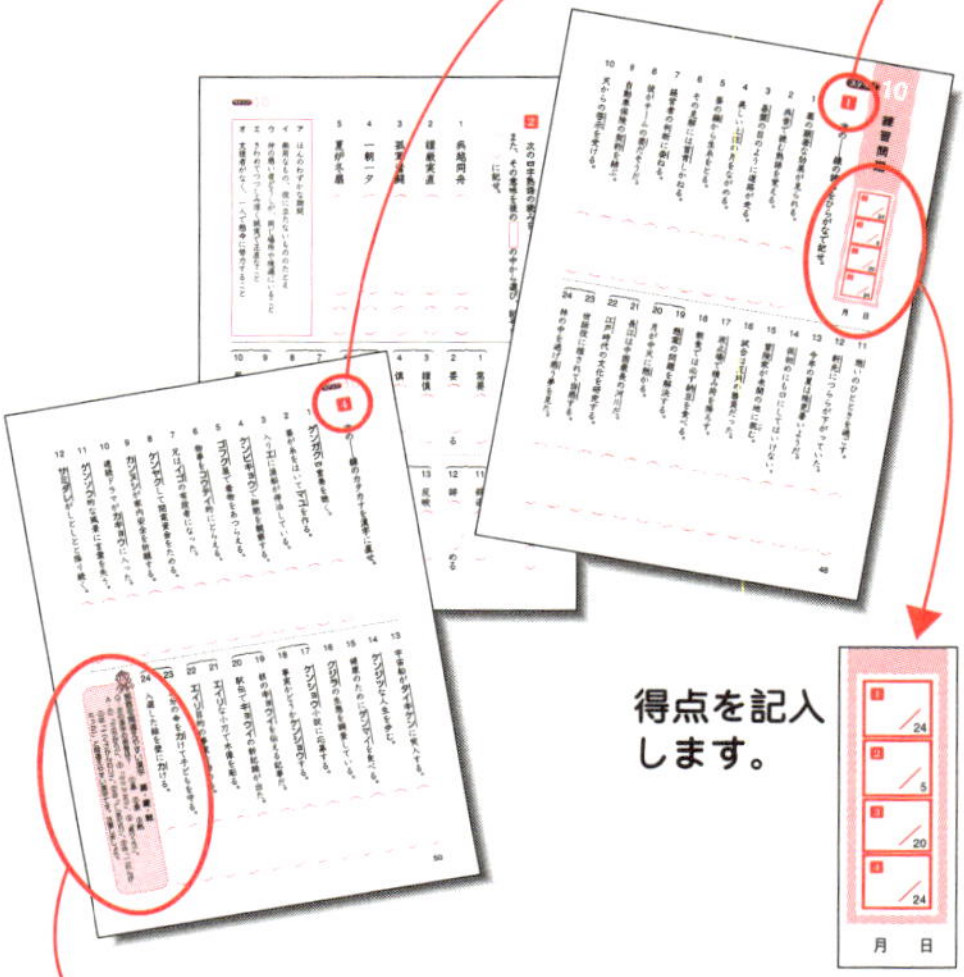

得点を記入します。

コラム

漢字の使い分け、四字熟語の意味など、漢字全般のことがらを平易に記してあります。

三 力だめし

5～6ステップごとに設けてあります。一〇〇点満点で、自己評価ができますので、小テストとして取り組んでください。

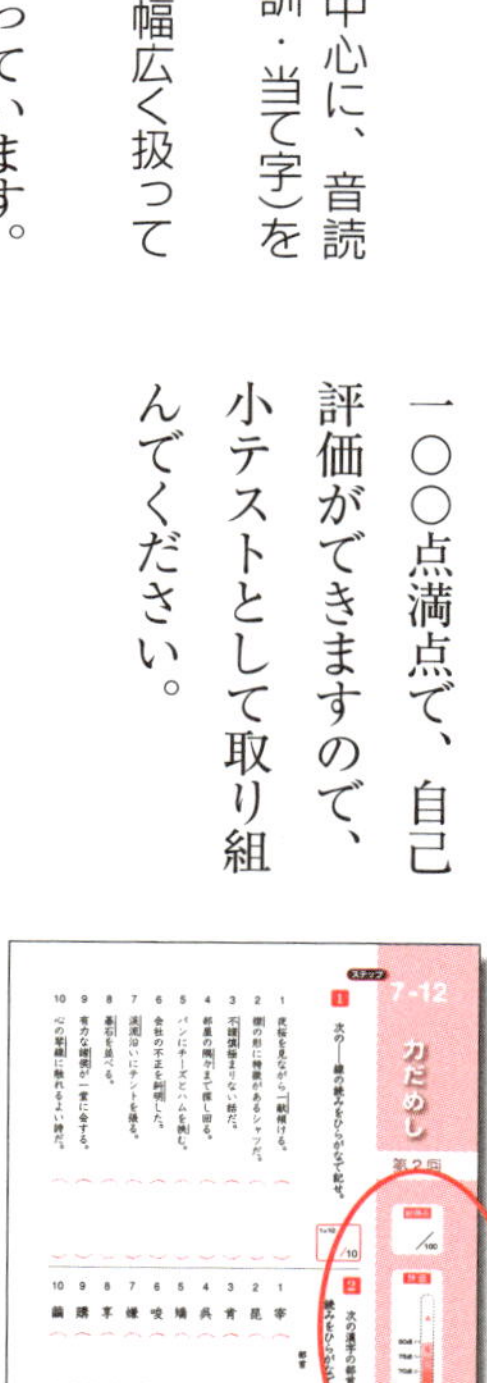

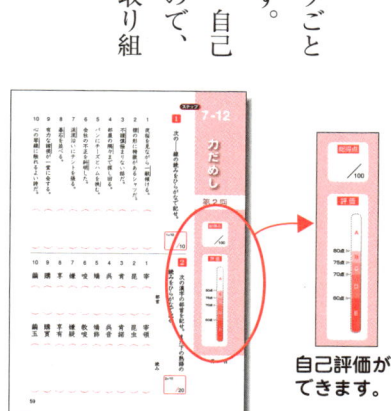

自己評価ができます。

四 総まとめ

学習がひととおり終わったら、実力の確認にお使いください。

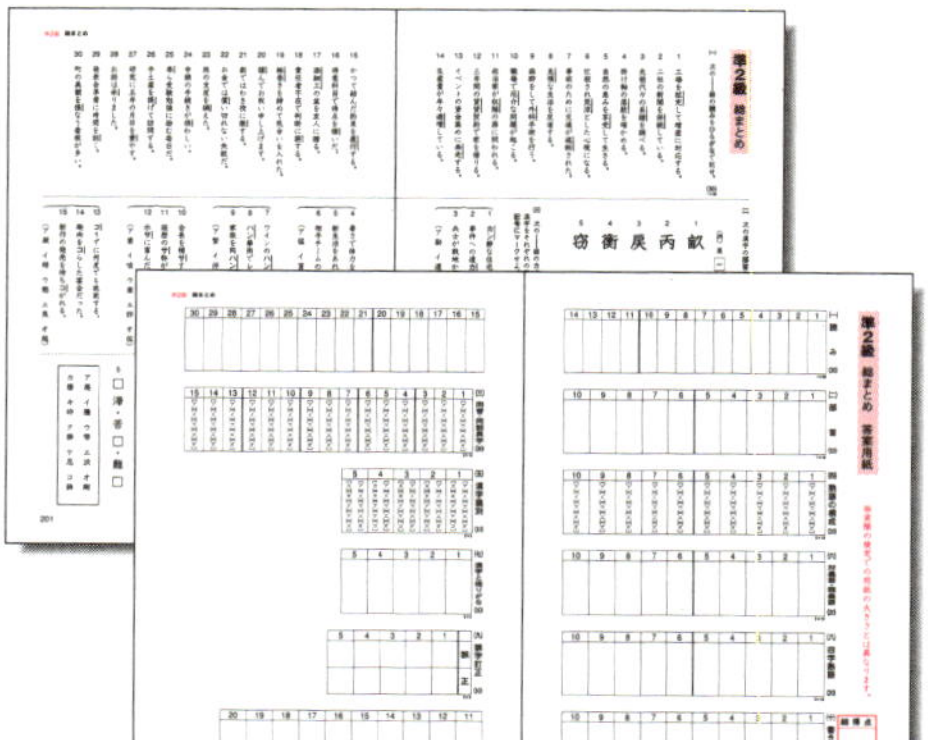

総まとめには答案用紙がついています。

漢字	読み	画数	部首	部首名	漢字の意味	用例	筆順
亜	音 ア 訓 —	7	二	に	次ぐ・すくない・亜細亜《アジア》の略	亜鉛《あえん》・亜聖《あせい》・亜熱帯《あねったい》・亜麻《あま》・亜流《ありゅう》・亜硫酸《ありゅうさん》・亜鈴《あれい》・白亜紀《はくあき》	亜 亜 亜 亜 亜 亜 亜
尉	音 イ 訓 —	11	寸	すん	旧軍隊や自衛隊の将校の階級の一つ	尉官《いかん》・一尉《いちい》・一等陸尉《いっとうりくい》・大尉《たいい》・中尉《ちゅうい》	尉 尉 尉 尉5 尉 尉 尉 尉 尉 尉
逸	音 イツ 訓 —	11	⻍	しんにょう しんにゅう	失う・はずれる・すぐれている・はしる	逸材《いつざい》・逸脱《いつだつ》・逸品《いっぴん》・逸話《いつわ》・安逸《あんいつ》・散逸《さんいつ》・秀逸《しゅういつ》	逸 逸 逸 逸 逸 逸 逸 逸 逸10 逸
姻	音 イン 訓 —	9	女	おんなへん	結婚する・結婚したために親類になる	姻家《いんか》・姻族《いんぞく》・婚姻《こんいん》	姻 姻 姻 姻 姻 姻 姻 姻 姻
韻	音 イン 訓 —	19	音	おと	音や声のひびき・詩や歌	韻文《いんぶん》・韻律《いんりつ》・押韻《おういん》・音韻《おんいん》・脚韻《きゃくいん》・余韻《よいん》・韻《いん》を踏《ふ》む	韻2 韻4 韻 韻 韻 韻9 韻12 韻14 韻17 韻19
畝	音 — 訓 うね	10	田	た	土地の面積の単位・うね・あぜ	畝織《うねおり》・畝作《うねづく》り・畝間《うねま》	畝 畝 畝 畝 畝 畝 畝 畝 畝 畝
浦	音 — 訓 うら	10	氵	さんずい	海や湖が陸地にはいりこんだところ・うら	浦風《うらかぜ》・浦里《うらざと》・浦人《うらびと》・津津浦浦《つつうらうら》《つづうらうら》	浦 浦 浦 浦 浦 浦 浦 浦 浦 浦
疫	音 エキ ヤク 高 訓 —	9	疒	やまいだれ	流行病・悪性の伝染病	疫病《えきびょう》・疫病神《やくびょうがみ》・悪疫《あくえき》・検疫《けんえき》・防疫《ぼうえき》・免疫《めんえき》	疫 疫 疫 疫 疫 疫 疫 疫 疫
謁	音 エツ 訓 —	15	言	ごんべん	身分の高い人に会う	謁見《えっけん》・親謁《しんえつ》・内謁《ないえつ》・拝謁《はいえつ》・国王《こくおう》に謁《えっ》する	謁4 謁7 謁 謁 謁 謁 謁 謁 謁 謁

ステップ 1

練習問題

1	/24
2	/9
3	/10
4	/24

月　日

1 次の――線の読みをひらがなで記せ。

1 韻文と散文とを区別する。

2 浜に穏やかな浦風が吹いている。

3 討論が本筋から逸脱した。

4 お盆に姻族一同が集まる。

5 陸上自衛隊の一尉に昇進した。

6 悪疫の流行をくいとめる。

7 ピカソの亜流に属する画家だ。

8 隣国の大使が国王に謁見する。

9 貴重な資料が散逸してしまった。

10 畑を耕して畝を作る。

11 勇気ある決断は称賛に値する。

12 川につり橋を架ける。

13 卑劣な脅しには服従しない。

14 試験に備えて勉強に励む。

15 炎天下で野球の試合が続く。

16 字は市町村の一区画の名だ。

17 良心を欺くことはできない。

18 ゆっくり休んで風邪を治す。

19 北欧の文化に興味を持つ。

20 外は時雨模様だった。

21 諮問委員会が大臣に答申した。

22 事業計画を会議に諮る。

23 一見鈍重に見える動物だ。

24 疲れて体の動きが鈍くなった。

2 次の——線のカタカナにあてはまる漢字をそれぞれのア～オから一つ選び、記号で記せ。

1 試合後の選手を**イ**労する。（　）
2 自衛隊の**イ**官になる。（　）
3 出来事の経**イ**を述べる。（　）
（ア 違　イ 緯　ウ 偉　エ 尉　オ 慰）

4 婚**イン**は男女の合意に基づく。（　）
5 漢詩には快い**イン**律がある。（　）
6 心豊かに**イン**居生活を送る。（　）
（ア 姻　イ 陰　ウ 因　エ 隠　オ 韻）

7 使**エキ**の意味の助動詞を覚える。（　）
8 アジア諸国と交**エキ**する。（　）
9 病気に対する免**エキ**ができる。（　）
（ア 疫　イ 液　ウ 役　エ 易　オ 益）

3 後の□の中の語を必ず一度だけ使って漢字に直し、対義語・類義語を記せ。

対義語

1 縮小—（　）
2 軽率—（　）
3 侵害—（　）
4 正統—（　）
5 凡才—（　）

類義語

6 周辺—（　）
7 嘆願—（　）
8 圧迫—（　）
9 関心—（　）
10 専念—（　）

あいそ・いたん・いつざい・かくだい・きょうみ・きんりん・しんちょう・ぼっとう・ようご・よくあつ

4 次の——線のカタカナを漢字に直せ。

1 **アネッタイ**地方の植物を調べる。
2 **コンイン**届を役所に提出する。
3 元海軍**チュウイ**の自伝を読んだ。
4 鐘の**ヨイン**が耳に残る。
5 国王に**ハイエツ**する。
6 空港では**ケンエキ**を行っている。
7 **ウネ**のある生地で服を作る。
8 彼には多くの**イツワ**がある。
9 **ウラザト**の祭りで豊漁を願う。
10 商品を大切に**アツカ**う。
11 大型の台風が**モウイ**を振るう。
12 軽率な**コウイ**は慎むべきだ。
13 工場の**エントツ**が林立している。
14 母校の選手に**セイエン**を送る。
15 **エンガワ**に座ってお茶を飲む。
16 優勝の**シュクエン**を催した。
17 **エキショウ**画面のテレビを買う。
18 専門家が原稿を**コウエツ**する。
19 **イライ**心を捨てて自立する。
20 卒業**イライ**彼とは会っていない。
21 **イギ**を正して式場に入る。
22 人生の**イギ**について考える。
23 矢は見事に的を**イ**た。
24 青銅でつり鐘を**イ**る。

とめ・はねにご用心

書き取り問題では「とめ・はね」に気をつけ、楷書《かいしょ》ではっきりとていねいに書いてください。くずした字や乱雑な字は採点の対象となりません。字形や筆順を正しく覚えることが大切です。

漢字表

ステップ 2

漢字	読み	画数	部首	部首名	漢字の意味	用例
猿	音 エン 訓 さる	13	犭	けものへん	サル・人間によく似たけもの	猿人《えんじん》・意馬心猿《いばしんえん》・犬猿《けんえん》・野猿《やえん》・類人猿《るいじんえん》・猿芝居《さるしばい》・猿知恵《さるぢえ》
凹	音 オウ 訓 —	5	凵	うけばこ	へこみ・くぼみ	凹凸《おうとつ》・凹版《おうはん》・凹面鏡《おうめんきょう》・凹《おう》レンズ・凸凹《でこぼこ》
翁	音 オウ 訓 —	10	羽	はね	男の老人・男の老人の尊敬語	老翁《ろうおう》
虞	音 — 訓 おそれ	13	虍	とらがしら とらかんむり	おそれ・心配・うれい	虞《おそれ》がある
渦	音 カ 高 訓 うず	12	氵	さんずい	うず・うずまき・混乱している状態	渦中《かちゅう》・渦紋《かもん》・渦潮《うずしお》・渦巻《うずま》く
禍	音 カ 訓 —	13	礻	しめすへん	悪い出来事・ふしあわせ	禍根《かこん》・禍福《かふく》・禍福得喪《かふくとくそう》・災禍《さいか》・惨禍《さんか》・舌禍《ぜっか》・戦禍《せんか》・筆禍《ひっか》
靴	音 カ 高 訓 くつ	13	革	かわへん	革(ゴム・布など)で作ったはきもの	製靴《せいか》・靴音《くつおと》・靴下《くつした》・靴墨《くつずみ》・靴擦《くつず》れ・雨靴《あまぐつ》・運動靴《うんどうぐつ》・革靴《かわぐつ》
寡	音 カ 訓 —	14	宀	うかんむり	少ない・夫(妻)をなくした人	寡少《かしょう》・寡占《かせん》・寡婦《かふ》・寡聞《かぶん》・寡黙《かもく》・寡欲《かよく》・衆寡《しゅうか》・多寡《たか》
稼	音 カ 高 訓 かせ(ぐ)	15	禾	のぎへん	仕事にはげむ・かせぐ	稼業《かぎょう》・稼働《かどう》・稼《かせ》ぎ頭《がしら》・稼《かせ》ぎ手《て》・出稼《でかせ》ぎ・共稼《ともかせ》ぎ

筆順

ステップ 2 練習問題

1	/24
2	/5
3	/10
4	/24

月　日

1 次の——線の読みをひらがなで記せ。

1 寡少な戦力で立ち向かう。

2 学校の廊下に靴音が響く。

3 老翁から昔話を聞いた。

4 遊覧船から渦潮を見物した。

5 噴火の災禍に見舞われる。

6 反射望遠鏡には凹面鏡を使う。

7 関東地方に大雨の虞がある。

8 冬の間は都会へ出稼ぎに行く。

9 軽はずみな一言が舌禍を招く。

10 人の渦の中で身動きできない。

11 市場の寡占化が進む。

12 類人猿は人間に近い動物だ。

13 豪華な衣装を身にまとう。

14 友人の娘がイギリスに嫁ぐ。

15 甲乙つけがたい作品だ。

16 コンクールで佳作に入選する。

17 在庫を卸値で販売する。

18 兄は幾何学が得意だ。

19 辞任の申し出を了承する。

20 ケーキの注文を承る。

21 幼なじみとは今では犬猿の仲だ。

22 猿も木から落ちる。

23 突然の出来事に仰天する。

24 天を仰いで悔しがった。

2

1～5の三つの□に共通する漢字を入れて熟語を作れ。漢字はア～コから一つ選び、記号で記せ。

1 □福・戦□・筆□ （　）

2 □黙・□婦・多□ （　）

3 根□・証□・占□ （　）

4 □失・超□・□程 （　）

5 □論・□調・出□ （　）

ア 仮　イ 声　ウ 禍　エ 可　オ 過
カ 果　キ 拠　ク 稼　ケ 寡　コ 口

3

次の漢字の部首と部首名を（　）に記せ。部首名が二つ以上あるものは、そのいずれか一つを記せばよい。

	漢字	部首	部首名
1	翁	（　）	（　）
2	虞	（　）	（　）
3	禍	（　）	（　）
4	靴	（　）	（　）
5	寡	（　）	（　）
6	稼	（　）	（　）
7	凹	（　）	（　）
8	殴	（　）	（　）
9	辱	（　）	（　）
10	吏	（　）	（　）

4 次の――線のカタカナを漢字に直せ。

1 アルバイトで学費を**カセ**ぐ。
2 美術作品を**オウ**版で印刷する。
3 公序良俗を害する**オソレ**がある。
4 さまざまな思いが**ウズマ**く。
5 将来に**カコン**を残さない。
6 **ウンドウグツ**をはいて出かける。
7 村の歴史を**ロウオウ**に尋ねる。
8 祖父はとても**カモク**な人だ。
9 日本の**サル**の生態を研究する。
10 胃に**イワ**感を覚えて薬を飲んだ。
11 人によい**エイキョウ**を及ぼす。
12 南極の基地で**エットウ**する。
13 都会の空気は**ヨゴ**れている。
14 病気を**オ**して会議に出席する。
15 心の**オクソコ**を表現した詩だ。
16 事件を**オンビン**に解決する。
17 **ユウガ**な身のこなしに見とれる。
18 北海道名産のお**カシ**を食べる。
19 高く揚がったたこの糸を**タグ**る。
20 弟が寝ぼけ**マナコ**で起きてきた。
21 母に友人を**ショウカイ**する。
22 身元を勤め先に**ショウカイ**する。
23 野球選手が他球団に**イセキ**する。
24 **イセキ**で土偶が発見された。

使い分けよう! **かしょう【過小・過少・寡少】**
過小…例 過小に評価する（小さすぎること）
過少…例 所得を過少に申告する（少なすぎること）
寡少…例 寡少な戦力・寡少な人員で運営する（非常に少ないこと）
※寡・少ともに「少ない」という意味を持つ漢字

漢字	読み(音)	読み(訓)	画数	部首	部首名	漢字の意味	用例	筆順
蚊	—	か	10	虫	むしへん	昆虫《こんちゅう》のカ	蚊取《かと》り線香《せんこう》・蚊柱《かばしら》・やぶ蚊《か》・蚊帳《かや》	
拐	カイ	—	8	扌	てへん	だまして連れ去る・だまして持ち逃げする	拐帯《かいたい》・誘拐《ゆうかい》	
懐	カイ	ふところ 高 なつ(かしい) 高 なつ(かしむ) 高 なつ(く) 高 なつ(ける) 高	16	忄	りっしんべん	心の中に思う・なつかしむ・ふところ	懐疑《かいぎ》・懐古《かいこ》・懐柔《かいじゅう》・懐中《かいちゅう》・述懐《じゅっかい》・本懐《ほんかい》・懐刀《ふところがたな》・犬《いぬ》が懐《なつ》く	2 5 7 10
劾	ガイ	—	8	力	ちから	悪事を厳しく調べる・責めただす	劾奏《がいそう》・弾劾《だんがい》	
涯	ガイ	—	11	氵	さんずい	水ぎわ・きし・かぎり・遠いはて	境涯《きょうがい》・際涯《さいがい》・生涯《しょうがい》・水涯《すいがい》・天涯孤独《てんがいこどく》	2
垣	—	かき	9	土	つちへん	敷地のまわりを囲む仕切り	垣根《かきね》・石垣《いしがき》・人垣《ひとがき》	
核	カク	—	10	木	きへん	物事の中心	核家族《かくかぞく》・核実験《かくじっけん》・核心《かくしん》・核反応《かくはんのう》・核膜《かくまく》・結核《けっかく》・中核《ちゅうかく》	
殻	カク	から	11	殳	るまた ほこづくり	から・外皮	外殻《がいかく》・甲殻《こうかく》・地殻《ちかく》・卵殻《らんかく》・貝殻《かいがら》・抜《ぬ》け殻《がら》	2

ステップ 3

練習問題

1	/24
2	/10
3	/9
4	/24

月　日

1 次の——線の読みをひらがなで記せ。

1 生涯学習の講座に申し込む。

2 積立金の拐帯犯を捕らえる。

3 問題の核心をついた意見だ。

4 公務員の不正行為を弾劾する。

5 往時を懐古して感慨に浸る。

6 垣根のサザンカが実をつけた。

7 蚊取り線香に火をつける。

8 組織の中核として活躍する。

9 茶の湯の席で懐石料理を頂く。

10 夕映えの空を眺《なが》めた。

11 練習不足で無様な大敗を喫した。

12 新しい計画の概要を説明する。

13 悔いが残る結果になった。

14 大きな土の塊をくだく。

15 該当する項目に丸をつける。

16 拾得物を交番に届ける。

17 各地に子守歌が伝わっている。

18 古今和歌集を解説付きで読む。

19 連日吹雪に見舞われる。

20 雪崩に注意しながら進む。

21 エビやカニは甲殻類に属する。

22 きれいな貝殻を拾い集める。

23 怠慢な仕事ぶりにあきれる。

24 注意を怠らないようにする。

2 次の（　）に入る適切な語を、後の［　］の中から選び、漢字に直して四字熟語を完成させよ。

1 一触（　）

2 （　）応変

3 言行（　）

4 意気（　）

5 （　）孤独

6 （　）千万

7 （　）異夢

8 自己（　）

9 吉凶（　）

10 （　）半句

［いちごん・いっち・かふく・しょうてん・そくはつ・てんがい・どうしょう・むじゅん・めいわく・りんき］

3 次の――線のカタカナにあてはまる漢字をそれぞれのア～オから一つ選び、記号で記せ。

1 菜園の土に石**カイ**を混ぜる。（　）

2 **カイ**疑の念を抱いている。（　）

3 第三者が**カイ**入する。（　）

（ア 戒　イ 懐　ウ 悔　エ 灰　オ 介）

4 不幸な境**ガイ**を嘆く。（　）

5 経費の**ガイ**算を出す。（　）

6 議員が**ガイ**頭で演説する。（　）

（ア 劾　イ 街　ウ 慨　エ 概　オ 涯）

7 結**カク**を薬で治療する。（　）

8 二つの品の価格を比**カク**する。（　）

9 感染者を別室に**カク**離する。（　）

（ア 隔　イ 較　ウ 核　エ 各　オ 殻）

4 次の——線のカタカナを漢字に直せ。

1 **ヒトガキ**をかき分けて中に入る。

2 **カイチュウ**電灯を持って出かける。

3 **カ**の鳴くような声で話す。

4 自分の**カラ**を破って前進する。

5 この出来事は**ショウガイ**忘れない。

6 腐敗した政治を**ダンガイ**する。

7 **カクヘイキ**の廃絶《はいぜつ》を願う。

8 **ユウカイ**犯が指名手配された。

9 火山活動で**チカク**変動が起きた。

10 **オウシュウ**に語学留学したい。

11 農家の**イネカ**りを手伝う。

12 人工**カンミリョウ**を加える。

13 台風の接近を**ケイカイ**する。

14 **カイモク**見当がつかない。

15 交通事故への注意を**カンキ**する。

16 **イキ**な柄の着物が似合う。

17 土砂崩れで家屋が**ゼンカイ**する。

18 弟のけがが**ゼンカイ**した。

19 空気が**カンソウ**している。

20 課題図書の**カンソウ**文を書く。

21 贈り物で上司の**カンシン**を買う。

22 政治への**カンシン**が高まる。

23 左の奥歯に**イタ**みがある。

24 夏場は野菜が**イタ**みやすい。

使い分けよう! **かいこ【回顧・懐古】**

回顧…例 回顧録・往時を回顧する
（過ぎ去ったことを思い返すこと）

懐古…例 懐古趣味・懐古の情を禁じ得ない
（昔をふり返ってなつかしく思うこと）

漢字	読み	画数	部首	部首名	漢字の意味	用例
嚇	音 カク 訓 —	17	口	くちへん	はげしく怒る・しかる・おどす	威嚇《いかく》・脅嚇《きょうかく》
潟	音 — 訓 かた	15	氵	さんずい	潮が引くと現れる所・ひがた	干潟《ひがた》・〇〇潟《かた》〔石見潟《いわみがた》など〕
括	音 カツ 訓 —	9	扌	てへん	ひとまとめにする・とりしまる	括弧《かっこ》・一括《いっかつ》・概括《がいかつ》・総括《そうかつ》・統括《とうかつ》・包括《ほうかつ》
喝	音 カツ 訓 —	11	口	くちへん	どなる・おどす・しかる	喝破《かっぱ》・一喝《いっかつ》・恐喝《きょうかつ》・大喝一声《だいかついっせい》
渇	音 カツ 高 訓 かわ(く)	11	氵	さんずい	水がなくなる・のどがかわく・ほしがる	渇水《かっすい》・渇望《かつぼう》・枯渇《こかつ》・のどが渇《かわ》く
褐	音 カツ 訓 —	13	衤	ころもへん	こげ茶色・粗い布の衣類	褐色《かっしょく》・褐炭《かったん》・茶褐色《ちゃかっしょく》
轄	音 カツ 訓 —	17	車	くるまへん	とりしまる・くさび・とりまとめる	管轄《かんかつ》・所轄《しょかつ》・総轄《そうかつ》・直轄《ちょっかつ》
且	音 — 訓 か(つ)	5	一	いち	その上・一方では	且《か》つ又《また》

筆順

ステップ **4**

練習問題

1	／24
2	／9
3	／10
4	／24

月　日

1 次の——線の読みをひらがなで記せ。

1 潮が引くと干潟が現れる。

2 頭もよく、且つ人情深い人だ。

3 各人の意見を総括する。

4 恐喝に屈しない勇気を持とう。

5 番犬が侵入者を威嚇する。

6 黒っぽい茶色を褐色という。

7 この山林は市が管轄している。

8 のどが渇いたので休憩した。

9 事件の輪郭を説明する。

10 適当な間隔を空けて座る。

11 地震で大きな損害を被る。

12 彼は批判の矢面に立たされた。

13 操り人形の劇を上演する。

14 最近は専ら写真を撮っている。

15 霧吹きで布を湿らせた。

16 一週間、息子と旅行する。

17 五月晴れの空が美しい。

18 教会の壁画を見学する。

19 香料として珍重される実だ。

20 山で珍しい植物を見つける。

21 雨水が大地に浸透する。

22 切ったリンゴを塩水に浸す。

23 四輪駆動の車を運転する。

24 馬で草原を駆ける。

2 次の――線のカタカナにあてはまる漢字をそれぞれのア～オから一つ選び、記号で記せ。

1 政府が直**カツ**する機関で働く。（　）
2 討論した内容を概**カツ**する。（　）
3 仕事を円**カツ**に進めたい。（　）
（ア 褐　イ 括　ウ 滑　エ 轄　オ 活）

4 **バン**秋の紅葉が美しい。（　）
5 体育の時間に円**バン**投げをした。（　）
6 歴史資料館で小**バン**を見る。（　）
（ア 盤　イ 板　ウ 晩　エ 番　オ 判）

7 訳を**ト**いて聞かせた。（　）
8 心を**ト**ぎすまして筆をとった。（　）
9 契約は今月末で**ト**くことになった。（　）
（ア 研　イ 溶　ウ 遂　エ 解　オ 説）

3 次の漢字の部首を記せ。また下の熟語の読みをひらがなで記せ。

		部首		読み
1	喝	（　）	喝破	（　）
2	懐	（　）	抱懐	（　）
3	括	（　）	包括	（　）
4	岳	（　）	富岳	（　）
5	轄	（　）	統轄	（　）
6	該	（　）	該当	（　）
7	褐	（　）	褐炭	（　）
8	核	（　）	核膜	（　）
9	甘	（　）	甘露	（　）
10	離	（　）	距離	（　）

4 次の――線のカタカナを漢字に直せ。

1 よく学び、**カ**つよく遊ぶ。

2 **ショカツ**の警察署で手続きする。

3 **カッコ**に答えを記入する。

4 入り江《え》のことを「**カタ**」という。

5 **チャカッショク**のコートを着る。

6 武器を持ち出して**イカク**した。

7 師が弟子の意見を**カッパ**する。

8 **ニイガタ**県の方言を調べる。

9 人気講座は定員を**チョウカ**した。

10 クラス**タイコウ**で野球をする。

11 **ソウゴ**の信頼を深める。

12 彼は事実を**コチョウ**して話す。

13 心臓が激しく**コドウ**する。

14 **ブンカツ**払いで家具を買った。

15 講師の話を**ケイチョウ**する。

16 外界から**カクゼツ**された島だ。

17 会社で**イッカツ**して申し込む。

18 会長に大声で**イッカツ**された。

19 新しい雑誌が**ハッカン**される。

20 暑さで全身から**ハッカン**する。

21 雨にぬれた服が**カワ**く。

22 歩き続けてのどが**カワ**く。

23 敵の陣地に**セ**め込む。

24 人の失敗を**セ**めてはいけない。

「々」ってナ～ニ？

「々」は同じ字を二度書く労を省く符号で「踊り字（繰り返し符号）」といいます。これは「人々」「年々」などの漢字一字の繰り返しにのみ用います。「不承不承」といった熟語の繰り返しや「民主主義」「学生生活」のように複合語と認められる語句には使いません。

漢字	読み	画数	部首	部首名	漢字の意味	用例	筆順
缶	音 カン 訓 ―	6	缶	ほとぎ	ブリキなどの金属で作った入れもの	缶切《かんき》り・缶詰《かんづめ》・製缶《せいかん》	缶 缶 缶 缶 缶 缶
陥	音 カン 訓 おちい(る) おとしい(れる) 高	10	阝	こざとへん	おちこむ・おとしいれる・たりないところ	陥没《かんぼつ》・陥落《かんらく》・欠陥《けっかん》・失陥《しっかん》・混乱《こんらん》に陥《おちい》る・敵《てき》を陥《おとしい》れる	陥 陥 陥 陥 陥 陥 陥 陥 陥 陥
患	音 カン 訓 わずら(う) 高	11	心	こころ	わずらう・わざわい・心配する	患者《かんじゃ》・患部《かんぶ》・急患《きゅうかん》・疾患《しっかん》・内憂外患《ないゆうがいかん》・長《なが》患《わずら》い・胸《むね》を患《わずら》う	患 患 患 患 患 患 患 患 患 患11
堪	音 カン 高 訓 た(える)	12	土	つちへん	こらえる・すぐれている	堪忍《かんにん》・堪能《かんのう》《たんのう》・見《み》るに堪《た》えない	堪3 堪 堪 堪 堪 堪 堪 堪 堪 堪
棺	音 カン 訓 ―	12	木	きへん	死体を納める箱・ひつぎ	棺《かん》おけ・出棺《しゅっかん》・石棺《せっかん》・納棺《のうかん》	棺2 棺4 棺 棺 棺 棺 棺 棺 棺 棺
款	音 カン 訓 ―	12	欠	あくび かける	法律や証書などの項目・心からよろこぶ	借款《しゃっかん》・定款《ていかん》・約款《やっかん》・落款《らっかん》	款 款 款 款5 款 款8 款 款 款 款
閑	音 カン 訓 ―	12	門	もんがまえ	しずか・ひま・いいかげん	閑却《かんきゃく》・閑古鳥《かんこどり》・閑散《かんさん》・閑職《かんしょく》・閑静《かんせい》・閑話休題《かんわきゅうだい》・安閑《あんかん》・繁閑《はんかん》	閑 閑 閑 閑 閑 閑 閑8 閑 閑 閑12
寛	音 カン 訓 ―	13	宀	うかんむり	心がひろい・ゆたか・ゆとりがある	寛厳《かんげん》・寛厚《かんこう》・寛仁大度《かんじんたいど》・寛大《かんだい》・寛容《かんよう》	寛 寛 寛 寛 寛6 寛 寛 寛11 寛 寛

ステップ 5

練習問題

1	/24
2	/10
3	/5
4	/24

月　日

1 次の——線の読みをひらがなで記せ。

1 寛容な態度で年少者に接する。
2 借款により途上国援助を行う。
3 道路の一部が陥没した。
4 見るに堪えない惨状だ。
5 遺体の納棺を済ませる。
6 非常食として缶詰を用意する。
7 駅の北側は閑静な住宅地だ。
8 胸部疾患のため通院する。
9 山岳部の仲間と登山に行く。
10 飛行機が滑走路に入る。

11 部下に肝心なことを言い忘れる。
12 二人分の勘定を支払う。
13 朝のあいさつを交わす。
14 大学の弓道部で活躍する。
15 夏至は昼が最も長い日だ。
16 カメラを廉価で販売する。
17 為替相場が変動する。
18 週末になると気持ちが浮つく。
19 部品に欠陥が見つかる。
20 作家がスランプ状態に陥った。
21 窓を開けて換気する。
22 美術品をお金に換える。
23 トンネルの貫通を祝う。
24 自分の考えを最後まで貫く。

2

次の文中にまちがって使われている同じ読みの漢字が一字ある。上に誤字を、下に正しい漢字を記せ。

		誤	正
1	特買で冷凍食品が半値になる。	（　）	（　）
2	看者の多くは風邪で治療を受けた。	（　）	（　）
3	ここは潮が引くと干型になる。	（　）	（　）
4	自動製御装置がついた機器だ。	（　）	（　）
5	物語の終番で犯人が逃走した。	（　）	（　）
6	薬をまいて害虫の区除をする。	（　）	（　）
7	事件の解明につながる物称だ。	（　）	（　）
8	他人の失敗にも肝大な態度で臨む。	（　）	（　）
9	怠ける生徒に担任が喝を入れた。	（　）	（　）
10	図書館に書籍を寄蔵した。	（　）	（　）

3

1～5の三つの□に共通する漢字を入れて熟語を作れ。漢字はア～コから一つ選び、記号で記せ。

1 安□・□職・□却　（　）

2 約□・定□・落□　（　）

3 検□・校□・□覧　（　）

4 □密・□迫・□縮　（　）

5 奇□・待□・優□　（　）

ア 査　イ 数　ウ 款　エ 関　オ 閲
カ 遇　キ 偶　ク 緊　ケ 気　コ 閑

4 次の――線のカタカナを漢字に直せ。

1 塗料を入れた**カン**を運ぶ。

2 休日の学校は**カンサン**としている。

3 色紙に手作りの**ラッカン**を押す。

4 葬列者が**シュッカン**を見送る。

5 堅固な城がついに**カンラク**した。

6 **カンプ**を消毒してから手当てする。

7 失言を**カンダイ**な心で許す。

8 **サツバツ**とした世情を嘆く。

9 台の上からプールを**カンシ**する。

10 幼児が**ネンド**で遊んでいる。

11 **ヨコナグ**りの雨に降られた。

12 費用には食事代も**フク**まれる。

13 姉の**トツ**ぎ先は農家だ。

14 一月の人件費を**ガイサン**する。

15 生徒を**スミ**やかに帰宅させる。

16 彼はすぐに**テイサイ**を気にする。

17 倉庫から荷物を**ハンシュツ**した。

18 勝利の**エイカン**を手にした。

19 救急車で**キュウカン**が運ばれた。

20 月曜が**キュウカン**日の施設が多い。

21 打ち合わせに時間を**サ**く。

22 庭にヒマワリの花が**サ**く。

23 その任に**タ**える人材を探す。

24 夜は人通りが**タ**える。

使い分けよう！ **かわく【乾・渇】**

乾く…例 空気が乾く（物に含まれている水分や湿気がなくなる）

渇く…例 のどが渇く（のどにうるおいがなくなる）

漢字表

ステップ 6

漢字	読み(音)	読み(訓)	画数	部首	部首名	漢字の意味	用例
憾	カン	―	16	忄	りっしんべん	残念に思う・うらむ	遺憾《いかん》
還	カン	―	16	辶	しんにょう しんにゅう	もとへもどる・かえる・めぐる	還元《かんげん》・還付《かんぷ》・還暦《かんれき》・往還《おうかん》・帰還《きかん》・生還《せいかん》・奪還《だっかん》・返還《へんかん》
艦	カン	―	21	舟	ふねへん	戦争に用いる武装した船	艦船《かんせん》・艦隊《かんたい》・艦長《かんちょう》・艦艇《かんてい》・旗艦《きかん》・軍艦《ぐんかん》・戦艦《せんかん》・潜水艦《せんすいかん》
頑	ガン	―	13	頁	おおがい	かたくな・人の意見に耳をかさない・丈夫	頑強《がんきょう》・頑健《がんけん》・頑固《がんこ》・頑丈《がんじょう》・頑迷《がんめい》・頑是《がんぜ》ない笑顔《えがお》
飢	キ	う(える)	10	𩙿	しょくへん	ひもじくなる・穀物が実らない	飢餓《きが》・愛情《あいじょう》に飢《う》える
宜	ギ	―	8	宀	うかんむり	よい・都合がよい・当然である	時宜《じぎ》・適宜《てきぎ》・便宜《べんぎ》
偽	ギ	いつわ(る) にせ 高	11	亻	にんべん	いつわる・うそ・にせもの	偽証《ぎしょう》・偽善《ぎぜん》・偽造《ぎぞう》・偽名《ぎめい》・虚偽《きょぎ》・真偽《しんぎ》・偽札《にせさつ》・身分《みぶん》を偽《いつわ》る
擬	ギ	―	17	扌	てへん	まねる・にせる・みせかける	擬音《ぎおん》・擬作《ぎさく》・擬似《ぎじ》・擬人法《ぎじんほう》・擬声語《ぎせいご》・擬態《ぎたい》・模擬《もぎ》

筆順

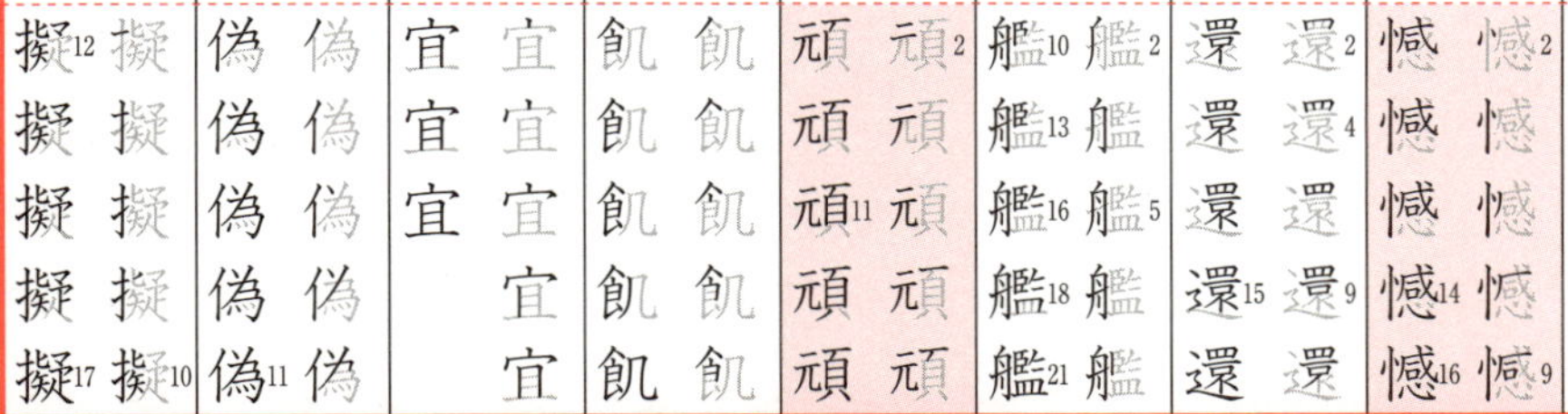

ステップ 6

練習問題

1	／24
2	／10
3	／10
4	／24

月　日

1 次の――線の読みをひらがなで記せ。

1 艦船の寄港先を調べる。

2 領土の返還を求める。

3 片付けが済めば適宜帰ってよい。

4 頑丈な山小屋を建てる。

5 擬人法を使って詩を作る。

6 食糧不足で飢餓状態になる。

7 今回の事故は誠に遺憾である。

8 緊急事態で大使が召還された。

9 国会で証人喚問が行われた。

10 ストライキを敢行する。

11 イベントの企画を持ち込む。

12 人生の岐路に立たされる。

13 戦に敗れて領地を割譲した。

14 新しい事業が軌道に乗る。

15 仮病を使って母に怒られた。

16 東の空に明けの明星が輝く。

17 最寄りの駅から電車に乗る。

18 若人らしい力強さがある作品だ。

19 偽名を使って投書する。

20 偽りの証言に激怒した。

21 輸入規制が緩和された。

22 自宅の前は緩やかな坂道だ。

23 幕府の政治は終わった。

24 紅白の幕を張りめぐらす。

2

次の（　）に「カン」と音読みする適切な漢字を入れて熟語を作り、熟語の読みを〈　〉にひらがなで記せ。

1 （　）付金　〈　〉
2 転（　）期　〈　〉
3 等（　）視　〈　〉
4 円借（　）　〈　〉
5 勇猛果（　）　〈　〉
6 裸一（　）　〈　〉
7 辞任（　）告　〈　〉
8 動物図（　）　〈　〉
9 欠（　）車　〈　〉
10 潜水（　）　〈　〉

3

次の——線のカタカナを漢字一字と送りがな（ひらがな）に直せ。

〈例〉問題に**コタエル**。（答える）

1 腰を**ヌカス**ほど驚いた。（　）
2 色彩の**アザヤカナ**絵だ。（　）
3 権利を声高に**ウッタエル**。（　）
4 傷心の友を**ナグサメル**。（　）
5 盗みを働くとは**ナゲカワシイ**。（　）
6 祖母はいつも**オダヤカダ**。（　）
7 老後の生活費を**タクワエル**。（　）
8 ウサギが後足で**ハネル**。（　）
9 ひどく**ケムタイ**部屋だ。（　）
10 どこへ出しても**ハズカシク**ない。（　）

4

次の――線のカタカナを漢字に直せ。

1 大臣が**イカン**の意を表明する。
2 子どもたちが**キガ**に苦しむ。
3 全員無事、祖国に**キカン**できた。
4 **ギゾウヒン**を売るのは違法だ。
5 **ジギ**を得た講演だった。
6 「しとしと」は**ギタイゴ**だ。
7 **キョギ**の証言をしてはならない。
8 水を飲んで**ウ**えをしのぐ。
9 弟は父より**ガンコ**な性格だ。
10 連合**カンタイ**の司令部に従う。
11 体育祭で**キバ**戦に出場した。
12 最近の世相を**ギガ**化する。

13 近所の寺で**キク**が咲き始めた。
14 **ゲップ**で一万円ずつ払っている。
15 ダイヤモンドが光り**カガヤ**く。
16 登山では**カツラク**に注意する。
17 外は**ドシャブ**りの雨だ。
18 **リョカクキ**が空港から飛び立つ。
19 紙面の都合で**カツアイ**する。
20 成功の可能性は**カイム**に等しい。
21 臨時職員を**ジャッカン**名採用した。
22 大賞受賞者は**ジャッカン**二十歳だ。
23 大臣が政務を**ト**る。
24 会議で議長が決を**ト**る。

群雄割拠（ぐんゆうかっきょ）
【意味】多くの実力者が、互いに対立し合うこと
「群雄」は数多くの英雄、「割拠」は領地を根拠地に勢力を張ることを意味します。戦国時代の英雄たちが対立して競い合った状況を指します。「割居」と書かないように注意しましょう。

ステップ

1-6 力だめし

第1回

総得点　/100

評価

評価	点数
A	80点
B	75点
C	70点
D	60点
E	

月　日

1 次の——線の読みをひらがなで記せ。

1×10　/10

1 興奮の渦に巻き込まれる。（　　）

2 子どもの頑是ない笑顔を撮る。（　　）

3 森閑とした雑木林の中を歩く。（　　）

4 衆寡敵せず、敗走した。（　　）

5 靴擦れができて歩きづらい。（　　）

6 名工の逸品が展示されている。（　　）

7 薬で痛みを和らげる。（　　）

8 温かいお茶で心が和んだ。（　　）

9 身分を偽って旅をした。（　　）

10 パスポートが偽造されていた。（　　）

2 次の漢字の部首を記せ。また下の熟語の読みをひらがなで記せ。

2×10　/20

	漢字	部首	熟語	読み
1	劾	（　）	劾奏	（　）
2	拐	（　）	誘拐	（　）
3	亜	（　）	亜鉛	（　）
4	姻	（　）	姻家	（　）
5	韻	（　）	韻律	（　）
6	缶	（　）	製缶	（　）
7	飢	（　）	飢餓	（　）
8	疫	（　）	防疫	（　）
9	殻	（　）	甲殻	（　）
10	艦	（　）	艦長	（　）

3

次の――線のカタカナを漢字一字と送りがな（ひらがな）に直せ。

〈例〉問題に**コタエル**。（答える）

2×10　／20

1 **イソガシイ**毎日を送る。（　　）
2 弟の不審な行動を**アヤシム**。（　　）
3 父親の機《き》嫌《げん》を**ソコネル**。（　　）
4 **クルオシイ**思いに悩まされる。（　　）
5 漁夫の利を**シメル**。（　　）
6 ゲームに負けて**クヤシガル**。（　　）
7 隣の部屋が**サワガシイ**。（　　）
8 厳しい現実から目を**ソムケル**。（　　）
9 遊歩道は傾斜が**ユルヤカダ**。（　　）
10 次の作戦を**クワダテル**。（　　）

4

次のAとBの漢字を一字ずつ組み合わせて二字の熟語を作れ。Bの漢字は必ず一度だけ使う。また、AとBどちらの漢字が上でもよい。

1×10　／10

A

1 検	6 職
2 褐	7 時
3 棺	8 部
4 潮	9 秀
5 余	10 善

B

逸	疫
渦	宜
石	韻
閑	患
偽	色

1（　　）
2（　　）
3（　　）
4（　　）
5（　　）
6（　　）
7（　　）
8（　　）
9（　　）
10（　　）

5

次の文中にまちがって使われている同じ読みの漢字が一字ある。上に誤字を、下に正しい漢字を記せ。

2×5 ／10

	問題	誤	正
1	傷害罪で起訴された被告人に対して事件の確心を突く尋問がなされた。	（　）	（　）
2	保険の契約内容を列挙した約艦を通読し、不明点を担当の外交員に問い合わせた。	（　）	（　）
3	極地的な豪雨により、地域住民に避難勧告が発令された。	（　）	（　）
4	どんな性質の事柄でも多数決で決定する旧態依然のやり方を、私はいささか懐擬的に見ている。	（　）	（　）
5	祖父は、期成概念にとらわれない新しいシステムを構築し、商売として軌道に乗せた。	（　）	（　）

6

後の□の中の語を必ず一度だけ使って漢字に直し、対義語・類義語を記せ。

1×10 ／10

対義語

1 愛護―（　）
2 召還―（　）
3 厳格―（　）
4 諮問―（　）
5 分割―（　）

類義語

6 火急―（　）
7 抜群―（　）
8 承服―（　）
9 我慢―（　）
10 根底―（　）

いっかつ・おうだく・かんだい・きばん・ぎゃくたい・しんぼう・せっぱく・たくえつ・とうしん・はけん

7

次の（　）内に入る適切な語を、後の□の中から選び、漢字に直して四字熟語を完成させよ。

1×10　／10

1 一朝（　）

2 才色（　）

3 換骨（　）

4 破顔（　）

5 付和（　）

6 朝三（　）

7 （　）奮闘

8 （　）夢死

9 （　）半解

10 （　）転変

いっしょう・いっせき・いっち・うい・けんび・こぐん・すいせい・だったい・ぼし・らいどう

8

次の――線のカタカナを漢字に直せ。

1×10　／10

1 車の音に**アンミン**を妨げられた。

2 **サル**が上手に芸をする。

3 **ノウリ**に鮮やかによみがえる。

4 戦争の**サンカ**を繰り返さない。

5 立派な**イシガキ**が続く。

6 暗がりで**カ**に刺された。

7 けんかの**チュウサイ**に入る。

8 **オウ**レンズは光を発散させる。

9 電車の**カセン**を工事する。

10 複雑な心境を**トロ**する。

漢字	糾	窮	拒	享	挟	恭	矯	暁
読み	音 キュウ 訓 ―	音 キュウ 訓 きわ(める) 高 きわ(まる) 高	音 キョ 訓 こば(む)	音 キョウ 訓 ―	音 キョウ 高 訓 はさ(む) はさ(まる)	音 キョウ 訓 うやうや(しい) 高	音 キョウ 訓 た(める) 高	音 ギョウ 高 訓 あかつき
画数	9	15	8	8	9	10	17	12
部首	糸	穴	扌	亠	扌	小	矢	日
部首名	いとへん	あなかんむり	てへん	なべぶた けいさんかんむり	てへん	したごころ	やへん	ひへん
漢字の意味	あわせる・もつれる・取り調べる	ゆきつくす・こまる	よせつけない・ことわる	身にうける・すすめる・もてなす	両側からせまる・はさむ	かしこまって・ていねいなようす・つつしむ	ただしくなおす・いつわる・つよい	夜明け・あきらか・よくわかる
用例	糾合《きゅうごう》・糾弾《きゅうだん》・糾明《きゅうめい》・糾問《きゅうもん》・紛糾《ふんきゅう》	窮屈《きゅうくつ》・窮地《きゅうち》・窮迫《きゅうはく》・窮乏《きゅうぼう》・困窮《こんきゅう》・無窮《むきゅう》・進退《しんたい》窮《きわ》まる	拒止《きょし》・拒絶《きょぜつ》・拒否《きょひ》・抗拒《こうきょ》・申《もう》し出《で》を拒《こば》む	享受《きょうじゅ》・享年《きょうねん》・享有《きょうゆう》・享楽《きょうらく》	挟撃《きょうげき》・挟持《きょうじ》・挟《はさ》み撃《う》ち・小耳《こみみ》に挟《はさ》む	恭賀《きょうが》・恭倹《きょうけん》・恭順《きょうじゅん》・温恭《おんきょう》・恭《うやうや》しく受《う》け取《と》る	矯激《きょうげき》・矯飾《きょうしょく》・矯正《きょうせい》・矯風《きょうふう》・奇矯《ききょう》・癖《くせ》を矯《た》める	暁星《ぎょうせい》・暁天《ぎょうてん》・今暁《こんぎょう》・通暁《つうぎょう》・払暁《ふつぎょう》・暁《あかつき》の空《そら》
筆順								

ステップ 7

練習問題

1	/24
2	/20
3	/10
4	/24

月　日

1 次の——線の読みをひらがなで記せ。

1 暁を告げるように鶏が鳴いた。

2 敵を挟み撃ちにして戦う。

3 先方からの提案を拒絶する。

4 市の財政が窮乏する。

5 意見が多く議論が紛糾する。

6 享楽的な生活を送る。

7 奇矯な振る舞いをする。

8 年賀状に恭賀新年と書く。

9 その件は既に報告済みだ。

10 祖父に将棋を教えてもらう。

11 選手がけがで出場を棄権した。

12 将来は競馬の騎手になりたい。

13 事故の犠牲者はいなかった。

14 厳しい練習を強いられる。

15 幾重にも色を重ねて絵を描く。

16 街道沿いに大きなビルが建つ。

17 原告の申し出を却下する。

18 脚本どおりに撮影が進行する。

19 品物の受け取りを拒否する。

20 患者は手術を拒んだ。

21 小学校の校舎が老朽化する。

22 朽ち果てた山寺を発見する。

23 車窓から丘陵が見え始めた。

24 丘の上から町をながめる。

2 次の熟語の読みをひらがなで記せ。

1 糾問（　　）
2 寡聞（　　）
3 恭倹（　　）
4 閲覧（　　）
5 約款（　　）
6 寛厳（　　）
7 享年（　　）
8 暫定（　　）
9 還元（　　）
10 曇天（　　）
11 戦禍（　　）
12 決壊（　　）
13 模擬（　　）
14 困窮（　　）
15 海峡（　　）
16 温恭（　　）
17 弾劾（　　）
18 頑迷（　　）
19 漏電（　　）
20 生涯（　　）

3 後の□の中の語を必ず一度だけ使って漢字に直し、対義語・類義語を記せ。

対義語

1 真実―（　　）
2 栄達―（　　）
3 多忙―（　　）
4 威圧―（　　）
5 乾燥―（　　）

類義語

6 残念―（　　）
7 卓抜―（　　）
8 満腹―（　　）
9 永遠―（　　）
10 親友―（　　）

いかん・かいじゅう・かんか・きょぎ・しつじゅん・しゅういつ・ちき・ほうしょく・むきゅう・れいらく

4 次の――線のカタカナを漢字に直せ。

1 その一言でキュウチに陥る。
2 キョウジュンの意を伝える。
3 読みかけの本にしおりをハサむ。
4 新薬にキョゼツ反応を起こす。
5 美しいアカツキの空を見上げる。
6 汚職を紙面でキュウダンする。
7 競技場建設にキョヒを投じる。
8 広島をキョテンに全国展開する。
9 駅までのキョリを確認する。
10 セマい道を車が通り抜ける。
11 あまりの悲しみにゴウキュウする。
12 特異な意見をチュウシュツする。

13 企業の信用がシッツイした。
14 鶏肉のナンバン漬《づ》けを作る。
15 社長のユイゴンを社員に伝える。
16 家族を伴って中国にフニンする。
17 ノウコウな味わいのシチューだ。
18 絶景にエイタンの声を上げた。
19 携帯電話がフキュウしている。
20 この映画はフキュウの名作だ。
21 心理学のキョウジュに取材する。
22 大自然の恵みをキョウジュする。
23 歯列をキョウセイする。
24 キョウセイ的に参加させる。

使い分けよう！ **きゅうめい【究明・糾明】**
究明…例 原因を究明する・事件の真相を究明する
（本質・原因などを突き詰めて明らかにすること）
糾明…例 犯人を糾明する・罪状を糾明する
（問いただして罪や不正を明らかにすること）

漢字	読み	画数	部首	部首名	漢字の意味	用例
菌	音 キン 訓 —	11	艹	くさかんむり	キノコやカビの類・ばいきん	菌糸《きんし》・菌類《きんるい》・抗菌《こうきん》・細菌《さいきん》・殺菌《さっきん》・雑菌《ざっきん》・病原菌《びょうげんきん》・保菌者《ほきんしゃ》
琴	音 キン 訓 こと	12	王	おう	弦楽器《げんがっき》の「こと」	琴線《きんせん》・手風琴《てふうきん》・馬頭琴《ばとうきん》・木琴《もっきん》
謹	音 キン 訓 つつし(む)	17	言	ごんべん	かしこまる・つつしむ・おもんじる	謹賀《きんが》・謹啓《きんけい》・謹厳実直《きんげんじっちょく》・謹慎《きんしん》・謹聴《きんちょう》・謹呈《きんてい》・謹《つつし》んで承《うけたまわ》る
襟	音 キン 高 訓 えり	18	衤	ころもへん	えり・むねのうち・こころの中	襟度《きんど》・開襟《かいきん》・胸襟《きょうきん》・襟足《えりあし》・襟首《えりくび》・襟章《えりしょう》・襟元《えりもと》
吟	音 ギン 訓 —	7	口	くちへん	うめく・うたう・詩歌をつくる・調べる	吟詠《ぎんえい》・吟行《ぎんこう》・吟醸《ぎんじょう》・吟味《ぎんみ》・苦吟《くぎん》・詩吟《しぎん》・朗吟《ろうぎん》
隅	音 グウ 訓 すみ	12	阝	こざとへん	かど・すみ	一隅《いちぐう》・辺隅《へんぐう》・隅隅《すみずみ》・片隅《かたすみ》《へんぐう》
勲	音 クン 訓 —	15	力	ちから	国家のために立てた手柄	勲位《くんい》・勲功《くんこう》・勲章《くんしょう》・元勲《げんくん》・殊勲《しゅくん》・叙勲《じょくん》・武勲《ぶくん》
薫	音 クン 高 訓 かお(る)	16	艹	くさかんむり	かおる・におう・人を感化する・いぶす	薫育《くんいく》・薫化《くんか》・薫陶《くんとう》・薫風《くんぷう》・余薫《よくん》・風薫《かぜかお》る五月《ごがつ》

筆順

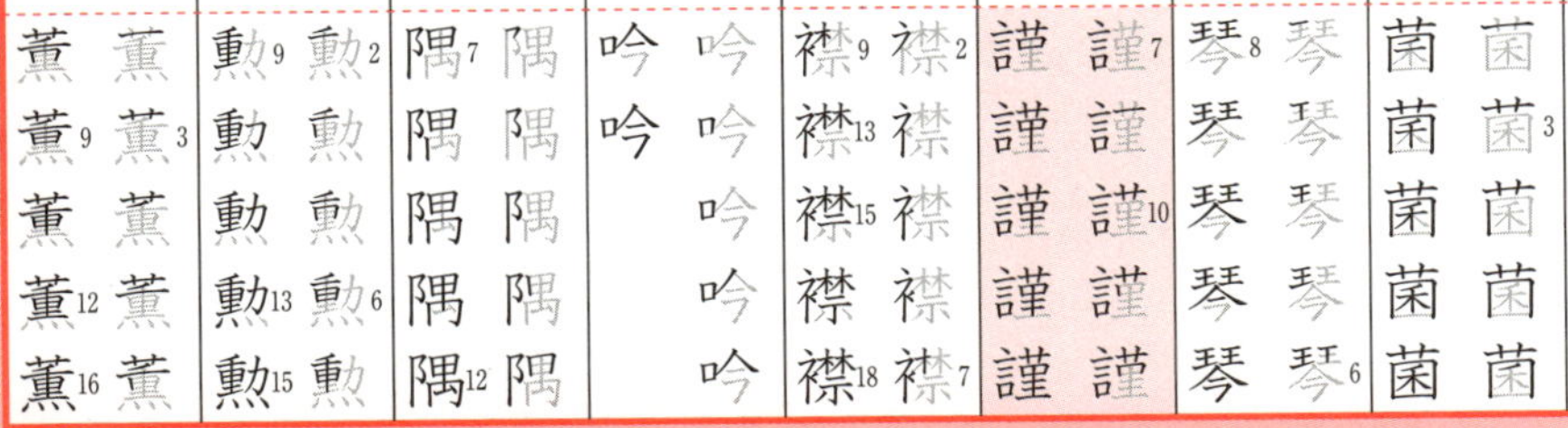

ステップ 8

練習問題

1 /24
2 /10
3 /9
4 /24

月　日

1 次の——線の読みをひらがなで記せ。

1 すばらしい木琴の演奏だった。

2 吟味した素材で調理する。

3 自分の著書を謹呈《てい》する。

4 大学院で病原菌の研究を続ける。

5 最高殊勲選手に選ばれた。

6 重箱の隅をつつくような発言だ。

7 シャツの襟元をきちんと直す。

8 文化の薫りが漂う町だ。

9 名月に朗々と詩を吟じる。

10 その件は謹んで承ります。

11 古都の一隅に居を構える。

12 面接を前にして緊張する。

13 それは愚問というものだ。

14 駅前で偶然友人に出会う。

15 彼は恵まれた境遇で育った。

16 荷物運びを助太刀する。

17 子どもが神社の境内で遊ぶ。

18 素足で裏庭に下りる。

19 初めて馬頭琴の音を聞いた。

20 琴の名曲を演奏する。

21 ジェットコースターで絶叫する。

22 甲高い声で叫び続ける。

23 自分の声が壁に反響する。

24 物価の上昇が家計に響く。

2

次のAとBの漢字を一字ずつ組み合わせて二字の熟語を作れ。Bの漢字は必ず一度だけ使う。また、AとBのどちらの漢字が上でもよい。

A

1 謹	2 規	3 琴	4 維	5 容
6 還	7 苦	8 伝	9 屈	10 述

B

遺	新	奪	鉄	吟
模	偉	製	窮	著

1（　）　2（　）　3（　）　4（　）　5（　）

6（　）　7（　）　8（　）　9（　）　10（　）

3

次の——線のカタカナにあてはまる漢字をそれぞれのア～オから一つ選び、記号で記せ。

1 公文書が**ギ**造される。
2 彼の言動に**ギ**念を抱く。
3 朗読で効果的な**ギ**音を使う。
（ア 儀　イ 偽　ウ 欺　エ 擬　オ 疑）

4 眼鏡で視力を**キョウ**正する。
5 生きる権利を**キョウ**有する。
6 超人的な演技に**キョウ**嘆した。
（ア 享　イ 強　ウ 矯　エ 恭　オ 驚）

7 彼はとても**キン**勉な学生だ。
8 消毒して雑**キン**を除去する。
9 隣国と**キン**密な関係を保つ。
（ア 斤　イ 緊　ウ 禁　エ 菌　オ 勤）

1（　）　2（　）　3（　）　4（　）　5（　）　6（　）　7（　）　8（　）　9（　）

4 次の――線のカタカナを漢字に直せ。

1 まな板を熱湯でサッキンする。
2 一週間キンシンの処分を受ける。
3 部屋のカタスミにたなを置いた。
4 エリを正して社長の話を聞く。
5 美しいコトの調べに時を忘れる。
6 夫婦でシギンを習いに行く。
7 文化クンショウを授与された。
8 校庭のイチグウに花を植える。
9 お話をツツシんでお受けします。
10 「風カオる」は夏の季語だ。
11 日照り続きでキョウサクになる。
12 友人にキンキョウを伝える。

13 フクツの精神で乗り切る。
14 優秀な人材をハックツしたい。
15 選手のキンパクした表情が映る。
16 自分の感情をセイギョする。
17 ノートのランガイにメモをとる。
18 バクガはビールの原料だ。
19 山でシカにソウグウした。
20 グウハツテキな発明だった。
21 一年間カイキンして表彰《ひょうしょう》された。
22 アユつりがカイキンになった。
23 心のキンセンに触れる音楽だ。
24 キンセン的な援助を求める。

脚下照顧（きゃっかしょうこ）
【意味】身近なことへの注意や、自己反省を促す語
「脚下を照顧せよ」の略で、「脚下」は足元、「照顧」はかえりみること・よく見ることを意味します。「脚下」を「却下」と書き誤らないように注意しましょう。

漢字	読み	画数	部首	部首名	漢字の意味	用例	筆順
茎	音 ケイ 訓 くき	8	艹	くさかんむり	くき・はしら	塊茎《かいけい》・球茎《きゅうけい》・地下茎《ちかけい》・歯茎《はぐき》・水茎《みずくき》	茎 茎 茎 茎 茎 茎 茎 茎
渓	音 ケイ 訓 ―	11	氵	さんずい	谷間を流れる川	渓間《けいかん》・渓谷《けいこく》・渓水《けいすい》・渓泉《けいせん》・渓流《けいりゅう》・雪渓《せっけい》	渓2 渓 渓 渓 渓 渓 渓 渓 渓 渓
蛍	音 ケイ 訓 ほたる	11	虫	むし	昆虫《こんちゅう》のホタル・ホタルのような光を出すもの	蛍光灯《けいこうとう》・蛍光塗料《けいこうとりょう》・蛍雪《けいせつ》・蛍窓《けいそう》・蛍火《ほたるび》《けいか》	蛍2 蛍 蛍 蛍 蛍 蛍 蛍 蛍 蛍 蛍
慶	音 ケイ 訓 ―	15	心	こころ	よろこぶ・めでたいこと	慶賀《けいが》・慶事《けいじ》・慶祝《けいしゅく》・慶弔《けいちょう》・慶福《けいふく》・同慶《どうけい》	慶2 慶 慶 慶6 慶 慶 慶12 慶 慶 慶
傑	音 ケツ 訓 ―	13	亻	にんべん	すぐれる・すぐれた人	傑作《けっさく》・傑出《けっしゅつ》・傑物《けつぶつ》・英傑《えいけつ》・怪傑《かいけつ》・豪傑《ごうけつ》・俊傑《しゅんけつ》	傑2 傑4 傑 傑 傑 傑 傑 傑 傑 傑13
嫌	音 ケン・ゲン 訓 きら(う)・いや	13	女	おんなへん	いやがる・うたがう	嫌煙《けんえん》・嫌悪《けんお》・嫌疑《けんぎ》・機嫌《きげん》・嫌気《いやけ》・独裁《どくさい》の嫌《きら》いがある	嫌 嫌 嫌 嫌6 嫌 嫌 嫌 嫌11 嫌 嫌
献	音 ケン・コン 訓 ―	13	犬	いぬ	ささげる・すすめる・かしこい人の言い伝え	献金《けんきん》・献上《けんじょう》・献身《けんしん》・献呈《けんてい》・献立《こんだて》・貢献《こうけん》・文献《ぶんけん》・一献《いっこん》	献2 献 献 献6 献8 献 献 献 献 献
謙	音 ケン 訓 ―	17	言	ごんべん	へりくだる・うやまう・つつしむ	謙虚《けんきょ》・謙辞《けんじ》・謙譲《けんじょう》・謙遜《けんそん》・恭謙《きょうけん》	謙7 謙9 謙 謙 謙 謙 謙 謙 謙 謙

ステップ 9

練習問題

1 ／24
2 ／5
3 ／10
4 ／24

月　日

1 次の——線の読みをひらがなで記せ。

1 慶祝の式典に出席する。

2 神社の由来を文献で調べる。

3 部屋の蛍光灯をつける。

4 山奥の渓谷でキャンプをする。

5 彼は聴力が傑出している。

6 レンコンはハスの地下茎だ。

7 清流に蛍を見に行く。

8 忠告を謙虚に受け入れる。

9 花束の茎を切りそろえた。

10 合宿中の献立を決める。

11 どうも嫌な予感がする。

12 賢哲と知られる老師に会う。

13 義兄と会って食事をする。

14 昨日はお寺で写経をしていた。

15 湖畔に乙女の像が建っている。

16 生活の知恵から生まれた商品だ。

17 会社の後継者を育てたい。

18 犬が芝生の上を駆け回る。

19 公共の場で嫌煙権を主張する。

20 精密機械は湿気を嫌う。

21 雑誌に写真が掲載された。

22 優勝旗を高く掲げる。

23 他社と技術提携をしている。

24 ビルの建設工事に携わる。

2

1〜5の三つの□に共通する漢字を入れて熟語を作れ。漢字はア〜コから一つ選び、記号で記せ。

1 □血・□上・一□ （　）

2 英□・豪□・怪□ （　）

3 □営・□過・□典 （　）

4 □白・高□・簡□ （　）

5 □光・□雪・□火 （　）

ア 決	イ 経	ウ 契	エ 敬	オ 蛍
カ 謙	キ 献	ク 傑	ケ 潔	コ 結

3

熟語の構成のしかたには次のようなものがある。

ア 同じような意味の漢字を重ねたもの（岩石）
イ 反対または対応の意味を表す字を重ねたもの（高低）
ウ 上の字が下の字を修飾しているもの（洋画）
エ 下の字が上の字の目的語・補語になっているもの（着席）
オ 上の字が下の字の意味を打ち消しているもの（非常）

次の熟語は右のア〜オのどれにあたるか、一つ選び、記号で記せ。

1 献身 （　）
2 山岳 （　）
3 傑物 （　）
4 慶事 （　）
5 勲功 （　）
6 因果 （　）
7 検疫 （　）
8 不遇 （　）
9 雪渓 （　）
10 空虚 （　）

4 次の――線のカタカナを漢字に直せ。

1 **ケイコウ**色のステッカーをはる。（　　）
2 **ケイリュウ**でイワナをつる。（　　）
3 **ハグキ**がはれてひどく痛む。（　　）
4 法律違反の**ケンギ**を晴らす。（　　）
5 **ケンジョウ**語を使いこなす。（　　）
6 ご**ドウケイ**の至りに存じます。（　　）
7 母親から**イヤ**みを言われた。（　　）
8 政治団体に**ケンキン**する。（　　）
9 日本映画の**ケッサク**を鑑賞する。（　　）
10 **ホタル**が辺りを飛び交う。（　　）
11 妹は人一倍負けず**ギラ**いだ。（　　）
12 **カイキョウ**を客船で渡った。（　　）

13 海外からの客を**カンゲイ**する。（　　）
14 兄はとても**カタハバ**が広い。（　　）
15 **オロ**かな間違いは二度としない。（　　）
16 祖母の三**カイキ**の法要を行った。（　　）
17 病人のために**ケンシン**的に働く。（　　）
18 水道メーターの**ケンシン**をする。（　　）
19 姉は朝から**キゲン**が悪いようだ。（　　）
20 本の貸し出し**キゲン**を確かめる。（　　）
21 痛み止めの注射を**ウ**つ。（　　）
22 親の敵**ウ**ちに出かける話だ。（　　）
23 雨で海水浴が来週に**ノ**びた。（　　）
24 身長が**ノ**びたと弟が喜んでいる。（　　）

換骨奪胎（かんこつだったい）

【意味】外形はもとのままで中身をかえること

骨を交換して、胎盤を奪うというのが本来の意味です。「外見は同じでも内容がちがうこと」の意味でも使われます。「奪胎」を「脱退」などと書き誤らないように注意しましょう。

漢字	読み	画数	部首	部首名	漢字の意味	用例
繭	音 ケン 高 訓 まゆ	18	糸	いと	まゆ・わたいれ・きぬもの	繭糸《けんし》・蚕繭《さんけん》・繭玉《まゆだま》・初繭《はつまゆ》
顕	音 ケン 訓 ―	18	頁	おおがい	あきらか・あらわれる・名高い	顕在《けんざい》・顕彰《けんしょう》・顕著《けんちょ》・顕微鏡《けんびきょう》・隠顕《いんけん》・破邪顕正《はじゃけんしょう》《はじゃけんせい》・露顕《ろけん》
懸	音 ケン ケ 高 訓 か(ける) か(かる)	20	心	こころ	つりさげる・かかげし めす・心にひっかかる	懸案《けんあん》・懸賞《けんしょう》・懸垂《けんすい》・懸命《けんめい》・懸想《けそう》・懸念《けねん》・命懸《いのちが》け
弦	音 ゲン 訓 つる 高	8	弓	ゆみへん	弓のつる・半月・楽器に張る糸	弦楽《げんがく》・弦月《げんげつ》・下弦《かげん》・管弦《かんげん》・上弦《じょうげん》・正弦《せいげん》・弦《つる》を離《はな》れた矢《や》
呉	音 ゴ 訓 ―	7	口	くち	中国の古い国名・大きい・やかましい	呉越同舟《ごえつどうしゅう》・呉音《ごおん》・呉服《ごふく》
碁	音 ゴ 訓 ―	13	石	いし	ご	碁石《ごいし》・碁会《ごかい》・碁盤《ごばん》・囲碁《いご》
江	音 コウ 訓 え	6	氵	さんずい	大きな川・もとは揚子江《ようすこう》のこと	江湖《こうこ》・江南《こうなん》・長江《ちょうこう》・江戸《えど》・入《い》り江《え》
肯	音 コウ 訓 ―	8	肉	にく	ききいれる・うなずく	肯諾《こうだく》・肯定《こうてい》・首肯《しゅこう》

筆順

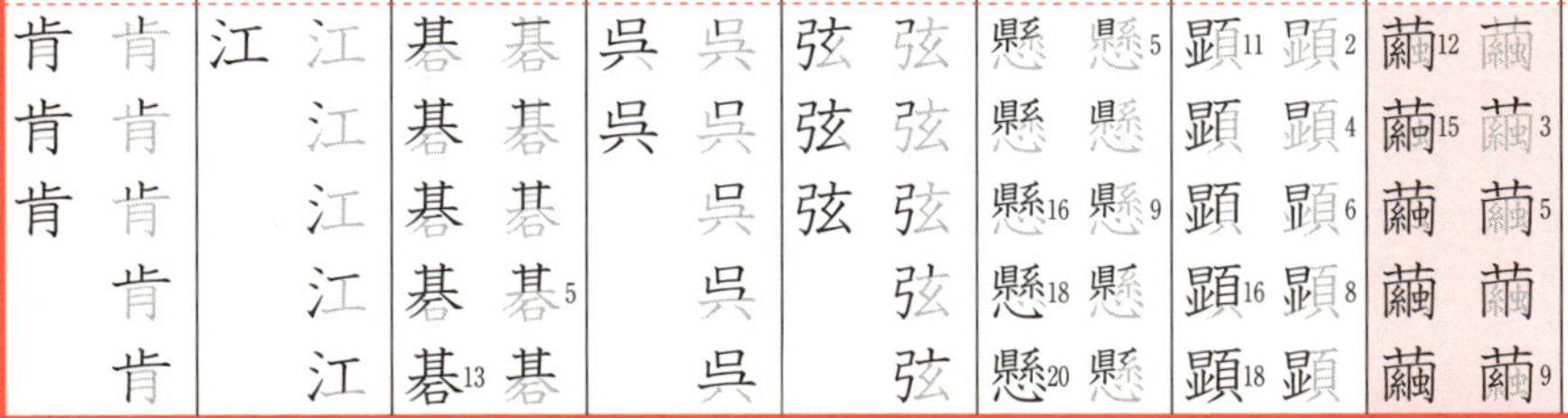

ステップ 10

練習問題

1	／24
2	／5
3	／20
4	／24

月　日

1

次の——線の読みをひらがなで記せ。

1 薬の顕著な効果が見られる。

2 呉音で読む熟語を覚える。

3 碁盤の目のように道路が走る。

4 美しい上弦の月をながめる。

5 蚕の繭から生糸をとる。

6 その見解には首肯しかねる。

7 経営者の判断に委ねる。

8 彼がチームの要だそうだ。

9 自動車保険の契約を結ぶ。

10 天からの啓示を受ける。

11 憩いのひとときを過ごす。

12 軒先につららが下がっていた。

13 今年の夏は殊更暑いようだ。

14 仮初めにも口にしてはいけない。

15 冒険家が未開の地に挑《いど》む。

16 試合は互角の勝負だった。

17 波止場で積み荷を降ろす。

18 朝食では必ず納豆を食べる。

19 懸案の問題を解決する。

20 月が中天に懸かる。

21 長江は中国最長の河川だ。

22 江戸時代の文化を研究する。

23 世話役に推されて当惑する。

24 林の中を逃げ惑う夢を見た。

2

次の四字熟語の読みを（　）にひらがなで記せ。また、その意味を後の［　］の中から選び、記号を〈　〉に記せ。

1 呉越同舟（　　）〈　〉

2 謹厳実直（　　）〈　〉

3 孤軍奮闘（　　）〈　〉

4 一朝一夕（　　）〈　〉

5 夏炉冬扇（　　）〈　〉

ア ほんのわずかな期間
イ 無用なもの、役に立たないもののたとえ
ウ 仲の悪い者どうしが、同じ場所や境遇にいること
エ きわめてつつしみ深く誠実で正直なこと
オ 支援者がなく、一人で懸命に努力すること

3

右の（　）には熟語の音読みを、左の（　）には漢字の訓読みをひらがなで記せ。

1 需要（　　）
2 要（　　）る

3 謹慎（　　）
4 慎（　　）む

5 採掘（　　）
6 掘（　　）る

7 偽装（　　）
8 偽（　　）る

9 尊厳（　　）
10 厳（　　）か

11 辞退（　　）
12 辞（　　）める

13 反映（　　）
14 映（　　）える

15 陥落（　　）
16 陥（　　）る

17 微笑（　　）
18 笑（　　）む

19 迫力（　　）
20 迫（　　）る

4 次の——線のカタカナを漢字に直せ。

1 **ゲンガク**四重奏を聴く。

2 蚕が糸をはいて**マユ**を作る。

3 入り**エ**に漁船が停泊している。

4 **ケンビキョウ**で細胞を観察する。

5 **ゴフク**屋で着物をあつらえる。

6 物事を**コウテイ**的にとらえる。

7 兄は**イゴ**の有段者になった。

8 **ケンヤク**して開業資金をためる。

9 **カンヌシ**が家内安全を祈願する。

10 連続ドラマが**カキョウ**に入った。

11 **ゲンソウ**的な風景に言葉を失う。

12 **サミダレ**がしとしとと降り続く。

13 宇宙船が**タイキケン**に突入する。

14 **ケンジツ**な人生を歩む。

15 健康のために**ゲンマイ**を食べる。

16 **クジラ**の生態を調査している。

17 **ケンショウ**小説に応募する。

18 事実かどうか**ケンショウ**する。

19 核の**キョウイ**を伝える記事だ。

20 駅伝で**キョウイ**の新記録が出た。

21 **エイリ**な小刀で木像を彫る。

22 **エイリ**目的の事業を始める。

23 自分の命を**カ**けて子どもを守る。

24 入選した絵を壁に**カ**ける。

部首を間違えやすい漢字　**募・慶・黙**

Q…次の漢字の部首は?　①募　②慶　③黙

A…①「力(ちから)」、②「心(こころ)」、③「黒(くろ)」。

①は「艹(くさかんむり)」、②は「广(まだれ)」、③は「灬(れんが・れっか)」と間違えやすい漢字です。注意しましょう。

ステップ 11

漢字	侯	洪	貢	溝	衡	購	拷	剛
読み	音 コウ 訓 ―	音 コウ 訓 ―	音 コウ・ク高 訓 みつ(ぐ)高	音 コウ 訓 みぞ	音 コウ 訓 ―	音 コウ 訓 ―	音 ゴウ 訓 ―	音 ゴウ 訓 ―
画数	9	9	10	13	16	17	9	10
部首	亻	氵	貝	氵	行	貝	扌	刂
部首名	にんべん	さんずい	かい こがい	さんずい	ぎょうがまえ ゆきがまえ	かいへん	てへん	りっとう
漢字の意味	とのさま・きみ・こうしゃく	大量にあふれてひろがる・大きい・ひろい	さしだす・すすめる・みつぎもの	くぼみ・みぞ	はかり・よこ・つりあい	お金をだして自分のものにする・あがなう	たたいてせめる	かたい・つよい
用例	侯爵《こうしゃく》・王侯《おうこう》・君侯《くんこう》・諸侯《しょこう》・藩侯《はんこう》・列侯《れっこう》	洪恩《こうおん》・洪業《こうぎょう》・洪水《こうずい》・洪積層《こうせきそう》・洪大《こうだい》	貢献《こうけん》・貢租《こうそ》・貢賦《こうふ》・朝貢《ちょうこう》・来貢《らいこう》・年貢《ねんぐ》・貢《みつ》ぎ物《もの》	海溝《かいこう》・下水溝《げすいこう》・側溝《そっこう》・排水溝《はいすいこう》・両者間《りょうしゃかん》の溝《みぞ》	合従連衡《がっしょうれんこう》・均衡《きんこう》・度量衡《どりょうこう》・平衡《へいこう》	購求《こうきゅう》・購読《こうどく》・購入《こうにゅう》・購買《こうばい》	拷問《ごうもん》	剛柔《ごうじゅう》・剛胆《ごうたん》・剛直《ごうちょく》・外柔内剛《がいじゅうないごう》・金剛力《こんごうりき》・質実剛健《しつじつごうけん》
筆順	侯 侯 侯 侯 侯 侯 侯 侯 侯	洪 洪 洪 洪 洪 洪 洪 洪 洪	貢 貢 貢 貢 貢 貢 貢 貢 貢 貢	溝2 溝 溝 溝6 溝8 溝 溝 溝 溝 溝	衡3 衡5 衡 衡 衡 衡10 衡 衡13 衡15 衡	購5 購7 購 購10 購12 購 購 購 購 購	拷 拷 拷 拷 拷 拷 拷 拷 拷	剛 剛 剛 剛 剛 剛 剛 剛 剛 剛

ステップ 11

練習問題

1	/24
2	/9
3	/10
4	/24

月　日

1 次の——線の読みをひらがなで記せ。

1 亡き師の洪恩に深く感謝する。

2 王侯貴族がぜいたくに暮らす。

3 彼の研究は医学の進歩に貢献した。

4 父は無骨で剛直な性格だ。

5 両国間の溝を埋める努力をする。

6 平衡感覚に優れた政治家だ。

7 大雨で側溝から水があふれた。

8 科学雑誌を毎月購読している。

9 拷問の体験を著書で告発する。

10 剛腹な人物と評されている。

11 夢と現実の相克に苦しむ。

12 恐悦至極に存じます。

13 君のとった行動は賢明だった。

14 金塊を掘り出した男の話を読む。

15 巧妙な手口の犯罪が増えている。

16 大豆を発酵させてみそを作る。

17 鶏を放し飼いにする。

18 祭りで村中に太鼓の音が響く。

19 大企業で顧問を務める。

20 危険も顧みず突き進む。

21 不当な解雇に抗議する。

22 アルバイトとして学生を雇う。

23 地震対策の要綱を説明する。

24 馬の手綱を握り締める。

2 次の（　）に「コウ」と音読みする適切な漢字を入れて熟語を作り、熟語の読みを〈　〉にひらがなで記せ。

1 （　）積層 〈　〉
2 度量（　） 〈　〉
3 （　）母菌 〈　〉
4 （　）買 〈　〉
5 （　）辛料 〈　〉
6 破天（　） 〈　〉
7 （　）穀類 〈　〉
8 （　）脈 〈　〉
9 （　）久的 〈　〉

3 次の漢字の部首を記せ。また下の熟語の読みをひらがなで記せ。

	部首		読み
1 侯	（　）	藩侯	〈　〉
2 貢	（　）	来貢	〈　〉
3 剛	（　）	剛胆	〈　〉
4 懸	（　）	懸垂	〈　〉
5 献	（　）	献本	〈　〉
6 碁	（　）	碁会	〈　〉
7 蛍	（　）	蛍雪	〈　〉
8 顕	（　）	顕示	〈　〉
9 謙	（　）	恭謙	〈　〉
10 勲	（　）	武勲	〈　〉

4 次の――線のカタカナを漢字に直せ。

1 収支の**キンコウ**を保つ。
2 **コウズイ**で床上浸水した。
3 日本**カイコウ**は太平洋側にある。
4 父は質実**ゴウケン**を尊ぶ。
5 敷居の**ミゾ**にほこりがたまる。
6 参考書を**コウニュウ**する。
7 有力**ショコウ**が将軍の下に集う。
8 この暑さは**ゴウモン**に等しい。
9 水とお湯とを**コウゴ**にかける。
10 **コウゲキ**的な発言は慎む。
11 運転免許証を**コウシン**する。
12 毎年**コウレイ**の花火大会を行う。
13 規約に**ジョウコウ**を付け加える。
14 東京**キンコウ**の行楽地を探す。
15 店の紹介記事の**ゲンコウ**を書く。
16 容疑者の身柄が**コウソク**された。
17 大活躍し、優勝に**コウケン**した。
18 甥《おい》の**コウケン**人を引き受ける。
19 **コダイ**の生物について調べる。
20 悪質な**コダイ**広告を取り締まる。
21 **ハンコウ**期の子どもを理解する。
22 **ハンコウ**現場に警察が到着した。
23 病気の母には気**ヅカ**いが必要だ。
24 あの人は、人**ヅカ**いが荒い。

「言」と「言」は違う?
検定では、教科書体（言）を手本にして書くことが基本ですが、漢字には書体によって字形に相違が見られるものがあります。「言・言」「令・令」などは、デザインの違いであって、字体の違いとは見なしません。検定ではいずれも正解となります。

漢字	読み	画数	部首	部首名	漢字の意味	用例
酷	音 コク / 訓 —	14	酉	とりへん	はなはだしい・むごい・きびしい	酷使《こくし》・酷似《こくじ》・酷暑《こくしょ》・酷評《こくひょう》・酷寒《こっかん》・過酷《かこく》・残酷《ざんこく》・冷酷《れいこく》
昆	音 コン / 訓 —	8	日	ひ	虫・多い・兄・あとに続くもの・子孫	昆虫《こんちゅう》・昆弟《こんてい》・昆布《こんぶ》《こぶ》
懇	音 コン / 訓 ねんご(ろ) 高	17	心	こころ	うちとける・心をこめる・ていねい	懇意《こんい》・懇願《こんがん》・懇親会《こんしんかい》・懇請《こんせい》・懇切《こんせつ》・懇談《こんだん》・懇《ねんご》ろな間柄《あいだがら》
佐	音 サ / 訓 —	7	イ	にんべん	たすける・軍隊の階級の一つ。「将」の下・手伝い	佐幕《さばく》・大佐《たいさ》・補佐《ほさ》
唆	音 サ / 訓 そそのか(す) 高	10	ロ	くちへん	そそのかす・けしかける	教唆《きょうさ》・示唆《しさ》《じさ》・悪事《あくじ》を唆《そそのか》す
詐	音 サ / 訓 —	12	言	ごんべん	いつわる・だます・うそ	詐欺《さぎ》・詐取《さしゅ》・詐称《さしょう》・巧詐《こうさ》
砕	音 サイ / 訓 くだ(く) くだ(ける)	9	石	いしへん	くだく・こな・わずらわしい	砕石《さいせき》・砕氷《さいひょう》・玉砕《ぎょくさい》・破砕《はさい》・粉骨砕身《ふんこつさいしん》・粉砕《ふんさい》・腰砕《こしくだ》け
宰	音 サイ / 訓 —	10	宀	うかんむり	とりしまる・つかさどる・かしら	宰相《さいしょう》・宰領《さいりょう》・家宰《かさい》・主宰《しゅさい》

筆順

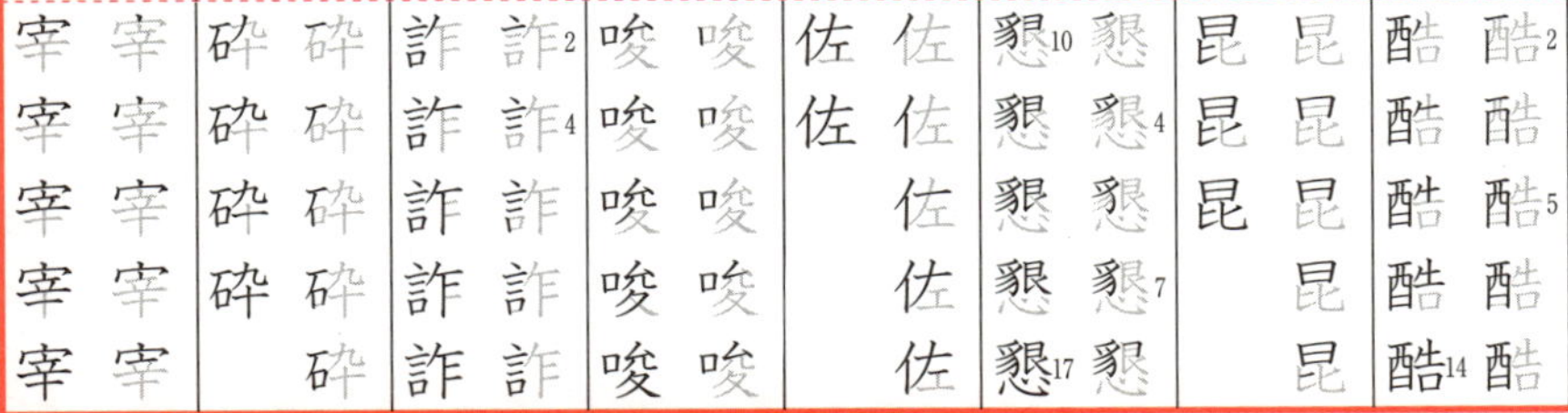

練習問題

1	/24
2	/10
3	/10
4	/24

月　日

1 次の——線の読みをひらがなで記せ。

1 戦争で多くの若者が玉砕した。

2 新しい試みの作品は酷評された。

3 旧陸軍の元大佐に取材する。

4 先生と保護者が懇談する。

5 科学の同人雑誌を主宰する。

6 脱税を教唆した罪に問われた。

7 作家の学歴詐称が発覚した。

8 昆虫の生態を観察する。

9 脂肪分を控えた食事にする。

10 年末は何かと慌ただしい。

11 病を克服し、社会に復帰する。

12 地獄のような苦しみを味わう。

13 痛恨のエラーで優勝を逃した。

14 巨額の負債を抱えて倒産する。

15 役者の演技に忘我の境に入る。

16 公の場に姿を現した。

17 合宿中の外出は一切禁止だ。

18 和装には足袋が必要だ。

19 機械で細かく砕石する。

20 易しくかみ砕いて説明した。

21 市民祭りが開催される。

22 グループで展覧会を催す。

23 何か魂胆がありそうな表情だ。

24 魂が抜けたように歩いて行った。

2

次の文中にまちがって使われている同じ読みの漢字が一字ある。上に誤字を、下に正しい漢字を記せ。

		誤	正
1	彼とは古くから魂意にしている。	（　）	（　）
2	坑菌加工を施した靴下を買う。	（　）	（　）
3	姉は機械体操の選手だった。	（　）	（　）
4	救援物資を避災地に手配する。	（　）	（　）
5	勢力の均攻が崩れ開戦に至った。	（　）	（　）
6	不仕議な体験を語ってくれた。	（　）	（　）
7	模偽試験の結果に一喜一憂する。	（　）	（　）
8	宰将の威厳を保って欲しい。	（　）	（　）
9	法案が万場一致で可決された。	（　）	（　）
10	大観衆が歓誇の声を上げる。	（　）	（　）

3

次の（　）に入る適切な語を、後の［　］の中から選び、漢字に直して四字熟語を完成させよ。

1 粉骨（　）身

2 信賞必（　）

3 知勇（　）備

4 進取果（　）

5 山（　）水明

6 悪戦苦（　）

7 （　）思黙考

8 （　）常一様

9 当意（　）妙

10 意志（　）弱

かん・けん・さい・し・じん・そく・ちん・とう・はく・ばつ

4 次の——線のカタカナを漢字に直せ。

1 部員同士で**コンシン**会を開く。

2 パソコン作業で目を**コクシ**する。

3 高齢者の**サギ**被害が増えている。

4 彼は部長を**ホサ**する役職だ。

5 税率の引き上げを**シサ**する。

6 岩をダイナマイトで**フンサイ**する。

7 各国の**サイショウ**が会談した。

8 **コンブ**でとっただしで煮る。

9 大会出場への**イキゴ**みを語る。

10 自動車工場が**ヘイサ**される。

11 **シキサイ**の調和が美しい。

12 誘いの返事を**サイソク**する。

13 兄は**コンイロ**の背広が似合う。

14 大きすぎる期待に**コンワク**する。

15 母は**コガラ**な女性です。

16 こんな負け方で**メンボク**ない。

17 布と同じ色の糸で**フチ**取りする。

18 **ゴウウ**への警戒を呼びかける。

19 その姉妹は声が**コクジ**している。

20 選挙の日程を**コクジ**する。

21 **コウセイ**物質を投与された。

22 福利**コウセイ**が充実した会社だ。

23 荒れた土地を**カイコン**する。

24 深い**カイコン**の情に駆られる。

使い分けよう！ **しゅさい【主催・主宰】**

主催…例 大会の主催者・市が主催する運動会
（中心となって行事をもよおすこと）

主宰…例 会議を主宰する・同人誌の主宰者
（多くの人の上に立って物事を行うこと）

ステップ 7-12

力だめし 第2回

総得点 /100

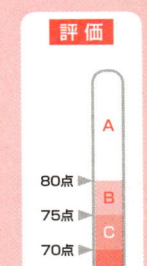

評価
A
80点
B
75点
C
70点
D
60点
E

月　日

1 次の――線の読みをひらがなで記せ。

1 夜桜を見ながら一献傾ける。（　　）
2 襟の形に特徴があるシャツだ。（　　）
3 不謹慎極まりない話だ。（　　）
4 部屋の隅々まで探し回る。（　　）
5 パンにチーズとハムを挟む。（　　）
6 会社の不正を糾明した。（　　）
7 渓流沿いにテントを張る。（　　）
8 碁石を並べる。（　　）
9 有力な諸侯が一堂に会する。（　　）
10 心の琴線に触れるよい詩だ。（　　）

1×10 /10

2 次の漢字の部首を記せ。また下の熟語の読みをひらがなで記せ。

	漢字	部首	熟語	読み
1	宰	（　　）	宰領	（　　）
2	昆	（　　）	昆虫	（　　）
3	肯	（　　）	肯諾	（　　）
4	呉	（　　）	呉音	（　　）
5	矯	（　　）	矯飾	（　　）
6	唆	（　　）	教唆	（　　）
7	嫌	（　　）	嫌疑	（　　）
8	享	（　　）	享有	（　　）
9	購	（　　）	購買	（　　）
10	繭	（　　）	繭玉	（　　）

2×10 /20

3

次の――線のカタカナを漢字一字と送りがな（ひらがな）に直せ。

〈例〉問題に**コタエル**。（答える）

2×10 ／20

1 年始のあいさつに**ウカガウ**。

2 相手の申し出を**コバム**。

3 部屋の内装に趣向を**コラス**。

4 話し合いは**ナゴヤカニ**進んだ。

5 伝言を**ウケタマワル**。

6 **アワテル**とミスにつながる。

7 真っ青な空に雲の白が**ハエル**。

8 敵の策略に**オチイル**。

9 アイスピックで氷を**クダク**。

10 妹は**アマヤカサ**れて育った。

4

熟語の構成のしかたには次のようなものがある。

1×10 ／10

ア 同じような意味の漢字を重ねたもの（岩石）

イ 反対または対応の意味を表す字を重ねたもの（高低）

ウ 上の字が下の字を修飾しているもの（洋画）

エ 下の字が上の字の目的語・補語になっているもの（着席）

オ 上の字が下の字の意味を打ち消しているもの（非常）

次の熟語はア～オのどれにあたるか、記号で記せ。

1 殺菌

2 享楽

3 補佐

4 傑作

5 献血

6 隠顕

7 不朽

8 酷似

9 未踏

10 剛柔

5

次の文中にまちがって使われている同じ読みの漢字が一字ある。上に誤字を、下に正しい漢字を記せ。

2×5 ／10

誤　正

1 皇后陛下に閲見できる千載一遇の機会を逃してしまった。まさに痛恨の極みだ。（　）（　）

2 提防の決壊による水害で、世界遺産に登録されている遺跡の一部が崩れ落ちた。（　）（　）

3 彼は、孤独と闘いながらも、単独で太平洋をヨットで横断し、世界記録を肯新した。（　）（　）

4 細菌の研究に尽力し、科学の発展に貢献した研究者の功績に対し、訓章が授与された。（　）（　）

5 悪質な唆欺事件に巻き込まれた環境保護団体の事務局の運営は、窮地に立たされた。（　）（　）

6

後の□の中の語を必ず一度だけ使って漢字に直し、対義語・類義語を記せ。

1×10 ／10

対義語

1 傑物―（　）

2 反抗―（　）

3 歓喜―（　）

4 親切―（　）

5 近接―（　）

類義語

6 無視―（　）

7 祝福―（　）

8 親密―（　）

9 不意―（　）

10 担保―（　）

えんかく・きょうじゅん・けいが・こんい・ていとう・とつじょ・ひあい・ぼんじん・もくさつ・れいたん

7

次の（　）内に入る適切な語を、後の［　］の中から選び、漢字に直して四字熟語を完成せよ。

1×10　／10

1 同（　）異曲

2 一喜一（　）

3 一念（　）起

4 夏（　）冬扇

5 昼夜（　）行

6 好機（　）来

7 自暴自（　）

8 無（　）自然

9 脚下照（　）

10 （　）先垂範

い・き・けん・こ・こう・そっ・とう・ほっ・ゆう・ろ

8

次の――線のカタカナを漢字に直せ。

1×10　／10

1 ヒマワリの**クキ**が伸びる。（　）

2 ひよこの**シユウ**を判別する。（　）

3 美しい**カゲン**の月をめでる。（　）

4 **エラ**い人物の伝記を読む。（　）

5 **ギンユウ**詩人は各地を旅した。（　）

6 **ケイセツ**の功なって合格する。（　）

7 暖房中は**カンキ**が必要だ。（　）

8 経営陣の交代を**ヨギ**なくされた。（　）

9 思わぬ失敗に**ドウヨウ**する。（　）

10 入学のお祝いに赤飯を**タ**く。（　）

漢字	読み（音）	読み（訓）	画数	部首	部首名	漢字の意味	用例
栽	サイ	—	10	木	き	植える・植えこみ・わかい芽	栽培《さいばい》・植栽《しょくさい》・盆栽《ぼんさい》
斎	サイ	—	11	斉	せい	つつしむ・いえ・へや・ものいみ	斎会《さいえ》・斎戒《さいかい》・斎食《さいじき》・斎場《さいじょう》・潔斎《けっさい》・書斎《しょさい》・精進潔斎《しょうじんけっさい》
崎	—	さき	11	山	やまへん	さき・けわしい・あやうい	○○崎《さき》〔御前崎《おまえざき》など〕
索	サク	—	10	糸	いと	なわ・さがしもとめる・ものさびしい	索引《さくいん》・索条《さくじょう》・暗中模索《あんちゅうもさく》・検索《けんさく》・思索《しさく》・捜索《そうさく》・探索《たんさく》・鉄索《てっさく》
酢	サク	す	12	酉	とりへん	す・すっぱい	酢酸《さくさん》・酢《す》の物《もの》・酢豚《すぶた》・甘酢《あまず》・梅酢《うめず》・黒酢《くろず》・三杯酢《さんばいず》
桟	サン	—	10	木	きへん	かけはし・さんばし・たな	桟道《さんどう》・桟橋《さんばし》・桟敷《さじき》
傘	サン 高	かさ	12	人	ひとやね	かさ	傘下《さんか》・鉄傘《てっさん》・落下傘《らっかさん》・傘立《かさた》て・雨傘《あまがさ》・日傘《ひがさ》・洋傘《ようがさ》
肢	シ	—	8	月	にくづき	てあし・もとからわかれたもの	肢体《したい》・下肢《かし》・義肢《ぎし》・四肢《しし》・選択肢《せんたくし》

ステップ 13

練習問題

1	／24
2	／10
3	／9
4	／24

月　日

1 次の――線の読みをひらがなで記せ。

1 儀式の前に潔斎を行う。
2 折り畳みの雨傘を持っていく。
3 男が崎の先端に立っている。
4 ケヤキを街路樹として植栽する。
5 幾つかの検索エンジンを使う。
6 四肢を伸ばして寝転がる。
7 こわごわと桟道を行く。
8 つらい過去は忘却したい。
9 インフルエンザに感染した。
10 ミカンを搾ってジュースにする。

11 奥行きがあるように錯覚する。
12 転んだが、軽い擦過傷で済んだ。
13 暫時休憩をとりましょう。
14 福祉事業に全力を注ぐ。
15 母が作る煮物の味を思い出す。
16 試合は悲惨な結果に終わった。
17 研究成果を書物に著す。
18 小さなことを気に病む。
19 酢酸を化学の実験に使う。
20 梅酢にショウガを漬《つ》ける。
21 不要なデータを削除する。
22 身を削るような苦労をする。
23 危険は覚悟の上で取り組む。
24 自分自身の未熟さを悟る。

2 後の□の中の語を必ず一度だけ使って漢字に直し、対義語・類義語を記せ。

対義語

1 臨時―（　　）
2 古豪―（　　）
3 高慢―（　　）
4 年頭―（　　）
5 受理―（　　）

類義語

6 疑惑―（　　）
7 基地―（　　）
8 丈夫―（　　）
9 混乱―（　　）
10 是認―（　　）

がんけん・きゃっか・きょてん・けんきょ・こうてい・こうれい・さいまつ・しんえい・ふしん・ふんきゅう

3 次の――線のカタカナにあてはまる漢字をそれぞれのア～オから一つ選び、記号で記せ。

1 新聞の連**サイ**小説を読む。（　　）
2 事件の**サイ**判が行われる。（　　）
3 住宅ローンを返**サイ**している。（　　）
（ア 債　イ 載　ウ 栽　エ 裁　オ 済）

4 解決方法を模**サク**する。（　　）
5 軍事予算が**サク**減された。（　　）
6 災害時の対**サク**を立てる。（　　）
（ア 削　イ 策　ウ 錯　エ 索　オ 酢）

7 流通機**コウ**の合理化を図る。（　　）
8 下水**コウ**が詰まってしまった。（　　）
9 予備校の夏期**コウ**習に参加する。（　　）
（ア 溝　イ 講　ウ 衡　エ 構　オ 購）

4

次の――線のカタカナを漢字に直せ。

1 **ショサイ**にこもって原稿を書く。

2 祖父が**ボンサイ**の手入れをする。

3 **サンバシ**に船を横付けにする。

4 この本は巻末に**サクイン**がある。

5 最後に**アマズ**で味付けする。

6 **センタクシ**から正答を選ぶ。

7 夏は**ヒガサ**を差す人が多い。

8 修学旅行で**ナガサキ**県に行く。

9 **ヤクザイシ**の資格を取る。

10 先生に意見を**ウカガ**った。

11 生活**カンキョウ**を整備する。

12 勝利には一致団結が**カンヨウ**だ。

13 妹の作文を**テンサク**してやる。

14 ヨーグルトは**ハッコウ**食品だ。

15 **サイケン**者から返済を迫られた。

16 不安と期待が**コウサク**する。

17 デジタルカメラで**サツエイ**した。

18 **サイフ**から千円札を取り出した。

19 **ツユ**入りして雨の日が続く。

20 **シナイ**で相手と打ち合う。

21 今日は雲一つない**カイセイ**だ。

22 学校の規則を**カイセイ**する。

23 話し合いをして疑いが**ト**けた。

24 熱でバターが**ト**けた。

昼夜兼行（ちゅうやけんこう）

【意味】昼と夜の区別なく続けて物事を行うこと

「兼行」には昼も夜も休まず一日の行程を二倍にする、またそのように急いで仕事をする、などの意味があります。似た意味の四字熟語には「不眠不休」などがあります。

漢字	読み	画数	部首	部首名	漢字の意味	用例	筆順
嗣	音 シ 訓 —	13	口	くち	〔家などの〕あとをつぐ	嗣子《しし》・継嗣《けいし》・嫡嗣《ちゃくし》	嗣2 嗣 嗣 嗣 嗣 嗣 嗣 嗣 嗣 嗣13
賜	音 シ 高 訓 たまわ(る)	15	貝	かいへん	身分の高い人からいただく・めぐむ	賜暇《しか》・賜金《しきん》・賜杯《しはい》・恩賜《おんし》・下賜《かし》・恵賜《けいし》・祝辞《しゅくじ》を賜《たまわ》る	賜2 賜5 賜7 賜 賜 賜11 賜 賜 賜 賜
滋	音 ジ 訓 —	12	氵	さんずい	うるおす・しげる・栄養がある	滋味《じみ》・滋養《じよう》・滋賀県《しがけん》	滋2 滋 滋5 滋 滋 滋 滋 滋 滋 滋
璽	音 ジ 訓 —	19	玉	たま	天子、国王の印・しるし	璽書《じしょ》・印璽《いんじ》・御璽《ぎょじ》・玉璽《ぎょくじ》・国璽《こくじ》・神璽《しんじ》	璽 璽3 璽5 璽 璽8 璽10 璽14 璽16 璽18 璽
漆	音 シツ 訓 うるし	14	氵	さんずい	うるし・うるしをぬる・うるしのように黒い	漆器《しっき》・漆工《しっこう》・漆黒《しっこく》・乾漆《かんしつ》・漆細工《うるしざいく》	漆3 漆 漆 漆 漆 漆 漆 漆 漆12 漆14
遮	音 シャ 訓 さえぎ(る)	14	辶	しんにょう しんにゅう	さえぎる・とどめる・おおいかくす	遮音《しゃおん》・遮光《しゃこう》・遮断《しゃだん》・遮二無二《しゃにむに》・遮蔽《しゃへい》・行《ゆ》く手《て》を遮《さえぎ》る	遮2 遮 遮 遮 遮 遮 遮11 遮 遮 遮
蛇	音 ジャ ダ 訓 へび	11	虫	むしへん	ヘビ・ヘビに似た形のもの	蛇口《じゃぐち》・蛇《じゃ》の目《め》・蛇腹《じゃばら》・蛇行《だこう》・蛇足《だそく》・大蛇《だいじゃ》・長蛇《ちょうだ》・竜頭蛇尾《りゅうとうだび》	蛇2 蛇 蛇 蛇 蛇 蛇 蛇 蛇 蛇 蛇
酌	音 シャク 訓 く(む) 高	10	酉	とりへん	くむ・さかずき・事情をくみとる	酌量《しゃくりょう》・参酌《さんしゃく》・手酌《てじゃく》・独酌《どくしゃく》・媒酌《ばいしゃく》・晩酌《ばんしゃく》・酌《く》み交《か》わす	酌 酌 酌 酌 酌 酌 酌 酌 酌 酌

ステップ 14

練習問題

1	/24
2	/10
3	/5
4	/24

月　日

1 次の――線の読みをひらがなで記せ。

1 キュウリを蛇腹切りにして盛る。

2 祖父と父は毎日、晩酌する。

3 国王から恩賞を賜る。

4 滋味に富んだ郷土料理を頂く。

5 国璽は勲記に使用する。

6 彼は旧家の嗣子である。

7 新党の旗揚げが決定した。

8 両親の期待に応えたい。

9 朱塗りの山門を通り抜ける。

10 気骨のある人を「侍」と呼ぶ。

11 慈善事業に熱心な企業だ。

12 大地を疾風が吹き抜ける。

13 邪魔な荷物を片付ける。

14 紫外線には殺菌作用がある。

15 休日は趣味の読書に没頭する。

16 緩やかな斜面をボールが転がる。

17 上司の機嫌を損ねてしまった。

18 バナナが熟れて食べごろになる。

19 分厚いカーテンで遮光する。

20 倒れた木が行く手を遮る。

21 漆器に和菓子が映える。

22 漆で手がかぶれた。

23 筋肉痛の腕に湿布をする。

24 大量の汗で上着が湿った。

2

熟語の構成のしかたには次のようなものがある。

ア　同じような意味の漢字を重ねたもの　（岩石）
イ　反対または対応の意味を表す字を重ねたもの　（高低）
ウ　上の字が下の字を修飾しているもの　（洋画）
エ　下の字が上の字の目的語・補語になっているもの　（着席）
オ　主語と述語の関係にあるもの　（地震）

次の熟語は右のア～オのどれにあたるか、一つ選び、記号で記せ。

1　遮音（　）
2　寛厳（　）
3　天授（　）
4　惜別（　）
5　暫定（　）
6　疾患（　）
7　逸材（　）
8　災禍（　）
9　真偽（　）
10　国営（　）

3

次の熟語はA・Bどちらかに漢字の誤りがある。正しい方を選び、記号で記せ。

1　A 奇想天外　B 希想天外（　）
2　A 悪戦苦倒　B 悪戦苦闘（　）
3　A 意味深長　B 意味真長（　）
4　A 医食同源　B 医食同元（　）
5　A 一念発気　B 一念発起（　）

4 次の——線のカタカナを漢字に直せ。

1 友人は**シッコク**の髪が美しい。
2 音を**シャダン**した部屋を作る。
3 店の前に**チョウダ**の列ができた。
4 貴重なご意見を**タマワ**る。
5 **ウルシザイク**の技術を伝承する。
6 **ヘビ**にまつわる伝説を聞いた。
7 鶏卵は**ジヨウ**に富んでいる。
8 相手の発言を**サエギ**る。
9 **ダイジャ**がとぐろを巻く。
10 **ギョジ**とは天皇の公印である。
11 将軍の**ケイシ**の誕生を祝う。
12 情状**シャクリョウ**の余地はない。
13 何事も善意に**カイシャク**する。
14 彼が党の活動を**ギュウジ**る。
15 森は**セイジャク**に包まれていた。
16 予期せぬ**ワザワ**いに見舞われる。
17 財政政策について**シモン**する。
18 **コキン**和歌集は優美な歌が多い。
19 講演の**ヨウシ**をまとめる。
20 美しい**ヨウシ**も彼女の魅力だ。
21 花模様が**ホ**られた小箱を買う。
22 畑でサツマイモを**ホ**る。
23 相手を巧妙に**カイジュウ**する。
24 鯨などの**カイジュウ**が生息する。

使い分けよう! **たつ【断・絶・裁】**
断つ…例 根を断つ・酒を断つ・退路を断つ
(続いているものを途中で切る・やめる・さえぎる)
絶つ…例 連絡を絶つ・縁を絶つ (なくす・打ち切る・終わらせる)
裁つ…例 生地をはさみで裁つ (布などを型に合わせて切る)

漢字	読み	画数	部首	部首名	漢字の意味	用例	筆順
爵	音 シャク 訓 —	17	爫	つめかんむり つめがしら	貴族の等級をあらわすことば・栄誉	爵位《しゃくい》・公爵《こうしゃく》・侯爵《こうしゃく》・子爵《ししゃく》・男爵《だんしゃく》・伯爵《はくしゃく》	
珠	音 シュ 訓 —	10	王	おうへん たまへん	たま・物事の美称	珠玉《しゅぎょく》・珠算《しゅざん》・真珠《しんじゅ》・数珠《じゅず》	
儒	音 ジュ 訓 —	16	亻	にんべん	学者・孔子の教え	儒家《じゅか》・儒学《じゅがく》・儒教《じゅきょう》・儒者《じゅしゃ》・儒林《じゅりん》・大儒《たいじゅ》	
囚	音 シュウ 訓 —	5	囗	くにがまえ	とらえる・とりこ・とらわれた人	囚人《しゅうじん》・死刑囚《しけいしゅう》・脱獄囚《だつごくしゅう》・未決囚《みけつしゅう》・幽囚《ゆうしゅう》・虜囚《りょしゅう》	
臭	音 シュウ 訓 くさ(い) にお(う)	9	自	みずから	いやなにおい・くさい・好ましくない	臭気《しゅうき》・悪臭《あくしゅう》・異臭《いしゅう》・俗臭《ぞくしゅう》・体臭《たいしゅう》・無臭《むしゅう》・生《なま》ごみが臭《にお》う	
愁	音 シュウ 訓 うれ(える)[高] うれ(い)[高]	13	心	こころ	ものさびしさに気持ちがしずむ・かなしむ	愁傷《しゅうしょう》・愁嘆場《しゅうたんば》・愁眉《しゅうび》・哀愁《あいしゅう》・郷愁《きょうしゅう》・憂愁《ゆうしゅう》・旅愁《りょしゅう》・愁《うれ》い嘆《なげ》く	
酬	音 シュウ 訓 —	13	酉	とりへん	むくいる・お返しをする・酒をすすめる	応酬《おうしゅう》・貴酬《きしゅう》・献酬《けんしゅう》・報酬《ほうしゅう》	
醜	音 シュウ 訓 みにく(い)	17	酉	とりへん	みにくい・にくむ・けがれ	醜悪《しゅうあく》・醜態《しゅうたい》・醜聞《しゅうぶん》・美醜《びしゅう》・醜《みにく》い争《あらそ》い	

ステップ 15

練習問題

1	/24
2	/20
3	/5
4	/24

月　日

1 次の――線の読みをひらがなで記せ。

1 友情を描いた珠玉の短編だ。

2 男爵イモを取り寄せる。

3 虚勢を張るのは醜いことだ。

4 儒学は中国古来の思想体系だ。

5 仕事に見合う報酬を受け取る。

6 幽囚の身を嘆き悲しむ。

7 真珠のネックレスをつけた。

8 夏場は生ごみが臭いやすい。

9 ふるさとの言葉に郷愁を感じる。

10 興奮して醜態をさらした。

11 前例のない特殊な事件だ。

12 消防署の署長に就任した。

13 母は甲高い声で笑う。

14 マンションを賃借する。

15 会社の先行きが危ぶまれる。

16 自治会の会長に推される。

17 六月に衣替えをした。

18 澄んだ青空に紅葉が映える。

19 牧師が福音書を朗読する。

20 兄は介護施設で働いている。

21 異様な臭気で騒ぎになった。

22 魚の調理で手が生臭くなる。

23 収穫の祭りを盛大に行う。

24 スポーツが盛んな高校だ。

2 右の（　）には熟語の音読みを、左の（　）には漢字の訓読みをひらがなで記せ。

1 破砕（　　）
2 砕（　　）く
3 俗臭（　　）
4 臭（　　）う
5 酢酸（　　）
6 酢（　　）
7 遮光（　　）
8 遮（　　）る
9 漆工（　　）
10 漆（　　）
11 蛍窓（　　）
12 蛍（　　）
13 海溝（　　）
14 溝（　　）
15 潤沢（　　）
16 潤（　　）す
17 捕獲（　　）
18 獲（　　）る
19 卵殻（　　）
20 殻（　　）

3 1～5の三つの□に共通する漢字を入れて熟語を作れ。漢字はア～コから一つ選び、記号で記せ。

1 □傷・□嘆・憂□（　　）
2 □疑・機□・□気（　　）
3 □順・□道・懐□（　　）
4 □逸・優□・□才（　　）
5 □願・□意・□切（　　）

ア 肢　イ 柔　ウ 秀　エ 愁　オ 酬
カ 安　キ 嫌　ク 考　ケ 懇　コ 念

4 次の——線のカタカナを漢字に直せ。

1 芸能人のシュウブンを書き立てる。

2 アイシュウが漂う曲を好む。

3 ダツゴクシュウが捕まった。

4 子どものころシュザンを習った。

5 四書五経はジュキョウの経典だ。

6 腐った野菜がイシュウを放つ。

7 シャクイは旧華族制度の階級だ。

8 激しい意見のオウシュウが続く。

9 人間のミニクさを描いた小説だ。

10 オモムキのある庭園を歩く。

11 ジュヨウと供給の均衡を保つ。

12 シュウメイ披露《ひろう》の興行がある。

13 優勝カップをジュヨする。

14 ザンテイ予算を組む。

15 モクゲキ者の証言を取る。

16 ゴールまで全力でシッソウする。

17 オンシャにより減刑される。

18 ハナゾノにバラが咲き乱れる。

19 ウモウのように軽い材質だ。

20 おじの家は茶道のソウケだ。

21 住民運動のイチヨクをになう。

22 シュイロのセーターを着る。

23 刑務所へシュウジンを護送する。

24 シュウジン環視の中で恥をかく。

使い分けよう! **ついきゅう【追究・追求・追及】**

追究…例 真理の追究（学問などを深く突き詰めて明らかにする）

追求…例 利潤の追求（目的のものを手に入れようとして追い求める）

追及…例 責任の追及（責任や原因を問いただす）

漢字	読み	画数	部首	部首名	漢字の意味	用例	筆順
汁	音 ジュウ 訓 しる	5	氵	さんずい	つゆ・しる	一汁一菜《いちじゅういっさい》・果汁《かじゅう》・苦汁《くじゅう》・胆汁《たんじゅう》・墨汁《ぼくじゅう》・汁粉《しるこ》	汁
充	音 ジュウ 訓 あ(てる) 高	6	儿	ひとあし にんにょう	みちる・みたす・あてる	充実《じゅうじつ》・充電《じゅうでん》・充満《じゅうまん》・拡充《かくじゅう》・汗牛充棟《かんぎゅうじゅうとう》・補充《ほじゅう》・学費《がくひ》に充《あ》てる	充
渋	音 ジュウ 訓 しぶ しぶ(い) しぶ(る)	11	氵	さんずい	しぶる・しぶい・とどこおる	渋滞《じゅうたい》・渋面《じゅうめん》・苦渋《くじゅう》・難渋《なんじゅう》・渋皮《しぶかわ》・茶渋《ちゃしぶ》・返事《へんじ》を渋《しぶ》る	2 渋
銃	音 ジュウ 訓 —	14	金	かねへん	てっぽう・じゅう	銃撃《じゅうげき》・銃口《じゅうこう》・銃声《じゅうせい》・銃弾《じゅうだん》・銃砲《じゅうほう》・機関銃《きかんじゅう》・小銃《しょうじゅう》・猟銃《りょうじゅう》	2 4 7 10 銃
叔	音 シュク 訓 —	8	又	また	父母の弟、妹・兄弟の順で上から三番目	外叔《がいしゅく》・伯叔《はくしゅく》・叔父《おじ》・叔母《おば》	叔
淑	音 シュク 訓 —	11	氵	さんずい	しとやか・尊敬してしたう	淑女《しゅくじょ》・淑人《しゅくじん》・淑徳《しゅくとく》・私淑《ししゅく》・貞淑《ていしゅく》	2 淑
粛	音 シュク 訓 —	11	聿	ふでづくり	つつしむ・おごそか・しずか	粛粛《しゅくしゅく》・粛正《しゅくせい》・粛清《しゅくせい》・粛然《しゅくぜん》・厳粛《げんしゅく》・綱紀粛正《こうきしゅくせい》・自粛《じしゅく》・静粛《せいしゅく》	9 粛
塾	音 ジュク 訓 —	14	土	つち	学問や技芸を教える私設の学舎	塾舎《じゅくしゃ》・塾生《じゅくせい》・学習塾《がくしゅうじゅく》・義塾《ぎじゅく》・私塾《しじゅく》・村塾《そんじゅく》	5 塾

ステップ 16

練習問題

1	／24
2	／9
3	／10
4	／24

月　日

1 次の——線の読みをひらがなで記せ。

1 売れている商品を補充する。

2 小学生対象の学習塾を経営する。

3 叔父さんに腕時計をもらった。

4 苦汁をなめて奮起する。

5 かねてから彼に私淑している。

6 クリの渋皮をむく。

7 会議中は静粛に願います。

8 銃は無許可では持てない。

9 読書は豊かな心を育む。

10 新しい文化を創る。

11 深く切り立った峡谷を歩く。

12 動物の虐待は許されないことだ。

13 紅葉の名所で秋を満喫する。

14 相手の話す顔を凝視する。

15 食パンを二斤用意する。

16 辛うじて難を逃れた。

17 備えあれば憂いなし。

18 再会の日を待ち焦がれる。

19 多くの課題を包含している。

20 人気の連載漫画が映画化された。

21 オレンジの果汁を搾る。

22 お汁粉をごちそうになる。

23 苦渋に満ちた表情をする。

24 役者の渋い演技が光る。

2

次の——線のカタカナにあてはまる漢字をそれぞれのア〜オから一つ選び、記号で記せ。

1 持ち前の好**キ**心を発揮する。（　）

2 会誌の編集後**キ**を書いた。（　）

3 本校の光**キ**ある伝統を守ろう。（　）

（ア記　イ気　ウ奇　エ貴　オ輝）

4 図書館の設備を**ジュウ**実させる。（　）

5 休日は高速道路が**ジュウ**滞する。（　）

6 飛行機を操**ジュウ**してみたい。（　）

（ア重　イ縦　ウ渋　エ従　オ充）

7 会議の準備に時間を**サ**いた。（　）

8 くぎにひっかけて服が**サ**けた。（　）

9 大きな音で目が**サ**めた。（　）

（ア覚　イ冷　ウ裂　エ咲　オ割）

3

次の文中にまちがって使われている同じ読みの漢字が一字ある。上に誤字を、下に正しい漢字を記せ。

		誤	正
1	健康保険の支払い問題について検当する。	（　）	（　）
2	彼女からの手紙は意味深重な内容だった。	（　）	（　）
3	全国大会出場を目標にチームの陣容を強加する。	（　）	（　）
4	弟子に剣道の極意を伝受した。	（　）	（　）
5	この映画館は千五百人の観客を集容できる。	（　）	（　）
6	地位・職務などが変わることを移動という。	（　）	（　）
7	入学届を提出する時には連体保証人が必要だ。	（　）	（　）
8	地場産業の伸興に多大な功績が認められる。	（　）	（　）
9	先輩は特徴のある句調で話す。	（　）	（　）
10	西暦と日本の元号とを対称させた表を作成した。	（　）	（　）

4 次の――線のカタカナを漢字に直せ。

1 **ジュクセイ**は、近隣の中学生だ。（　　）（　　）
2 寝不足で目が**ジュウケツ**する。（　　）（　　）
3 舞踏会に**シュクジョ**が集まる。（　　）（　　）
4 **シブチャ**を飲まされる。（　　）（　　）
5 近所に住む**オバ**は父の妹だ。（　　）（　　）
6 忠告を**ゲンシュク**に受け止めた。（　　）（　　）
7 山林に**ジュウセイ**がとどろく。（　　）（　　）
8 **ボクジュウ**をすずりに流し込む。（　　）（　　）
9 依頼への返事を**シブ**られた。（　　）（　　）
10 けがした犬を**ジュウイ**にみせる。（　　）（　　）
11 部下は**シリョ**深く信頼できる。（　　）（　　）
12 薬物で痛みを**カンワ**する。（　　）（　　）

13 この冷蔵庫はもう**ジュミョウ**だ。（　　）（　　）
14 罰ゲームは**カンベン**してほしい。（　　）（　　）
15 言葉の裏を**ジャスイ**してしまう。（　　）（　　）
16 食卓に**ゴウカ**な料理が並んだ。（　　）（　　）
17 親の恩に**ムク**いたいと思う。（　　）（　　）
18 **モメン**のシャツを着て出かける。（　　）（　　）
19 悪天候で工事が**ナンジュウ**した。（　　）（　　）
20 **ナンジュウ**にも色をかさねる。（　　）（　　）
21 類人猿が**キセイ**を発している。（　　）（　　）
22 有害な添加物を**キセイ**する。（　　）（　　）
23 旅の安全を神社で**キネン**する。（　　）（　　）
24 旅行の**キネン**写真を見せる。（　　）（　　）

部首を間違えやすい漢字　輝・辱・粛

Q…次の漢字の部首は？　①輝　②辱　③粛

A…①「車（くるま）」、②「辰（しんのたつ）」、③「聿（ふでづくり）」。

それぞれ「輝」を「光」、「辱」を「寸」、「粛」を「米」と間違えないよう、注意して覚えましょう。

漢字表

ステップ 17

漢字	読み	画数	部首	部首名	漢字の意味	用例
俊	音 シュン 訓 —	9	亻	にんべん	すぐれる・すぐれた人・たかい	俊傑《しゅんけつ》・俊才《しゅんさい》・俊秀《しゅんしゅう》・俊足《しゅんそく》・俊敏《しゅんびん》・英俊《えいしゅん》・賢俊《けんしゅん》・豪俊《ごうしゅん》
准	音 ジュン 訓 —	10	冫	にすい	なぞらえる・ある地位に次ぐ・ゆるす	准看護師《じゅんかんごし》・准教授《じゅんきょうじゅ》・准将《じゅんしょう》・批准《ひじゅん》
殉	音 ジュン 訓 —	10	歹	かばねへん いちたへん がつへん	あとを追って死ぬ・命を捨てて事に従う	殉教《じゅんきょう》・殉国《じゅんこく》・殉死《じゅんし》・殉職《じゅんしょく》・殉難《じゅんなん》
循	音 ジュン 訓 —	12	彳	ぎょうにんべん	従う・めぐる	循環《じゅんかん》・循行《じゅんこう》・因循《いんじゅん》
庶	音 ショ 訓 —	11	广	まだれ	いろいろの・正妻でない女性が生んだ子	庶民《しょみん》・庶務《しょむ》・衆庶《しゅうしょ》
緒	音 ショ チョ 訓 お	14	糸	いとへん	物事のはじめ・心の動き・細いひも	緒戦《しょせん》《ちょせん》・一緒《いっしょ》・端緒《たんしょ》《たんちょ》・内緒《ないしょ》・由緒《ゆいしょ》・情緒《じょうちょ》《じょうしょ》・鼻緒《はなお》
叙	音 ジョ 訓 —	9	又	また	順序に従ってのべる・位につける	叙勲《じょくん》・叙景《じょけい》・叙事《じょじ》・叙述《じょじゅつ》・叙情《じょじょう》・自叙伝《じじょでん》
升	音 ショウ 訓 ます	4	十	じゅう	ます・容量の単位・のぼる	一升《いっしょう》・升席《ますせき》・升目《ますめ》

筆順

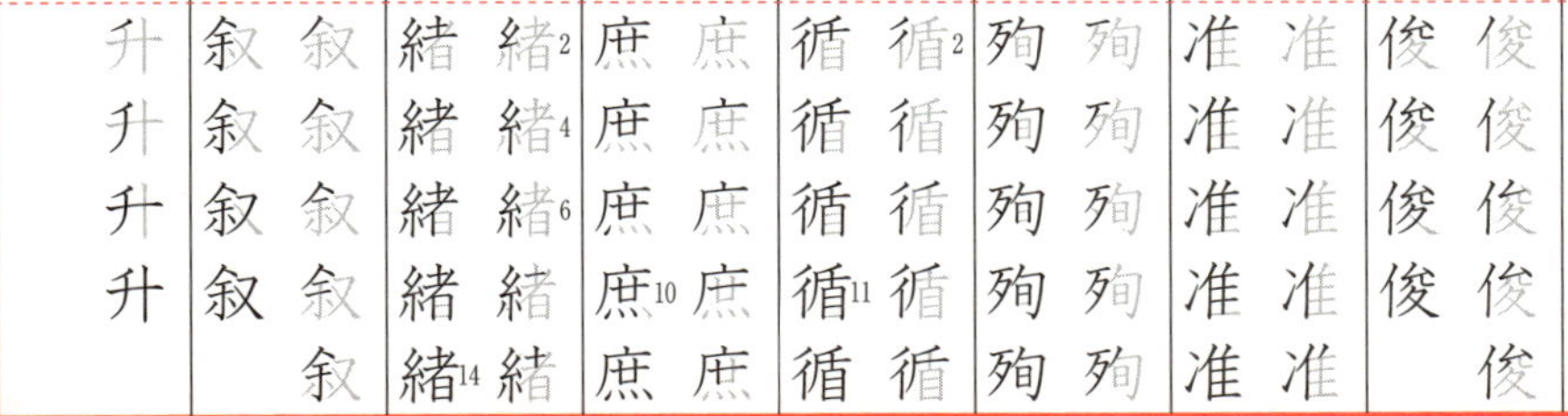

ステップ 17

練習問題

1	/24
2	/10
3	/10
4	/24

月　日

1

次の――線の読みをひらがなで記せ。

1 商社で庶務課に配属された。

2 俊敏な判断で難を逃れた。

3 げたに鼻緒をすげる。

4 講和条約を批准する。

5 一升瓶《びん》入りの日本酒を買う。

6 火災で消防官が殉職した。

7 因循な態度をたしなめられる。

8 両親と一緒に旅行したい。

9 自叙伝を執筆する。

10 原稿用紙の升目を埋める。

11 権限と責任を委譲する。

12 突如、雷鳴が響いて驚く。

13 委員会の主軸として活躍する。

14 戦争について著述する。

15 順風満帆な暮らしぶりだ。

16 浴室のカビを除去する。

17 ごみを残らずほうきで掃く。

18 今後は慎重な態度で臨む。

19 祖母の長寿のお祝いをする。

20 昇進、結婚と寿を重ねる。

21 検察官が冒頭陳述を行う。

22 あえて危険を冒すことはない。

23 穏健な意見が多かった。

24 穏やかな気候が続く。

2 次のAとBの漢字を一字ずつ組み合わせて二字の熟語を作れ。Bの漢字は必ず一度だけ使う。また、AとBどちらの漢字が上でもよい。

A

1 循　2 殉　3 緒　4 俊　5 叙
6 血　7 面　8 自　9 旬　10 巡

B

粛　業　渋　刊　充
因　端　敏　難　勲

1（　）　2（　）　3（　）　4（　）　5（　）
6（　）　7（　）　8（　）　9（　）　10（　）

3 次の漢字の部首を記せ。また下の熟語の読みをひらがなで記せ。

	漢字	部首	熟語	読み
1	塾	（　）	義塾	（　）
2	遵	（　）	遵法	（　）
3	緒	（　）	内緒	（　）
4	殉	（　）	殉教	（　）
5	州	（　）	中州	（　）
6	庶	（　）	衆庶	（　）
7	准	（　）	准将	（　）
8	叙	（　）	叙情	（　）
9	俊	（　）	俊傑	（　）
10	循	（　）	循行	（　）

4 次の――線のカタカナを漢字に直せ。

1 かんにん袋の**オ**が切れた。
2 彼は数学の**シュンサイ**だ。
3 下町の**ジョウチョ**を楽しむ。
4 **ジュンコク**の士として英雄になる。
5 一合**マス**でみそを量り売りする。
6 市内を**ジュンカン**するバスに乗る。
7 **ショミン**に愛された歌手だった。
8 軍隊で**ジュンショウ**に昇進する。
9 行事の様子を**ジョジュツ**する。
10 示し合わせてひと**シバイ**打つ。
11 憲法の**ジュンシュ**は国民の義務だ。
12 **シュン**の野菜は栄養価が高い。

13 苦手な科目を**コクフク**したい。
14 容疑が晴れて**シャクホウ**された。
15 失敗談は**マイキョ**にいとまがない。
16 違いを**シュンジ**に見分ける。
17 他国の領土に**シンニュウ**する。
18 **シンニュウ**禁止の標識がある。
19 被災地で医薬品が**フソク**する。
20 **フソク**の事態が起きてしまった。
21 船は**テイキ**的に運行している。
22 新たな問題を**テイキ**する。
23 合成**センザイ**で汚れを落とす。
24 訓練で**センザイ**能力を引き出す。

多事多端（たじたたん）

【意味】仕事が多くて非常に忙しいこと

「多事」も「多端」も仕事が多いさまをいいます。「多事」を「他事」と書き誤らないように注意しましょう。意味の似た四字熟語には「多事多忙」などがあります。

漢字	読み	画数	部首	部首名	漢字の意味	用例	筆順
抄	音 ショウ 訓 —	7	扌	てへん	ぬきがき・書き写す・かすめとる・紙をすく	抄紙《しょうし》・抄写《しょうしゃ》・抄出《しょうしゅつ》・抄本《しょうほん》・抄訳《しょうやく》・抄録《しょうろく》・詩抄《ししょう》	
肖	音 ショウ 訓 —	7	肉	にく	形が似ている・似せる・ちいさい	肖似《しょうじ》・肖像《しょうぞう》・不肖《ふしょう》	
尚	音 ショウ 訓 —	8	⺌	しょう	なお・まだ・たいせつにする・程度が高い	尚古《しょうこ》・尚歯《しょうし》・尚早《しょうそう》・尚武《しょうぶ》・和尚《おしょう》・高尚《こうしょう》・好尚《こうしょう》・風尚《ふうしょう》	
宵	音 ショウ 高 訓 よい	10	宀	うかんむり	よい・よる	春宵一刻《しゅんしょういっこく》・徹宵《てっしょう》・宵越《よいご》し・宵《よい》っ張《ぱ》り・宵寝《よいね》	
症	音 ショウ 訓 —	10	疒	やまいだれ	病気の様子が現れたしるし	症候《しょうこう》・症状《しょうじょう》・症例《しょうれい》・炎症《えんしょう》・既往症《きおうしょう》・軽症《けいしょう》・重症《じゅうしょう》・発症《はっしょう》	
祥	音 ショウ 訓 —	10	ネ	しめすへん	めでたいこと・物事の起こり	祥雲《しょううん》・祥月《しょうつき》《しょうげつ》・吉祥《きっしょう》・清祥《せいしょう》・発祥《はっしょう》・不祥《ふしょう》・不祥事《ふしょうじ》	
渉	音 ショウ 訓 —	11	氵	さんずい	わたる・広く見聞きする・かかわる	渉外《しょうがい》・渉猟《しょうりょう》・干渉《かんしょう》・交渉《こうしょう》	
訟	音 ショウ 訓 —	11	言	ごんべん	うったえる・あらそう・やかましい	訟獄《しょうごく》・訟訴《しょうそ》・訴訟《そしょう》・争訟《そうしょう》	

ステップ 18

練習問題

1	2	3	4
/24	/5	/9	/24

月　日

1 次の——線の読みをひらがなで記せ。

1 公害問題で訴訟を起こす。

2 既往症を医師に伝える。

3 外国文学を児童用に抄訳する。

4 ご清祥のことと存じます。

5 不肖ながら努力します。

6 兄は宵っ張りの朝寝坊だ。

7 会社の渉外係に電話する。

8 結論を出すのは時期尚早だ。

9 商品開発に関わっている。

10 顕微鏡で雪の結晶を見た。

11 失敗続きで焦燥感に駆られる。

12 寺の晩鐘が聞こえる。

13 緊急事態で役員を召集した。

14 五輪の招致委員会ができた。

15 電車の発車時刻を確認する。

16 家の玄関に門松を立てる。

17 天女が描かれた絵を飾る。

18 切れにくくなった包丁を研ぐ。

19 仲間が集まって談笑する。

20 かすかに笑みを浮かべる。

21 会社の業績が上がった。

22 目にも止まらぬ早業だ。

23 競合する店を視察する。

24 兄弟で料理の腕を競う。

2 1～5の三つの□に共通する漢字を入れて熟語を作れ。漢字はア～コから一つ選び、記号で記せ。

1 □本・□出・□録

2 吉□・発□・不□

3 □世・□絶・遠□

4 □納・苦□・微□

5 □言・□美・□受

ア 尚　イ 笑　ウ 甘　エ 抄　オ 肖
カ 較　キ 隔　ク 緩　ケ 祥　コ 渉

3 次の――線のカタカナにあてはまる漢字をそれぞれのア～オから一つ選び、記号で記せ。

1 風邪の**ショウ**状がひどくなる。

2 事件の**ショウ**細を調べる。

3 映画祭で**ショウ**賛を受ける。

（ア 渉　イ 称　ウ 症　エ 詳　オ 祥）

4 車が坂道を**ジョ**行する。

5 真剣さが欠**ジョ**している。

6 洪水警報が解**ジョ**された。

（ア 除　イ 叙　ウ 如　エ 徐　オ 序）

7 梅の名所で記念写真を**ト**る。

8 会社で事務を**ト**る。

9 山で珍しい植物を**ト**る。

（ア 留　イ 執　ウ 撮　エ 捕　オ 採）

4 次の――線のカタカナを漢字に直せ。

1 結核の**ショウレイ**が報告された。
2 民事**ソショウ**の手続きをする。
3 戸籍**ショウホン**を提出する。
4 社員が**フショウジ**を起こした。
5 歴代藩主の**ショウゾウ**画を見た。
6 勤務条件を**コウショウ**する。
7 **ヨイゴ**しの茶は体に悪いらしい。
8 **コウショウ**過ぎる話題だった。
9 立派な**ショウロウ**がある寺だ。
10 **シャショウ**に切符を手渡した。
11 **モンショウ**の入った旗を掲げる。
12 レンズの**ショウテン**を合わせる。
13 **キョショウ**と称される画家だ。
14 会社の**ショウカク**試験を受けた。
15 畑に肥料用の**セッカイ**をまく。
16 祖父の代から金物を**アキナ**う。
17 毎朝、五時に**キショウ**する。
18 姉は**キショウ**が激しい。
19 宮島は美しい**ケイショウ**地だ。
20 王位を**ケイショウ**する。
21 他人の行動に**カンショウ**する。
22 名曲を**カンショウ**する。
23 **ジュンショク**を加えて文を書く。
24 警察官数名が**ジュンショク**した。

使い分けよう！ とる【取・執・撮・採・捕】
一般的には「取る」を使いますが、次のように使い分けましょう。
執る…例 指揮・事務（扱う）　**撮る**…例 写真（撮影）
採る…例 山菜・決（採取・採用）
捕る…例 魚・飛球（追いかけて捕らえる）

ステップ

13-18 力だめし 第3回

総得点 /100

評価

A
80点
B
75点
C
70点
D
60点
E

月 日

1 次の――線の読みをひらがなで記せ。

1×10 /10

1 滋養のあるものを食べる。

2 ホメロスの叙事詩を味わう。

3 中国から黒酢を取り寄せる。

4 美醜にばかりこだわるな。

5 盆栽を台に並べる。

6 本を読んで思索にふける。

7 新居には書斎が欲しい。

8 湯飲みに茶渋がこびりつく。

9 症状は少しずつ改善している。

10 父の晩酌に付き合う。

2 1〜5の三つの□に共通する漢字を入れて熟語を作れ。漢字はア〜コから一つ選び、記号で記せ。

2×5 /10

1 □玉・□算・真□

2 □撃・小□・猟□

3 □傑・□足・□才

4 □徳・私□・□女

5 □清・□然・厳□

ア 粛　イ 違　ウ 淑　エ 保　オ 暖
カ 摘　キ 珠　ク 俊　ケ 棄　コ 銃

3

次の——線のカタカナを漢字一字と送りがな（ひらがな）に直せ。

〈例〉問題に**コタエル**。（答える）

2×10　／20

1 ブラインドで日光を**サエギル**。（　）

2 彼は**ナメラカナ**口調で話した。（　）

3 手土産を**タズサエ**て来訪する。（　）

4 イルカは**カシコイ**動物だ。（　）

5 手柄を横取りされ**ウラメシイ**。（　）

6 来賓《らいひん》から祝辞を**タマワル**。（　）

7 人に酒を**シイル**のはよくない。（　）

8 トマトが真っ赤に**ウレル**。（　）

9 ひもをゆるめに**ユウエル**。（　）

10 傷に**サワル**と痛みが走った。（　）

4

熟語の構成のしかたには次のようなものがある。

ア 同じような意味の漢字を重ねたもの（岩石）

イ 反対または対応の意味を表す字を重ねたもの（高低）

ウ 上の字が下の字を修飾しているもの（洋画）

エ 下の字が上の字の目的語・補語になっているもの（着席）

オ 上の字が下の字の意味を打ち消しているもの（非常）

次の熟語はア～オのどれにあたるか、記号で記せ。

1×10　／10

1 難渋（　）

2 不祥（　）

3 渉外（　）

4 独酌（　）

5 消臭（　）

6 虚像（　）

7 文武（　）

8 旅愁（　）

9 充当（　）

10 殉教（　）

5

次の文中にまちがって使われている同じ読みの漢字が一字ある。上に誤字を、下に正しい漢字を記せ。

2×5 ／10

	問題	誤	正
1	下馬評では弱小チームとされていたが強豪を次次と破り、ついに甲子園への出場権を確得した。	（　）	（　）
2	叔母は、三年前からアメリカで、海外駐在員を捕佐する職務に就いているそうだ。	（　）	（　）
3	突然の大雪によって、実施が予定されていた多くの行事が、自粛や延期を余偽なくされた。	（　）	（　）
4	慰安旅行先で、郷愁を誘う叙状的な風景を目にした私は、思わず感涙した。	（　）	（　）
5	雑踏で通勤定期券を紛失してしまい、管轄の警察所に遺失物として届け出た。	（　）	（　）

6

後の□の中の語を必ず一度だけ使って漢字に直し、対義語・類義語を記せ。

1×10 ／10

対義語

1 売却―（　）

2 肉体―（　）

3 多弁―（　）

4 醜悪―（　）

5 低俗―（　）

類義語

6 丁重―（　）

7 酌量―（　）

8 工面―（　）

9 大衆―（　）

10 奮戦―（　）

かもく・かんとう・こうしょう・こんせつ・こうにゅう・こうりょ・さんだん・しょみん・びれい・れいこん

7

次の（　）内に入る適切な語を、後の［　］の中から選び、漢字に直して四字熟語を完成させよ。

2×10　／20

1 （　）牛後
2 危機（　）
3 縦横（　）
4 一衣（　）
5 青天（　）
6 自画（　）
7 （　）潔斎
8 （　）一菜
9 用意（　）
10 七転（　）

いちじゅう・いっぱつ・けいこう・じさん・しゅうとう・しょうじん・たいすい・はくじつ・ばっとう・むじん

8

次の——線のカタカナを漢字に直せ。

1×10　／10

1 難問解決の**タンショ**をつかむ。（　）
2 失敗すれば**イシン**に関わる。（　）
3 相応の**ホウシュウ**を希望する。（　）
4 **ビンワン**刑事とうわさされる。（　）
5 古墳の**ヘキガ**が修復された。（　）
6 与党が新**コウリョウ**を発表する。（　）
7 島国の文化は**トクシュ**だ。（　）
8 **チンタイ**住宅で生活する。（　）
9 最後の一言は**ダソク**だった。（　）
10 布をはさみで**タ**つ。（　）

漢字	硝	粧	詔	奨	彰	償	礁	浄
読み	音 ショウ 訓 —	音 ショウ 訓 —	音 ショウ 訓 みことのり 高	音 ショウ 訓 —	音 ショウ 訓 —	音 ショウ 訓 つぐな(う)	音 ショウ 訓 —	音 ジョウ 訓 —
画数	12	12	12	13	14	17	17	9
部首	石	米	言	大	彡	イ	石	氵
部首名	いしへん	こめへん	ごんべん	だい	さんづくり	にんべん	いしへん	さんずい
漢字の意味	鉱物の名・火薬	よそおう・かざる	天皇が正式に述べることば・つげる	すすめる・助けはげます・とりもつ	あきらかにする・あらわれる・あや	うめ合わせをする・むくいる	水面に見えかくれする岩・水底の岩	きよい・きよめる・けがれがなくきよらか
用例	硝煙《しょうえん》・硝酸《しょうさん》・硝石《しょうせき》・硝薬《しょうやく》	化粧《けしょう》・仮粧《けしょう》・淡粧濃抹《たんしょうのうまつ》・美粧《びしょう》	詔使《しょうし》・詔書《しょうしょ》・詔勅《しょうちょく》・恩詔《おんしょう》・大詔《たいしょう》・国分寺創建《こくぶんじそうけん》の詔《みことのり》	奨学金《しょうがくきん》・奨励《しょうれい》・勧奨《かんしょう》・推奨《すいしょう》	彰功《しょうこう》・彰徳《しょうとく》・顕彰《けんしょう》・表彰《ひょうしょう》	償還《しょうかん》・償却《しょうきゃく》・代償《だいしょう》・賠償《ばいしょう》・弁償《べんしょう》・補償《ほしょう》・無償《むしょう》・罪《つみ》を償《つぐな》う	暗礁《あんしょう》・環礁《かんしょう》・岩礁《がんしょう》・座礁《ざしょう》・離礁《りしょう》・さんご礁《しょう》	浄化《じょうか》・浄財《じょうざい》・浄水《じょうすい》・浄土《じょうど》・自浄《じじょう》・清浄《せいじょう》・洗浄《せんじょう》・不浄《ふじょう》
筆順	硝 硝 硝4 硝 硝 硝 硝 硝 硝 硝12	粧2 粧 粧 粧6 粧 粧 粧 粧 粧 粧	詔 詔4 詔 詔 詔 詔 詔 詔 詔 詔	奨 奨 奨 奨7 奨 奨 奨 奨 奨 奨	彰2 彰 彰 彰 彰9 彰 彰 彰 彰 彰	償2 償 償5 償7 償10 償 償 償14 償 償17	礁5 礁 礁 礁 礁 礁 礁 礁 礁 礁17	浄 浄 浄 浄 浄 浄 浄 浄 浄

ステップ 19

練習問題

1	/24
2	/10
3	/10
4	/24

月　日

1 次の——線の読みをひらがなで記せ。

1 硝煙反応の検査をする。

2 早期退職を勧奨された。

3 汚染された川の水を浄化する。

4 舞台の前に念入りに化粧をする。

5 長年の功労を顕彰する。

6 国会の召集詔書が公布される。

7 小学生にこの本を推奨します。

8 交渉は暗礁に乗り上げた。

9 地震の損害を補償してもらう。

10 エレベーターで昇降する。

11 演説で人心を掌握する。

12 国境に緩衝地帯を設ける。

13 旧姓を通称として使用する。

14 日照り続きで慈雨を待ち望む。

15 新車の乗り心地を試す。

16 氏神がまつられた神社に行く。

17 漢詩を朗々と吟詠する。

18 離島での医療活動を志す。

19 割ったガラスを弁償する。

20 一生かけても罪を償いたい。

21 臨時ニュースが流れた。

22 重要な会議に臨む。

23 我流で油絵を描いている。

24 我が家でくつろぐ。

2

次のAとBの漢字を一字ずつ組み合わせて二字の熟語を作れ。Bの漢字は必ず一度だけ使う。また、AとBどちらの漢字が上でもよい。

A

1 武　2 乱　3 漢　4 美　5 償
6 契　7 礁　8 深　9 戯　10 及

B

遊　機　還　第　紅
岩　狂　粧　尚　巨

1（　　）
2（　　）
3（　　）
4（　　）
5（　　）
6（　　）
7（　　）
8（　　）
9（　　）
10（　　）

3

次の（　）に入る適切な語を、後の□の中から選び、漢字に直して四字熟語を完成させよ。

1 愛別（　）（　）苦
2 悪（　）（　）無道
3 （　）（　）風堂堂
4 意気消（　）（　）
5 異端（　）（　）説
6 深山（　）（　）谷
7 （　）（　）天動地
8 一（　）（　）千里
9 一罰百（　）（　）
10 妙計（　）（　）策

い・かい・き・ぎゃく・きょう・じゃ・ちん・ぼう・ゆう・り

4 次の――線のカタカナを漢字に直せ。

1 傷口を水で**センジョウ**する。

2 大学生の妹は**ケショウ**を覚えた。

3 **ショウサン**は強い酸化剤だ。

4 **ショウガク**金を申請する。

5 車いすを**ムショウ**で貸し出す。

6 省エネルギーを**ショウレイ**する。

7 三位までが**ヒョウショウ**される。

8 タンカーが沖合で**ザショウ**した。

9 高い**ダイショウ**を払う。

10 終戦の**ショウ**勅《ちょく》が発表された。

11 彼の説は時代**サクゴ**も甚《はなは》だしい。

12 穏やかな**ビショウ**を浮かべる。

13 横綱を破り**シュクン**賞を受けた。

14 **クツジョク**的な扱いに抗議する。

15 他の**ツイズイ**を許さぬ走りだ。

16 **キンゴウ**在住の人々が集まる。

17 花嫁**イショウ**を試着する。

18 勝利の**シュクハイ**を交わした。

19 警備員が施設を**ジュンカイ**する。

20 左足を**ジク**にして回転した。

21 減価**ショウキャク**の計算をする。

22 **ショウキャク**炉でごみを燃やす。

23 10対0の**カンショウ**に狂喜する。

24 ビキニ**カンショウ**は太平洋にある。

使い分けよう！ **ほしょう【保証・保障・補償】**

保証…例 品質を保証する・保証人（間違いないと請け合う）

保障…例 権利を保障する・社会保障（状態や地位を保護する）

補償…例 損害を補償する・補償金（損害などをつぐなう）

漢字	読み（音）	読み（訓）	画数	部首	部首名	漢字の意味	用例	筆順
剰	ジョウ	―	11	刂	りっとう	あまる・のこり・あまつさえ	剰員《じょういん》・剰金《じょうきん》・剰余《じょうよ》・過剰《かじょう》・余剰《よじょう》	剰 剰 剰 剰 剰 剰 剰 剰 剰 剰11
縄	ジョウ	なわ	15	糸	いとへん	なわ・すみなわ・ただす・法則・規準	縄文《じょうもん》・自縄自縛《じじょうじばく》・縄跳《なわと》び・縄張《なわば》り・泥縄《どろなわ》・火縄銃《ひなわじゅう》	縄2 縄 縄 縄6 縄 縄 縄10 縄12 縄14 縄
壊	ジョウ	―	16	土	つちへん	つち・みのる	壌土《じょうど》・撃壌《げきじょう》・天壌《てんじょう》・土壌《どじょう》・豊壌《ほうじょう》	壊 壊 壊 壊5 壊8 壊10 壊12 壊 壊 壊16
醸	ジョウ	かも(す) 高	20	酉	とりへん	かもす・酒をつくる	醸成《じょうせい》・醸造《じょうぞう》・吟醸《ぎんじょう》・醸《かも》し出《だ》す・物議《ぶつぎ》を醸《かも》す	醸3 醸6 醸 醸11 醸 醸14 醸16 醸 醸 醸20
津	シン 高	つ	9	氵	さんずい	みなと・きし・あふれ出る・体から出る液体	興味津津《きょうみしんしん》・津津浦浦《つつうらうら》《つづうらうら》・津波《つなみ》	津 津 津 津 津 津 津 津 津
唇	シン 高	くちびる	10	口	くち	くちびる	唇音《しんおん》・口唇《こうしん》・紅唇《こうしん》・読唇術《どくしんじゅつ》・上唇《うわくちびる》《じょうしん》・下唇《したくちびる》《かしん》・唇《くちびる》をかむ	唇 唇 唇 唇 唇 唇 唇 唇 唇 唇
娠	シン	―	10	女	おんなへん	みごもる	妊娠《にんしん》	娠 娠 娠 娠 娠 娠 娠 娠 娠 娠
紳	シン	―	11	糸	いとへん	教養のある、りっぱな男性・身分の高い男性	紳士《しんし》・紳商《しんしょう》・貴紳《きしん》	紳 紳 紳 紳 紳6 紳 紳 紳 紳 紳

ステップ 20

練習問題

1	/24
2	/9
3	/20
4	/24

月　日

1 次の——線の読みをひらがなで記せ。

1 不満そうに唇をとがらせる。

2 政府が余剰米を買い上げた。

3 肥えた壌土で野菜を育てる。

4 ネコは縄張り意識が強い。

5 紳士服売り場に向かう。

6 各地の吟醸酒を取りそろえる。

7 妊《にん》娠中なので食事に気を配る。

8 うわさは津津浦浦に広まった。

9 彼の話は冗長で退屈だ。

10 門には錠前がかかっている。

11 彼は将来を嘱望されている。

12 伸縮する包帯を患部に巻く。

13 世の中の辛酸をなめる。

14 いとこが社長令嬢と婚約した。

15 和服に合わせて髪の毛を結う。

16 煮物を器に盛って客に出す。

17 至らぬ点はご容赦ください。

18 相手の虚をつき、得点した。

19 縄文時代の遺跡を見に行く。

20 毎朝、縄跳びをする。

21 悲しみに耐え気丈に振る舞う。

22 背丈が伸びて大人びる。

23 財産を子どもに譲渡する。

24 バスで老人に席を譲った。

2 次の——線のカタカナにあてはまる漢字をそれぞれのア〜オから一つ選び、記号で記せ。

1 水道の水を**ジョウ**水器に通す。（　）
2 作物がよく育つ豊**ジョウ**な地域だ。（　）
3 優勝者に賞**ジョウ**が授与された。（　）
（ア 壌　イ 醸　ウ 譲　エ 浄　オ 状）

4 戦火で町が**ジョウ**土と化した。（　）
5 野球部の主**ジョウ**に選ばれた。（　）
6 思わず**ジョウ**動買いをした。（　）
（ア 証　イ 焦　ウ 承　エ 衝　オ 将）

7 重役会議に**ハカ**る。（　）
8 短距離走のタイムを**ハカ**る。（　）
9 市政運営の改善を**ハカ**る。（　）
（ア 測　イ 諮　ウ 量　エ 図　オ 計）

3 右の（　）には熟語の音読みを、左の（　）には漢字の訓読みをひらがなで記せ。

1 震源（　）
2 震（　）える
3 一升（　）
4 升席（　）
5 捕縄（　）
6 縄目（　）
7 栄誉（　）
8 誉（　）れ
9 波及（　）
10 及（　）ぶ

11 伝授（　）
12 授（　）ける
13 醜悪（　）
14 醜（　）い
15 利殖（　）
16 殖（　）やす
17 戒律（　）
18 戒（　）める
19 重畳（　）
20 青畳（　）

4 次の――線のカタカナを漢字に直せ。

1 自由な校風を**ジョウセイ**する。

2 彼は自信**カジョウ**な人だ。

3 相手と**シンシテキ**に交渉する。

4 **ヒナワジュウ**は種子島《たねがしま》に伝来した。

5 **ツナミ**に備えて避難訓練を行う。

6 研究支援が盛んな**ドジョウ**がある。

7 悔しそうに**クチビル**をかんだ。

8 日本酒は米を**ジョウゾウ**して作る。

9 姉が二人目を妊《にん》**シン**した。

10 堤防が決壊し床上**シンスイ**した。

11 士気を**コブ**して勝利へ導く。

12 絹のような**テザワ**りの布だ。

13 濃霧なので**ジョコウ**運転する。

14 隣のお**ジョウ**さんは大学生だ。

15 定年後も**ショクタク**として働く。

16 彼の**ジョウダン**で場が和んだ。

17 証拠がなくて不**キソ**処分になる。

18 式典を**オゴソ**かに執り行う。

19 事態はかなり**シンコク**だ。

20 所得を税務署に**シンコク**する。

21 ビタミンの**ジョウザイ**を飲んだ。

22 本堂修理の**ジョウザイ**を募る。

23 **ジョウヨ**金は次回に繰り越す。

24 財産を福祉施設に**ジョウヨ**する。

使い分けよう！ **おかす【犯・侵・冒】**

犯す…例 罪を犯す（法律や規則などに反する）

侵す…例 権利を侵す（よその国や土地に無断で入り込む・人の権利を損なう）

冒す…例 危険を冒す（困難なことを無理にする）

ステップ 21

漢字	読み	画数	部首	部首名	漢字の意味	用例	筆順
診	音 シン / 訓 み(る)	12	言	ごんべん	病気のぐあいを調べる・うらなう	診察《しんさつ》・診断《しんだん》・診療《しんりょう》・往診《おうしん》・検診《けんしん》・打診《だしん》・患者《かんじゃ》を診《み》る	診 2 診 4 診 診 診 診 診 診 診 診
刃	音 ジン 高 / 訓 は	3	刀	かたな	刀剣類のは・やいば・刀で切る	凶刃《きょうじん》・自刃《じじん》・刃物《はもの》・刃渡《はわた》り・白刃《しらは》《はくじん》・両刃《りょうば》	刃 刃 刃
迅	音 ジン / 訓 —	6	辶	しんにょう しんにゅう	はやい・はげしい	迅急《じんきゅう》・迅疾《じんしつ》・迅速《じんそく》・迅速果断《じんそくかだん》・迅雷《じんらい》・疾風迅雷《しっぷうじんらい》・奮迅《ふんじん》	迅 迅 迅 迅 迅 迅
甚	音 ジン 高 / 訓 はなは(だ) はなは(だしい)	9	甘	かん あまい	はなはだしい・非常に・度を過ごす	甚大《じんだい》・激甚《げきじん》・幸甚《こうじん》・誤解《ごかい》も甚《はなは》だしい	甚 甚 甚 甚 甚 甚 甚 甚 甚
帥	音 スイ / 訓 —	9	巾	はば	ひきいる・したがう・軍を指揮する最高官	元帥《げんすい》・将帥《しょうすい》・総帥《そうすい》・統帥《とうすい》	帥 帥 帥 帥 帥 帥 帥 帥 帥
睡	音 スイ / 訓 —	13	目	めへん	ねむる・ねむり	睡魔《すいま》・睡眠《すいみん》・仮睡《かすい》・午睡《ごすい》・熟睡《じゅくすい》	睡 2 睡 5 睡 睡 睡 睡 睡 睡 睡 睡
枢	音 スウ / 訓 —	8	木	きへん	物事のかなめとなるところ・からくり	枢機《すうき》・枢軸《すうじく》・枢密《すうみつ》・枢要《すうよう》・中枢《ちゅうすう》	枢 枢 枢 枢 枢 枢 枢 枢
崇	音 スウ / 訓 —	11	山	やま	けだかい・たかい・あがめる・尊ぶ	崇敬《すうけい》・崇高《すうこう》・崇信《すうしん》・崇拝《すうはい》・尊崇《そんすう》	崇 崇 崇 崇 崇 崇 崇 8 崇 崇 崇

ステップ 21

練習問題

1	/24
2	/10
3	/10
4	/24

月　日

1 次の――線の読みをひらがなで記せ。

1 熟睡したので疲れがとれた。

2 相手の意向を打診する。

3 刃物の専門店ではさみを買う。

4 苦情を迅速に処理する。

5 週に一回、往診に来てもらう。

6 甚だ残念な結果だった。

7 彼は大企業の総帥だ。

8 偶像の崇拝を禁止する。

9 寝不足で睡魔に襲われる。

10 国政の枢機に参与している。

11 真冬に水泳とは酔狂なことだ。

12 彼は堅物で無粋な男である。

13 白装束を着て巡礼する。

14 健康のために暴飲暴食を慎む。

15 子どもの想像力は無尽蔵だ。

16 敵の陣営をひそかに見張る。

17 寺の門に仁王像が置かれている。

18 友人から愛称で呼ばれている。

19 本日の診療は終了しました。

20 医者に足のけがを診てもらう。

21 手工業の衰退が止まらない。

22 足の筋力が衰えてきた。

23 与えられた職務を遂行する。

24 技術は格段の進歩を遂げている。

2 後の□の中の語を必ず一度だけ使って漢字に直し、対義語・類義語を記せ。

対義語

1 汚染—（　　）
2 違反—（　　）
3 放任—（　　）
4 禁欲—（　　）
5 美談—（　　）

類義語

6 起源—（　　）
7 極意—（　　）
8 調和—（　　）
9 功績—（　　）
10 座視—（　　）

かんしょう・きょうらく・きんこう・しゅうぶん・じゅんしゅ・じょうか・しんずい・てがら・はっしょう・ぼうかん

3 次の——線のカタカナを漢字一字と送りがな（ひらがな）に直せ。

〈例〉問題にコタエル。（答える）

1 花束にカードをソエル。（　　）
2 郵便局までの道をタズネル。（　　）
3 今年の運勢をウラナウ。（　　）
4 国旗を高くカカゲた。（　　）
5 法にフレル行為はしない。（　　）
6 事情をクワシク説明した。（　　）
7 清流に足をヒタス。（　　）
8 耳目をオドロカス出来事だった。（　　）
9 道路をナナメニ横断するな。（　　）
10 自分の犯した罪をツグナウ。（　　）

4 次の——線のカタカナを漢字に直せ。

1 非常識もハナハだしい行動だ。

2 ショシン料と治療費を払う。

3 ジンソクな処置が命を救った。

4 十分なスイミン時間を確保する。

5 この包丁はハワタり二十センチだ。

6 スウコウな理想を掲げる。

7 企業のチュウスウで働く。

8 病院で虫垂炎とシンダンされる。

9 軍のゲンスイが隊を指揮する。

10 ゴスイをとり、元気になった。

11 山にタキギを拾いに行く。

12 警察にジンモンされる。

13 与えられた任務をカンスイした。

14 コツズイバンクに登録する。

15 予算案を慎重にシンギする。

16 ジュンスイな心を大切にする。

17 山頂から大声でサケんだ。

18 シンショクを忘れて働いた。

19 ジシンの予知を研究している。

20 方位ジシンで南北を確かめる。

21 ごまから油をシボる。

22 論点をシボって考察する。

23 空気がスんで星がきらめく。

24 見事なスかし彫りだ。

朝令暮改（ちょうれいぼかい）

【意味】命令や法令がすぐに変わって定まらないこと

朝に命令を出し、夕方にはもう変更することを意味しています。意味の似た四字熟語には「朝改暮変」「朝変暮改」などがあります。

ステップ 22

漢字	据	杉	斉	逝	誓	析	拙	窃
読み	音 — 訓 す(える) す(わる)	音 — 訓 すぎ	音 セイ 訓 —	音 セイ 訓 ゆ(く) 高 い(く) 高	音 セイ 訓 ちか(う)	音 セキ 訓 —	音 セツ 訓 つたな(い)	音 セツ 訓 —
画数	11	7	8	10	14	8	8	9
部首	扌	木	斉	辶	言	木	扌	穴
部首名	てへん	きへん	せい	しんにょう しんにゅう	げん	きへん	てへん	あなかんむり
漢字の意味	そのままにしておく・すえる	すぎ	そろう・そろえる・ととのえる・ひとしい	ゆく・去る・死亡する	ちかう・ちかい・かたく約束する	さく・こまかくわける・分解する	つたない・へた・自分の謙称	ぬすむ・ぬすびと・ひそか
用例	据《す》え置《お》き・据《す》え物《もの》・見《み》据《す》える・度胸《どきょう》を据《す》える・首《くび》が据《す》わる	杉板《すぎいた》・杉皮《すぎかわ》・杉戸《すぎど》・杉菜《すぎな》・杉並木《すぎなみき》	斉唱《せいしょう》・斉民《せいみん》・一斉《いっせい》・均斉《きんせい》	逝去《せいきょ》・永逝《えいせい》・急逝《きゅうせい》・長逝《ちょうせい》・文豪《ぶんごう》ついに逝《ゆ》《い》く	誓願《せいがん》・誓詞《せいし》・誓書《せいしょ》・誓約《せいやく》・祈誓《きせい》・宣誓《せんせい》・将来《しょうらい》を誓《ちか》う	析出《せきしゅつ》・解析《かいせき》・透析《とうせき》・分析《ぶんせき》	拙速《せっそく》・拙宅《せったく》・拙劣《せつれつ》・古拙《こせつ》・巧拙《こうせつ》・稚拙《ちせつ》・拙《つたな》い文章《ぶんしょう》	窃視《せっし》・窃取《せっしゅ》・窃盗《せっとう》
筆順	据 据 据 据 据 据 据 据[10] 据	杉 杉 杉 杉 杉 杉 杉	斉 斉 斉 斉 斉 斉 斉 斉	逝 逝 逝 逝 逝 逝 逝 逝 逝 逝	誓 誓 誓 誓 誓 誓 誓[11] 誓[13] 誓	析 析 析 析 析 析 析 析	拙 拙 拙 拙 拙 拙 拙 拙	窃 窃 窃 窃 窃 窃 窃 窃 窃

練習問題

1	／24
2	／10
3	／9
4	／24

月　日

1 次の――線の読みをひらがなで記せ。

1 杉並木を抜けて大通りに出る。

2 人気俳優が急逝した。

3 金品の窃取は犯罪になる。

4 この絵は稚拙だが、心を打つ。

5 カメラを三脚に据えて撮る。

6 優勝校が校歌を斉唱する。

7 幼児が拙い文字を書いた。

8 事故機の飛行データを解析する。

9 拙速にならないよう注意する。

10 彼はまさに自己顕示欲の塊だ。

11 川の浅瀬で子どもたちが遊ぶ。

12 花婿の友人が祝辞を述べる。

13 他民族を排斥してはいけない。

14 賃金格差を是正する。

15 同姓同名の知人がいる。

16 面接は随時受け付けている。

17 環境問題を話題に上せる。

18 不精ひげを生やす。

19 開会式で選手代表が宣誓する。

20 目標達成を心に誓う。

21 ビザの申請方法を確かめる。

22 建築工事の下請けをする。

23 接戦の末、惜敗する。

24 捨てるには惜しいきれいな箱だ。

2 次の漢字の部首を記せ。また下の熟語の読みをひらがなで記せ。

	漢字	部首	熟語	読み
1	崇	（　）	尊崇	（　）
2	逝	（　）	長逝	（　）
3	誓	（　）	誓詞	（　）
4	醜	（　）	美醜	（　）
5	刃	（　）	刃先	（　）
6	剰	（　）	剰員	（　）
7	尚	（　）	好尚	（　）
8	奨	（　）	勧奨	（　）
9	帥	（　）	統帥	（　）
10	斉	（　）	均斉	（　）

3 次の――線のカタカナにあてはまる漢字をそれぞれのア～オから一つ選び、記号で記せ。

1 **ジン**速な行動が求められる。（　）
2 現場の**ジン**頭指揮をとる。（　）
3 不審人物に**ジン**問する。（　）
（ア 陣　イ 尽　ウ 迅　エ 仁　オ 尋）

4 神前で**セイ**願を立てる。（　）
5 修理代金を**セイ**求する。（　）
6 代表チームが海外遠**セイ**をする。（　）
（ア 請　イ 制　ウ 征　エ 誓　オ 斉）

7 あの人は目が**コ**えている。（　）
8 結論が出るのは年を**コ**しそうだ。（　）
9 昨日から肩が**コ**っている。（　）
（ア 込　イ 凝　ウ 肥　エ 超　オ 越）

4 次の——線のカタカナを漢字に直せ。

1 生涯変わらぬ愛を**チカ**う。
2 **セッタク**にお立ち寄りください。
3 赤ちゃんの首が**ス**わる。
4 湖の白鳥が**イッセイ**に飛び立つ。
5 **スギ**の苗木を植林する。
6 少子化の原因を**ブンセキ**する。
7 **セットウ**犯が逮捕された。
8 ご**セイキョ**を心から悼《いた》む。
9 **セツレツ**な演技にうんざりした。
10 叔母は**メガミ**のように優しい。
11 体力では弟のほうが**マサ**る。
12 **ギセイ**フライで一点を取る。
13 **ス**り傷がひりひりと痛む。
14 猛暑で**ダッスイ**症状になる。
15 決勝に**ショウジュン**を合わせる。
16 **イッツイ**のひな人形を飾る。
17 **テンジョウ**員が旅行に同行する。
18 **テンジョウ**裏にネズミがいる。
19 武力での**セイフク**に反対する。
20 警備員の**セイフク**を着る。
21 **ユウシュウ**の美を飾る。
22 **ユウシュウ**な成績を修めた。
23 染色の仕事に**ツ**く。
24 飛行機が定時に**ツ**く。

使い分けよう！ **たいしょう【対象・対照・対称】**

対象…例 調査の対象（行為などの向けられる相手・目標）
対照…例 原文と対照する（二つのものを照らし合わせること）
対称…例 左右対称（二つの点、図形などが完全に向き合う位置にあること）

漢字	読み	画数	部首	部首名	漢字の意味	用例	筆順
仙	音 セン / 訓 —	5	亻	にんべん	せんにん・高尚な人・傑出した芸術家	仙境《せんきょう》・仙骨《せんこつ》・仙術《せんじゅつ》・仙人《せんにん》・仙薬《せんやく》・歌仙《かせん》・酒仙《しゅせん》・水仙《すいせん》	
栓	音 セン / 訓 —	10	木	きへん	穴などをふさぐもの	栓《せん》抜《ぬ》き・給水栓《きゅうすいせん》・血栓《けっせん》・消火栓《しょうかせん》・耳栓《みみせん》・元栓《もとせん》	
旋	音 セン / 訓 —	11	方	ほうへん かたへん	めぐる・ぐるぐるまわる・かえる・もどる	旋回《せんかい》・旋盤《せんばん》・旋風《せんぷう》・旋律《せんりつ》・周旋《しゅうせん》	
践	音 セン / 訓 —	13	⻊	あしへん	おこなう・ふむ・したがう・位につく	践行《せんこう》・実践《じっせん》・履践《りせん》	
遷	音 セン / 訓 —	15	辶	しんにょう しんにゅう	かえる・移り変わる・うつる・うつす	遷移《せんい》・遷延《せんえん》・遷宮《せんぐう》・遷都《せんと》・左遷《させん》・変遷《へんせん》	
薦	音 セン / 訓 すす(める)	16	艹	くさかんむり	すすめる・こも・むしろ	薦挙《せんきょ》・自薦《じせん》・推薦《すいせん》・他薦《たせん》・会長候補《かいちょうこうほ》として薦《すす》める	
繊	音 セン / 訓 —	17	糸	いとへん	細い糸・うすぎぬ・ほっそりしている	繊維《せんい》・繊細《せんさい》・繊弱《せんじゃく》・繊毛《せんもう》・化繊《かせん》	
禅	音 ゼン / 訓 —	13	礻	しめすへん	ゆずる・しずか・まつり	禅宗《ぜんしゅう》・禅譲《ぜんじょう》・禅僧《ぜんそう》・禅寺《ぜんでら》・禅門《ぜんもん》・禅問答《ぜんもんどう》・座禅《ざぜん》・参禅《さんぜん》	

ステップ23

練習問題

1	/24
2	/10
3	/10
4	/24

月　日

1 次の——線の読みをひらがなで記せ。

1 外出前にガスの元栓を閉める。

2 かつて繊維産業が盛んだった。

3 友禅染の着物を着る。

4 仙境での暮らしを夢見る。

5 学んだ技術を実践してみる。

6 ゾウリムシの繊毛を研究する。

7 流行の変遷について語る。

8 消火栓の近くは駐車禁止だ。

9 彼らの会話は禅問答のようだ。

10 学界に旋風を巻き起こした。

11 事態は極めて重大である。

12 桃の節句には内裏びなを飾る。

13 彼のことは記憶に鮮やかだ。

14 大きな扇子であおぐ。

15 教育について弁舌を振るう。

16 リーダーが率先して事に当たる。

17 役員に他薦される。

18 先生が薦める辞書を買った。

19 体操競技の跳馬で入賞した。

20 池の魚が跳ね上がった。

21 奇怪な事件が発生した。

22 庭に怪しい人影を見かけた。

23 強硬に主張して譲らない。

24 硬い表情で口をきかない。

2

熟語の構成のしかたには次のようなものがある。

ア　同じような意味の漢字を重ねたもの　（岩石）
イ　反対または対応の意味を表す字を重ねたもの　（高低）
ウ　上の字が下の字を修飾しているもの　（洋画）
エ　下の字が上の字の目的語・補語になっているもの　（着席）
オ　上の字が下の字の意味を打ち消しているもの　（非常）

次の熟語は右のア～オのどれにあたるか、一つ選び、記号で記せ。

1 座礁（　）
2 出納（　）
3 漆黒（　）
4 拙劣（　）
5 不肖（　）
6 常軌（　）
7 破裂（　）
8 無尽（　）
9 合掌（　）
10 美醜（　）

3

次の文中にまちがって使われている同じ読みの漢字が一字ある。上に誤字を、下に正しい漢字を記せ。

		誤	正
1	入浴で血液の巡環を促す。	（　）	（　）
2	奇抜な試みが成功して気嫌がいい。	（　）	（　）
3	小惑星探査機が大気券に突入する。	（　）	（　）
4	策を講じて損害を最少限に抑えた。	（　）	（　）
5	証拠を押さえて調停に望んだ。	（　）	（　）
6	爆薬で岩石を一気に噴砕する。	（　）	（　）
7	父の処斎に絵画をかける。	（　）	（　）
8	偽造硬価が市中に出回る。	（　）	（　）
9	観客の興奮が最高調に達した。	（　）	（　）
10	法案は与党単独で裁決された。	（　）	（　）

4 次の——線のカタカナを漢字に直せ。

1 新しい健康法を**ジッセン**する。

2 瓶《びん》の王冠を**センヌ**きで開ける。

3 飛行機が上空を**センカイ**する。

4 絹に**センサイ**な刺しゅうを施す。

5 **ザゼン**を組んで雑念を払う。

6 地方の支社に**サセン**された。

7 **センニン**のように山で暮らす。

8 もの悲しい**センリツ**の曲だ。

9 脳の**ケッセン**を手術で除去した。

10 庭の落ち葉をほうきで**ハ**く。

11 ろうそくの**ホノオ**を吹き消す。

12 間違いなく姉の**ヒッセキ**だ。

13 壊れた屋根を**シュウゼン**する。

14 畑の大根を**シュウカク**する。

15 武士の給料は**コクダカ**で表した。

16 **コンジャク**物語集を読む。

17 高価な陶器を**シンチョウ**に運ぶ。

18 夫のスーツを**シンチョウ**した。

19 **テイショク**に就かず遊んでいる。

20 児童福祉法に**テイショク**する。

21 豚ばら肉には**シボウ**分が多い。

22 交通事故で**シボウ**者が出た。

23 校長の**スイセン**で彼を採用した。

24 **スイセン**は早春に咲く花だ。

朝三暮四（ちょうさんぼし）

【意味】目先の違いにとらわれ、事柄の本質を理解しないこと

同じ結果になるのに気付かないこと、言葉巧みに人をだますこと、変わりやすく一定しないことを表す場合もあります。「朝令暮改」と混同しないように注意しましょう。

漢字表

ステップ 24

漢字	漸	租	疎	塑	壮	荘	捜	挿
読み	音 ゼン 訓 —	音 ソ 訓 —	音 ソ 訓 うと(い) 高 うと(む) 高	音 ソ 訓 —	音 ソウ 訓 —	音 ソウ 訓 —	音 ソウ 訓 さが(す)	音 ソウ 訓 さ(す)
画数	14	10	12	13	6	9	10	10
部首	氵	禾	𧾷	土	士	艹	扌	扌
部首名	さんずい	のぎへん	ひきへん	つち	さむらい	くさかんむり	てへん	てへん
漢字の意味	だんだん・次第に・ようやく・すすむ	ねんぐ・借りる	あらい・うとい・おおまか・親しくない	土人形・粘土などで形をつくる	はたらきざかり・つよい・勇ましい・りっぱだ	おごそか・別宅・宿泊設備	さがす・さぐる・たずねもとめる	さしはさむ・さしこむ・さす
用例	漸減《ぜんげん》・漸次《ぜんじ》・漸進《ぜんしん》・漸増《ぜんぞう》・西漸《せいぜん》・東漸《とうぜん》	租界《そかい》・租借《そしゃく》・租税《そぜい》・課租《かそ》・公租公課《こうそこうか》・地租《ちそ》・免租《めんそ》	疎遠《そえん》・疎外《そがい》・疎通《そつう》・疎密《そみつ》・疎漏《そろう》・過疎《かそ》・空疎《くうそ》・親疎《しんそ》	塑像《そぞう》・塑造《そぞう》・可塑性《かそせい》・彫塑《ちょうそ》	壮観《そうかん》・壮健《そうけん》・壮大《そうだい》・壮年《そうねん》・強壮《きょうそう》・豪壮《ごうそう》・悲壮《ひそう》・勇壮《ゆうそう》	荘厳《そうごん》・荘重《そうちょう》・山荘《さんそう》・別荘《べっそう》	捜査《そうさ》・捜索《そうさく》・捜射《そうしゃ》・犯人《はんにん》を捜《さが》す	挿入《そうにゅう》・挿話《そうわ》・挿絵《さしえ》・挿《さ》し木《き》・髪《かみ》に花《はな》を挿《さ》す
筆順	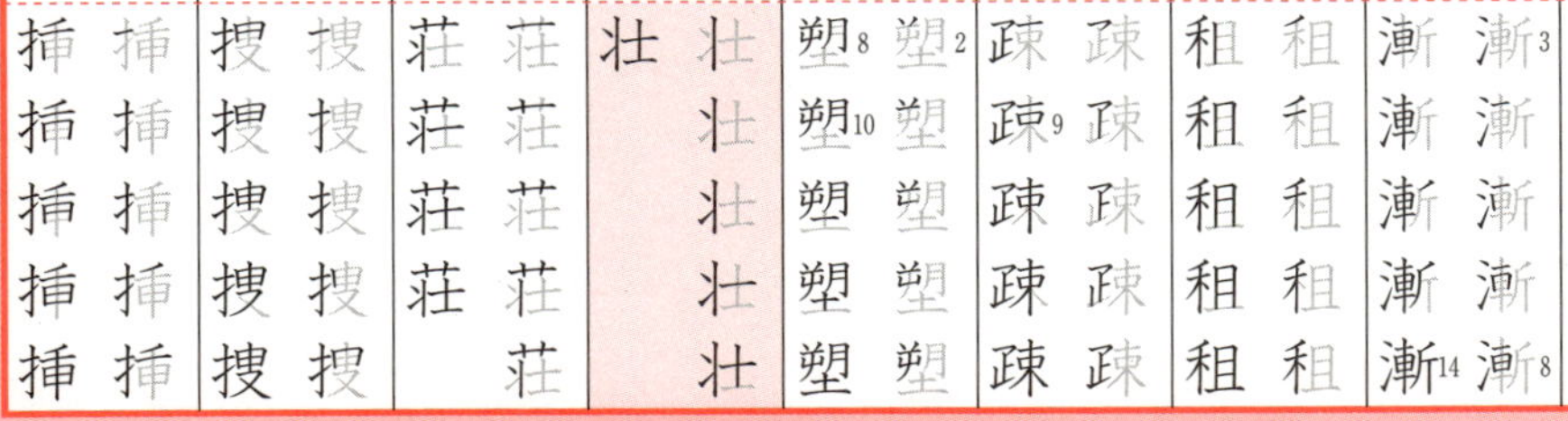							

ステップ 24

練習問題

1 /24
2 /10
3 /10
4 /24

月　日

1 次の――線の読みをひらがなで記せ。

1 挿話を交えながら話す。
2 可塑性のある物質を用いる。
3 悲壮な覚悟で試合に臨む。
4 教会に荘重な曲が流れる。
5 アジサイを挿し木でふやす。
6 地租改正に農民は反発した。
7 勇壮な音楽と共に行進する。
8 夏は高原の別荘で暮らす。
9 薬の量を漸増していく。
10 卒業後は学友と疎遠になった。
11 地方に遷都する案がある。
12 デモ隊の突入を阻止する。
13 その場で適切な措置を講じた。
14 労働者が職場の窮状を訴える。
15 両者で開発費用を折半した。
16 浅薄な知識では理解できない。
17 野暮な服装を一新したい。
18 選挙結果は下馬評通りだった。
19 警察が犯罪の捜査を行う。
20 財布の落とし主を捜す。
21 背徳行為はすべきではない。
22 規則に背いて外泊した。
23 旧校舎は営繕中だ。
24 その場を何とか繕う。

2 次の——線のカタカナを漢字一字と送りがな（ひらがな）に直せ。

〈例〉問題に**コタエル**。（答える）

1 暴飲暴食を**ツツシム**。（　　）

2 銀行が強盗に**オソワ**れた。（　　）

3 個人の自由は**オカサ**れない。（　　）

4 神に**チカッ**て真実だ。（　　）

5 気持ちの**ヤサシイ**人です。（　　）

6 責任を**ノガレル**。（　　）

7 **ハナハダ**残念な結果だった。（　　）

8 **ツタナイ**文章を手直しされた。（　　）

9 塩分は**ヒカエル**よう心掛ける。（　　）

10 ドアに上着が**ハサマル**。（　　）

3 次の（　）に入る適切な語を、後の□の中から選び、漢字に直して四字熟語を完成させよ。

1 英（　　）豪傑

2 雲散（　　）消

3 栄枯盛（　　）

4 疾風（　　）雷

5 （　　）止千万

6 外柔内（　　）

7 （　　）話休題

8 暗雲低（　　）

9 内（　　）外親

10 狂喜乱（　　）

かん・ごう・しゅん・しょう・じん・すい・そ・ぶ・む・めい

4 次の――線のカタカナを漢字に直せ。

1 文章に語句を**ソウニュウ**する。

2 美術室で**ソゾウ**を制作する。

3 八十歳になる祖父は**ソウケン**だ。

4 合宿で**サンソウ**に宿泊する。

5 地方の**カソ**化が問題だ。

6 人口は**ゼンジ**減少する見込みだ。

7 国民に重い**ソゼイ**を課す。

8 児童書に**サシエ**を入れる。

9 **クウソ**な議論はやめたい。

10 記憶が**センメイ**によみがえる。

11 放置自転車が道を**セバ**めている。

12 毎朝、家の**ニワトリ**が卵を産む。

13 **イナホ**が垂れて風に揺れる。

14 芋を**ム**すにおいが漂ってきた。

15 弟は母の前で**キョセイ**を張った。

16 長雨が作物の生育を**ソガイ**した。

17 画家の**ソウサク**意欲を刺激する。

18 事務所が家宅**ソウサク**された。

19 救急車の出動を**ヨウセイ**する。

20 コーチの**ヨウセイ**講座を催す。

21 一次審査は書類**センコウ**だった。

22 大学で考古学を**センコウ**する。

23 手**アツ**いもてなしを受ける。

24 部屋が**アツ**いので上着を脱いだ。

使い分けよう！　**すすめる【進・勧・薦】**

進める…例 時計を進める（前のほうに動かす）

勧める…例 入会を勧める（相手を誘う・励ます）

薦める…例 新車を薦める（人や物をほめて採用してもらうように働きかける）

ステップ

19-24

力だめし

第4回

総得点

/100

評価

A
80点 B
75点 C
70点 D
60点 E

月　日

1 次の――線の読みをひらがなで記せ。

1×10　/10

1 作品の巧拙は問わない。
2 河川には自浄作用がある。
3 毎日の睡眠時間は六時間だ。
4 男には窃盗の余罪があった。
5 誓約書に署名した。
6 病院で人工透析を受ける。
7 卒業式で一斉に起立する。
8 枢軸国の一員として参戦する。
9 問診票に記入する。
10 制度を漸進的に改革していく。

2 1～5の三つの□に共通する漢字を入れて熟語を作れ。漢字はア～コから一つ選び、記号で記せ。

2×5　/10

1 □観・□大・悲□
2 元□・将□・統□
3 □毛・□細・□維
4 稚□・□速・□宅
5 耳□・元□・血□

ア 帥　イ 上　ウ 拙　エ 繊　オ 嘆
カ 黙　キ 荘　ク 肪　ケ 栓　コ 壮

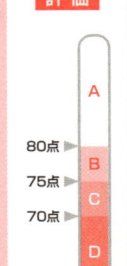

3

次の――線のカタカナにあてはまる漢字をそれぞれのア～オから一つ選び、記号で記せ。

2×10　／20

1 **ジョウ**文時代の生活を研究する。（　　）
2 野菜作りに適した土**ジョウ**だ。（　　）
3 彼は少し自意識が過**ジョウ**だ。（　　）
（ア 剰　イ 壌　ウ 情　エ 常　オ 縄）

4 一大**セン**風が吹き荒れた。（　　）
5 計画を実**セン**に移す。（　　）
6 **セン**水艦で海底を調査する。（　　）
7 学校の推**セン**図書を読む。（　　）
（ア 践　イ 潜　ウ 栓　エ 旋　オ 薦）

8 **ソ**外感を抱かずにいられない。（　　）
9 **ソ**借した土地を返還する。（　　）
10 彫**ソ**の作品展に出品する。（　　）
（ア 阻　イ 疎　ウ 塑　エ 訴　オ 租）

4

熟語の構成のしかたには次のようなものがある。

1×10　／10

ア 同じような意味の漢字を重ねたもの（岩石）
イ 反対または対応の意味を表す字を重ねたもの（高低）
ウ 上の字が下の字を修飾しているもの（洋画）
エ 下の字が上の字の目的語・補語になっているもの（着席）
オ 上の字が下の字の意味を打ち消しているもの（非常）

次の熟語はア～オのどれにあたるか、記号で記せ。

1 奨学（　　）
2 宣誓（　　）
3 熟睡（　　）
4 親疎（　　）
5 暗礁（　　）
6 仙境（　　）
7 循環（　　）
8 不審（　　）
9 逝去（　　）
10 無為（　　）

5

次の文中にまちがって使われている同じ読みの漢字が一字ある。上に誤字を、下に正しい漢字を記せ。

2×5　／10

		誤	正
1	母は、この吟醸酒を飲むと、途嘆に強烈な睡魔に襲われて、数時間眠り込んでしまうそうだ。	（　）	（　）
2	酒気帯び運転で摘発された舞台俳優は、その不祥事で、公演中の芝居を降盤した。	（　）	（　）
3	原告の請求が棄却された今回の訴訟の判決は、活期的といえる。	（　）	（　）
4	新製法を導入して開発された基礎化硝品のサンプルを街頭にて無料で提供していた。	（　）	（　）
5	発展途上国への支援の一環として、井戸の屈削技術を指導した。	（　）	（　）

6

後の□の中の語を必ず一度だけ使って漢字に直し、対義語・類義語を記せ。

1×10　／10

対義語

1 清浄―（　）
2 中枢―（　）
3 放出―（　）
4 収縮―（　）
5 苦言―（　）

類義語

6 尊敬―（　）
7 利発―（　）
8 降格―（　）
9 手本―（　）
10 阻害―（　）

おだく・かんげん・させん・じゃま・すうはい・びちく・ぼうちょう・まったん・めいびん・もはん

7

次の（　）内に入る適切な語を、後の□の中から選び、漢字に直して四字熟語を完成させよ。

2×10　／20

1 綱紀（　　）正

2 不即不（　　）

3 権（　　）術数

4 旧態（　　）然

5 面目躍（　　）

6 青息（　　）息

7 熟（　　）断行

8 鼓舞激（　　）

9 片言（　　）語

10 （　　）想天外

い・き・しゅく・じょ・せき・と・ぼう・り・りょ・れい

8

次の――線のカタカナを漢字に直せ。

1×10　／10

1 にこやかに握手を**カ**わす。（　　）

2 **ウツワ**の大きい人物だ。（　　）

3 壁面に細かい**ソウショク**を施す。（　　）

4 事件の**ホッタン**を話す。（　　）

5 壊した商品を**ベンショウ**する。（　　）

6 他人に対して**レットウ**感を抱く。（　　）

7 暴力は**ハイセキ**すべきだ。（　　）

8 キャンペーンの**ソシナ**をもらう。（　　）

9 傷口が**エンショウ**を起こした。（　　）

10 名高い**ゼンシュウ**の寺に参る。（　　）

漢字	曹	喪	槽	霜	藻	妥	堕	惰
読み	音 ソウ 訓 ―	音 ソウ 訓 も	音 ソウ 訓 ―	音 ソウ 高 訓 しも	音 ソウ 訓 も	音 ダ 訓 ―	音 ダ 訓 ―	音 ダ 訓 ―
画数	11	12	15	17	19	7	12	12
部首	曰	口	木	雨	艹	女	土	忄
部首名	ひらび いわく	くち	きへん	あめかんむり	くさかんむり	おんな	つち	りっしんべん
漢字の意味	裁判にかかわる人・軍隊の階級の一つ・部屋	も・とむらい・失う・なくす	おけ・おけに似たもの	しも・年のめぐり・しらが	も・水草の総称・文飾・あや	あてはまる・おれあう・ゆずりあう	おちる・おろす・くずれる・おこたる	なまける・意欲を失う・ある状態が続くこと
用例	軍曹《ぐんそう》・重曹《じゅうそう》・法曹界《ほうそうかい》・陸曹《りくそう》	喪失《そうしつ》・喪心《そうしん》・意気阻喪《いきそそう》・喪主《もしゅ》・喪中《もちゅう》・喪服《もふく》・喪《も》が明《あ》ける	歯槽《しそう》・浄化槽《じょうかそう》・水槽《すいそう》・浴槽《よくそう》	霜害《そうがい》・秋霜烈日《しゅうそうれつじつ》・星霜《せいそう》・風霜《ふうそう》・霜柱《しもばしら》・霜焼《しもや》け・初霜《はつしも》	藻類《そうるい》・海藻《かいそう》・詞藻《しそう》・文藻《ぶんそう》・藻塩草《もしおぐさ》	妥協《だきょう》・妥結《だけつ》・妥当《だとう》・普遍妥当《ふへんだとう》	堕胎《だたい》・堕落《だらく》・低俗《ていぞく》に堕《だ》した本《ほん》	惰気《だき》・惰弱《だじゃく》・惰性《だせい》・惰眠《だみん》・惰力《だりょく》・怠惰《たいだ》・遊惰《ゆうだ》
筆順	曹 曹 曹 曹5 曹 曹 曹 曹 曹 曹	喪 喪 喪 喪 喪 喪8 喪 喪 喪 喪	槽 槽4 槽 槽7 槽 槽 槽 槽 槽13 槽15	霜 霜3 霜 霜6 霜8 霜10 霜12 霜 霜 霜17	藻 藻3 藻6 藻9 藻12 藻15 藻 藻 藻 藻	妥 妥 妥 妥 妥 妥 妥	堕 堕 堕 堕 堕 堕7 堕9 堕 堕 堕	惰2 惰 惰 惰 惰 惰 惰 惰 惰 惰12

ステップ 25

練習問題

1	/24
2	/10
3	/9
4	/24

月　日

1 次の――線の読みをひらがなで記せ。

1 法曹界の内情を小説に描く。

2 低俗に堕したテレビ番組だ。

3 早朝の畑に初霜が降りた。

4 車両が惰性で動いた。

5 先方との交渉が妥結した。

6 この海域では海賊船が横行する。

7 定期的に浄化槽を点検する。

8 重曹は洗剤としても使える。

9 中傷され意気阻喪してしまう。

10 母と交替で店番をしている。

11 友人は親子そろって面長だ。

12 自治会で公園内を清掃する。

13 食べ物を粗末にしてはいけない。

14 姉は双生児を出産した。

15 愛憎相半ばする気持ちだ。

16 高僧の説教を拝聴する。

17 近所で放火が続いていて物騒だ。

18 カタログから贈答品を選ぶ。

19 海藻類はミネラルが豊富だ。

20 水中に漂う藻の陰に魚が隠れる。

21 突然の悲報に喪心する。

22 喪中につき欠礼いたします。

23 冬山での遭難には注意したい。

24 事故でひどい目に遭った。

2 後の［　　］の中の語を必ず一度だけ使って漢字に直し、対義語・類義語を記せ。

対義語

1 直進―（　　）
2 採用―（　　）
3 辛勝―（　　）
4 濃厚―（　　）
5 老巧―（　　）

類義語

6 風潮―（　　）
7 踏襲―（　　）
8 安眠―（　　）
9 将来―（　　）
10 調停―（　　）

かいこ・きはく・けいこう・けいしょう・じゅくすい・せきはい・ぜんと・だこう・ちせつ・ちゅうさい

3 次の――線のカタカナを漢字に直せ。

1 医師に**オウ**診をお願いした。（　　）
2 **オウ**米各国を歴訪する。（　　）
3 役人の公金**オウ**領が発覚した。（　　）

4 町が環境美化で表**ショウ**された。（　　）
5 心の緩みが不**ショウ**事を招いた。（　　）
6 不**ショウ**の弟子で恥ずかしい。（　　）

7 とても雅**シュ**に富んだ庭だ。（　　）
8 学校で**シュ**算を習う。（　　）
9 保健所で予防接**シュ**を受けた。（　　）

4 次の——線のカタカナを漢字に直せ。

1 **ダラク**した生活を立て直す。

2 安易に**ダキョウ**しない。

3 船は海の**モ**くずとなった。

4 **モシュ**が参列者にあいさつする。

5 **ヨクソウ**に湯をためる。

6 兵が**グンソウ**に敬礼した。

7 足の指が**シモヤ**けになった。

8 気が緩んで**ダミン**をむさぼった。

9 すっかり自信を**ソウシツ**する。

10 心理描写など**ブンソウ**が豊かだ。

11 川の**アサセ**で水遊びをする。

12 正月は**ゾウニ**を食べる。

13 面接で採用を**ソッケツ**した。

14 江戸時代の**フウゾク**を研究する。

15 **キセイ**概念を打ち破る企画だ。

16 **サッソク**仕事に取りかかる。

17 金魚を大きな**スイソウ**に入れた。

18 **スイソウ**楽部の顧問をする。

19 会費としては**ダトウ**な金額だ。

20 政権の**ダトウ**が企てられた。

21 ビルが不法に**センキョ**された。

22 参議院議員の**センキョ**に投票する。

23 コーヒー豆を**アラ**くひく。

24 台風の影響で波が**アラ**い。

鬼面仏心（きめんぶっしん）

【意味】見た目は恐ろしそうだが、実際は心がとても優しいこと、また、そのような人

反対の意味の四字熟語には「人面獣心（冷酷で義理人情をわきまえない人のこと）」などがあります。

漢字	読み(音)	読み(訓)	画数	部首	部首名	漢字の意味	用例	筆順
駄	ダ	—	14	馬	うまへん	負わせる・はきもの・つまらない・粗末な	駄菓子《だがし》・駄作《ださく》・駄賃《だちん》・駄文《だぶん》・駄弁《だべん》・駄目《だめ》・足駄《あしだ》・無駄《むだ》	5, 10
泰	タイ	—	10	氺	したみず	おちついている・やすらか・きわめて	泰山北斗《たいざんほくと》・泰西《たいせい》・泰然自若《たいぜんじじゃく》・泰斗《たいと》・安泰《あんたい》・天下泰平《てんかたいへい》	
濯	タク	—	17	氵	さんずい	あらう・すすぐ・きよめる	洗濯《せんたく》	4, 6, 9, 17
但	—	ただ(し)	7	亻	にんべん	ただ・それだけ・けれども・しかし	但《ただ》し書《が》き・但《ただ》し、雨天《うてん》の場合《ばあい》は中止《ちゅうし》	
棚	—	たな	12	木	きへん	たな・かけはし	棚上《たなあ》げ・棚卸《たなおろ》し・棚田《たなだ》・棚引《たなび》く・大陸棚《たいりくだな》・戸棚《とだな》・本棚《ほんだな》	8, 12
痴	チ	—	13	疒	やまいだれ	おろか・みだらな色情・異常に熱中する	痴漢《ちかん》・痴情《ちじょう》・痴人《ちじん》・痴態《ちたい》・痴話《ちわ》・音痴《おんち》・愚痴《ぐち》	8, 13
逐	チク	—	10	辶	しんにょう しんにゅう	おう・おい払う・順をおって進む・きそう	逐一《ちくいち》・逐語訳《ちくごやく》・逐次《ちくじ》・逐条《ちくじょう》・逐電《ちくでん》・角逐《かくちく》・駆逐《くちく》・放逐《ほうちく》	
秩	チツ	—	10	禾	のぎへん	順序・地位・ふち	秩序《ちつじょ》・官秩《かんちつ》	

ステップ 26

練習問題

1	／24
2	／10
3	／10
4	／24

月　日

1

次の――線の読みをひらがなで記せ。

1 敵を領地から駆逐する。

2 木製の棚に人形を並べる。

3 痴情のもつれで事件が起きた。

4 年中無休。但し年末年始は除く。

5 一家の安泰を祈願する。

6 物事を秩序立てて考える。

7 昔ながらの駄菓子が並ぶ。

8 ユニフォームを洗濯する。

9 社長はいつも泰然としている。

10 この小説は駄作だと思う。

11 家族に仕事の愚痴をこぼす。

12 組織の規律を破り、放逐される。

13 胎教でクラシック音楽を聴く。

14 道路交通法違反で逮捕される。

15 滝のような汗が流れる。

16 卓抜した美的センスが光る。

17 光沢のある布地の服を選んだ。

18 口幅ったいことを申しました。

19 職場の勤怠表に記入する。

20 日課のストレッチを怠けた。

21 海外に長期間滞在していた。

22 家賃の支払いが滞る。

23 広告で新製品の販売を促進する。

24 体調管理への注意を促す。

2 次の漢字の部首を記せ。また下の熟語の読みをひらがなで記せ。

	漢字	部首	熟語	読み
1	仙	（　）	酒仙	（　）
2	旋	（　）	周旋	（　）
3	薦	（　）	薦挙	（　）
4	塑	（　）	塑像	（　）
5	壮	（　）	強壮	（　）
6	曹	（　）	陸曹	（　）
7	喪	（　）	阻喪	（　）
8	惰	（　）	惰力	（　）
9	駄	（　）	無駄	（　）
10	泰	（　）	泰斗	（　）

3 次の文中にまちがって使われている同じ読みの漢字が一字ある。上に誤字を、下に正しい漢字を記せ。

	文	誤	正
1	報告への加剰な反応に驚く。	（　）	（　）
2	大規模な復広作業が開始された。	（　）	（　）
3	赴人した土地で紛争が起こった。	（　）	（　）
4	平日の店内は寒散としている。	（　）	（　）
5	仕事の報収を受け取る。	（　）	（　）
6	威義を正して式典に参列した。	（　）	（　）
7	理非を判断する含力が必要だ。	（　）	（　）
8	美しい線律の曲が流れる。	（　）	（　）
9	物的詳拠が乏しく立件できない。	（　）	（　）
10	郵便物の配達が遅援して困る。	（　）	（　）

4 次の――線のカタカナを漢字に直せ。

1 彼一人**タイゼン**自若としている。

2 文学全集を**ショダナ**に並べる。

3 上司に**チクイチ**報告する。

4 鉄道警察が**チカン**を捕らえる。

5 **チツジョ**を乱す生徒を注意する。

6 **タイダ**な生活を改めたい。

7 **センタクキ**を買い替えたい。

8 弟にお**ダチン**として菓子をやる。

9 説明書の**タダ**し書きを確かめる。

10 **ジュウタイ**を避けて運転する。

11 新しい販路を**カイタク**する。

12 大雨で**ダクリュウ**が押し寄せた。

13 ごみ処理を業者に**イタク**する。

14 条件の変更を**ショウダク**する。

15 **タマシイ**を込めて仏像を彫る。

16 社会**フクシ**を勉強している。

17 **ミゼニ**を切って接待する。

18 **タイキュウ**性のある器を選ぶ。

19 机を窓ぎわに**イドウ**させる。

20 社内の人事**イドウ**が発表された。

21 本文の前に**テキヨウ**を入れる。

22 保険の**テキヨウ**が認められた。

23 非常**ジタイ**宣言を発令する。

24 表彰式への出席を**ジタイ**する。

使い分けよう! **こうい【好意・厚意】**

好意…例 好意を寄せる（好ましく思う気持ち・親切な心）
※自分の気持ちにも相手の気持ちにも使う

厚意…例 厚意に感謝する（人情に厚く思いやりのある心）
※相手の気持ちにのみ使用。自分の気持ちには使わない

漢字	嫡	衷	弔	挑	眺	釣	懲	勅
読み	音 チャク 訓 ―	音 チュウ 訓 ―	音 チョウ 訓 とむら(う)	音 チョウ 訓 いど(む)	音 チョウ 訓 なが(める)	音 チョウ 高 訓 つ(る)	音 チョウ 訓 こ(りる) こ(らす) こ(らしめる)	音 チョク 訓 ―
画数	14	9	4	9	11	11	18	9
部首	女	衣	弓	扌	目	金	心	力
部首名	おんなへん	ころも	ゆみ	てへん	めへん	かねへん	こころ	ちから
漢字の意味	正妻の生んだ子・本家をつぐ血すじ	まごころ・なかほど・はだぎ	とむらう・人の死をいたむ・つる	いどむ・しかける・かかげる・たわむれる	ながめる・ながめ	魚をとる・ぶらさげる・人をおびきだす	こらす・こらしめる・こりごりする	天子のことば・命令・いましめる
用例	嫡子《ちゃくし》・嫡嗣《ちゃくし》・嫡出《ちゃくしゅつ》・嫡孫《ちゃくそん》・嫡男《ちゃくなん》・嫡流《ちゃくりゅう》・廃嫡《はいちゃく》	衷懐《ちゅうかい》・衷情《ちゅうじょう》・衷心《ちゅうしん》・苦衷《くちゅう》・折衷《せっちゅう》・和衷協同《わちゅうきょうどう》・和洋折衷《わようせっちゅう》	弔意《ちょうい》・弔慰金《ちょういきん》・弔辞《ちょうじ》・弔電《ちょうでん》・弔問《ちょうもん》・慶弔《けいちょう》・死者《ししゃ》を弔《とむら》う	挑戦《ちょうせん》・挑発《ちょうはつ》・戦《たたか》いを挑《いど》む・難問《なんもん》に挑《いど》む	眺望《ちょうぼう》・満天《まんてん》の星《ほし》を眺《なが》める	釣果《ちょうか》・釣魚《ちょうぎょ》・釣艇《ちょうてい》・釣《つ》り合《あ》い・釣《つ》り鐘《がね》・釣《つ》り銭《せん》	懲役《ちょうえき》・懲戒《ちょうかい》・懲罰《ちょうばつ》・勧善懲悪《かんぜんちょうあく》・性懲《しょうこ》りもなく・悪《あく》を懲《こ》らす	勅語《ちょくご》・勅旨《ちょくし》・勅使《ちょくし》・勅宣《ちょくせん》・勅命《ちょくめい》・詔勅《しょうちょく》・奉勅《ほうちょく》
筆順	嫡 5 7 14	衷	弔	挑	眺 4	釣 4	懲 3 6 10 12 16 18	勅

ステップ 27

練習問題

1	2	3	4
/24	/10	/10	/24

月　日

1 次の――線の読みをひらがなで記せ。

1 殺人犯は無期懲役となった。

2 勅使が天皇の言葉を伝える。

3 屋上から夜景を眺める。

4 午前四時に釣り舟を出す。

5 何度も失敗して懲りた。

6 葬儀に参列できず弔電を送る。

7 貴族の嫡子は大切に育てられた。

8 眺望のよい席に座る。

9 犯した罪を衷心からわびる。

10 挑発的な言動を改める。

11 己の非を認めて反省する。

12 慶弔の行事が重なった。

13 売り上げの一割の歩合をとる。

14 期待外れの結果に落胆する。

15 課長は生真面目な性格だ。

16 父は三十年間教壇に立った。

17 反則行為には懲罰がある。

18 桃太郎は鬼を懲らしめた。

19 生徒代表が弔辞を読む。

20 戦没者を弔う式典が行われる。

21 苦手な分野に挑戦する。

22 難しい技の習得に挑む。

23 金銀の装飾品を鋳造する。

24 祖父は鐘などを造る鋳物師だ。

2 次の——線のカタカナを漢字一字と送りがな（ひらがな）に直せ。

〈例〉問題にコタエル。（ 答える ）

1 日がだいぶカタムイてきた。（　　）

2 転職した会社に腰をスエル。（　　）

3 メズラシイ洋酒を手に入れた。（　　）

4 油絵の具で故郷の風景をエガク。（　　）

5 落雷で大木がタオレル。（　　）

6 ミニクイ争いはもうやめる。（　　）

7 体力のオトロエを感じる。（　　）

8 門出の朝をムカエル。（　　）

9 マギラワシイ表現を直す。（　　）

10 若者はタノモシク成長した。（　　）

3 次の（　）に入る適切な語を、後の□の中から選び、漢字に直して四字熟語を完成させよ。

1 大（　　）大悲

2 疑心暗（　　）

3 喜色（　　）面

4 金城鉄（　　）

5 率先垂（　　）

6 国士無（　　）

7 軽（　　）短小

8 色（　　）是空

9 主（　　）転倒

10 （　　）田引水

が・かく・き・じ・そう・そく・はく・はん・ぺき・まん

4 次の――線のカタカナを漢字に直せ。

1 山に登ると**チョウボウ**が開けた。
2 友人の**クチュウ**を察する。
3 横領で**チョウカイ**免職になる。
4 二人は**ツ**り合いのとれた夫婦だ。
5 病死した愛犬を**トムラ**う。
6 絵のような**ナガ**めが広がる。
7 水泳選手が世界記録に**イド**む。
8 教育**チョクゴ**は戦後廃止《はいし》された。
9 遺族の家を**チョウモン**に訪れる。
10 **コ**りずに練習を繰り返した。
11 新たな事業に**チョウセン**したい。
12 武家では**チャクナン**を重んじた。

13 彼の**レイタン**な態度に傷つく。
14 頑固な汚れを**タンネン**に洗う。
15 目を**コ**らして絵を見つめる。
16 運動をして体を**キタ**える。
17 **ドタンバ**で意見を変えた。
18 転んだはずみで靴が片方**ヌ**げた。
19 現代を**ショウチョウ**する事件だ。
20 この頭痛は発熱の**ゼンチョウ**だ。
21 経験を**フ**まえて後輩に助言する。
22 折に**フ**れて手紙を書いている。
23 委員長としての**ツト**めを果たす。
24 会社で定年まで**ツト**め上げる。

間違えやすい四字熟語
Q…空欄に入る漢字は？ ①呉越□□《どうしゅう》 ②□□《えいこ》盛衰 ③□□《ちんし》黙考
A…①同舟「呉越同舟（ごえつどうしゅう）」、②栄枯「栄枯盛衰（えいこせいすい）」、③沈思「沈思黙考（ちんしもっこう）」。
「呉越同衆」「栄古盛衰」「珍思黙考」と書き誤らないように注意。

漢字表

ステップ 28

漢字	朕	塚	漬	坪	呈	廷	邸	亭
読み	音 チン 訓 ―	音 ― 訓 つか	音 ― 訓 つ(ける) つ(かる)	音 ― 訓 つぼ	音 テイ 訓 ―	音 テイ 訓 ―	音 テイ 訓 ―	音 テイ 訓 ―
画数	10	12	14	8	7	7	8	9
部首	月	土	氵	土	口	廴	阝	亠
部首名	つきへん	つちへん	さんずい	つちへん	くち	えんにょう	おおざと	なべぶた けいさんかんむり
漢字の意味	天子の自称	つか・墓・おか	液体の中にひたす・つけものにする	土地の面積の単位・たいらか	さしあげる・はっきりとあらわす・すすめる	政治を行う所・訴えをきいて裁く所・裁判所	りっぱな住宅・やしき	しゅくば・やどや・あずまや・高くそびえる
用例	朕《ちん》は国家《こっか》なり(フランス国王ルイ14世)	塚穴《つかあな》・一里塚《いちりづか》・貝塚《かいづか》	漬物《つけもの》・塩漬《しおづ》け・茶漬《ちゃづ》け・湯《ゆ》に漬《つ》かる	坪数《つぼすう》・坪庭《つぼにわ》・建坪《たてつぼ》	呈示《ていじ》・呈上《ていじょう》・謹呈《きんてい》・献呈《けんてい》・進呈《しんてい》・贈呈《ぞうてい》・拝呈《はいてい》・露呈《ろてい》	廷内《ていない》・開廷《かいてい》・宮廷《きゅうてい》・出廷《しゅってい》・退廷《たいてい》・朝廷《ちょうてい》・閉廷《へいてい》・法廷《ほうてい》	邸宅《ていたく》・邸内《ていない》・官邸《かんてい》・公邸《こうてい》・豪邸《ごうてい》・私邸《してい》・別邸《べってい》・本邸《ほんてい》	亭主《ていしゅ》・駅亭《えきてい》・泉亭《せんてい》・池亭《ちてい》・旅亭《りょてい》・料亭《りょうてい》
筆順	朕 朕 朕 朕 朕 朕 朕 朕 朕 朕	塚3 塚 塚 塚 塚 塚 塚 塚 塚 塚	漬3 漬 漬 漬 漬 漬 漬 漬12 漬 漬	坪 坪 坪 坪 坪 坪 坪 坪	呈 呈 呈 呈 呈 呈 呈	廷 廷 廷 廷 廷 廷 廷	邸 邸 邸 邸 邸 邸 邸 邸	亭 亭 亭 亭 亭 亭 亭 亭 亭

ステップ 28

練習問題

1	/24
2	/10
3	/5
4	/24

月　日

1 次の――線の読みをひらがなで記せ。

1 貝塚から縄文式土器が見つかる。

2 争いは法廷に持ち込まれた。

3 恩師に還暦祝いの品を謹呈する。

4 首相官邸前に報道陣が集まる。

5 名のある料亭で修業する。

6 この店は漬物の種類が豊富だ。

7 宮廷の様子を描いた絵だ。

8 「朕」は天子の自称である。

9 人数分の見本を進呈します。

10 自宅の建坪を父に尋ねた。

11 木立に囲まれた邸宅がある。

12 サケの稚魚を川に放流する。

13 実家は九州の畜産農家だ。

14 大量の煙で窒息しそうになった。

15 抽選で参加者を決める。

16 祖父はひげを蓄えている。

17 沖にヨットが見える。

18 大きな音が沈黙を破った。

19 情報産業の発展が著しい。

20 戦局を日和見している。

21 野党が政権の奪取をねらう。

22 暑さに体力を奪われた。

23 システムの端末機が誤作動した。

24 井戸端会議で情報を得た。

2 熟語の構成のしかたには次のようなものがある。

ア　同じような意味の漢字を重ねたもの　（岩石）
イ　反対または対応の意味を表す字を重ねたもの　（高低）
ウ　上の字が下の字を修飾しているもの　（洋画）
エ　下の字が上の字の目的語・補語になっているもの　（着席）
オ　上の字が下の字の意味を打ち消しているもの　（非常）

次の熟語は右のア～オのどれにあたるか、一つ選び、記号で記せ。

1　詔勅（　）
2　浮沈（　）
3　庶務（　）
4　抜糸（　）
5　未遂（　）
6　浄財（　）
7　折衷（　）
8　剰余（　）
9　不詳（　）
10　慶弔（　）

3 1～5の三つの□に共通する漢字を入れて熟語を作れ。漢字はア～コから一つ選び、記号で記せ。

1　情□・□戦・鼻□（　）
2　□察・誤□・検□（　）
3　逸□・□出・虚□（　）
4　□願・悲□・□息（　）
5　□減・□増・□次（　）

ア 奪　イ 脱　ウ 鮮　エ 緒　オ 繕
カ 慎　キ 診　ク 短　ケ 嘆　コ 漸

4 次の――線のカタカナを漢字に直せ。

1 ツボニワにモミジを植える。

2 選手にメダルがゾウテイされた。

3 宿のテイシュが客を出迎えた。

4 証人が裁判所にシュッテイする。

5 夜食にチャヅけを食べる。

6 プール付きのゴウテイを構える。

7 天子は自称にチンを用いた。

8 今回の件で問題点がロテイした。

9 これが改革への一里ヅカとなる。

10 空気の大部分をチッソが占める。

11 知ったかぶりをしてハジをかく。

12 強風で電車がチエンする。

13 チンプな言葉しか出てこない。

14 ビルに警備員がジョウチュウする。

15 歓喜のあまり友をホウヨウした。

16 彼の案はキジョウの空論だ。

17 旅先でキチョウな体験をした。

18 受付で名前をキチョウする。

19 隣家への延焼前にチンカした。

20 地盤がチンカして建物が傾く。

21 来客を最寄りの駅までオクる。

22 母の日に感謝の言葉をオクる。

23 ギターをヒく姿にあこがれる。

24 納豆が糸をヒく。

傍若無人（ぼうじゃくぶじん）

【意味】人前にもかかわらず、勝手で無遠慮な振る舞いをすること

まるでそばに人がいないかのように振る舞うことです。「傍若」は「暴若」などと書き誤りやすいので注意しましょう。

漢字	貞	逓	偵	艇	泥	迭	徹	撤
読み	音 テイ 訓 —	音 テイ 訓 —	音 テイ 訓 —	音 テイ 訓 —	音 デイ 高 訓 どろ	音 テツ 訓 —	音 テツ 訓 —	音 テツ 訓 —
画数	9	10	11	13	8	8	15	15
部首	貝	辶	亻	舟	氵	辶	彳	扌
部首名	かい こがい	しんにょう しんにゅう	にんべん	ふねへん	さんずい	しんにょう しんにゅう	ぎょうにんべん	てへん
漢字の意味	みさお・節を守る・ただしい・さだまる	次から次へと伝える・だんだんと・代わる	うかがう・ようすをさぐる・まわしもの	ふね・こぶね・はしけ	どろ・にごる・こだわる・正体がなくなる	いれかわる・かわるがわる	つらぬきとおす・あきらか・除去する	とりのぞく・ひきあげる
用例	貞潔《ていけつ》・貞淑《ていしゅく》・貞女《ていじょ》・貞節《ていせつ》・貞操《ていそう》・貞婦《ていふ》・童貞《どうてい》・不貞《ふてい》	逓減《ていげん》・逓次《ていじ》・逓信《ていしん》・逓送《ていそう》・逓増《ていぞう》・駅逓《えきてい》・伝逓《でんてい》	偵察《ていさつ》・探偵《たんてい》・内偵《ないてい》・密偵《みってい》	艇庫《ていこ》・艇身《ていしん》・艦艇《かんてい》・救命艇《きゅうめいてい》・競艇《きょうてい》・舟艇《しゅうてい》・潜水艇《せんすいてい》・短艇《たんてい》	泥酔《でいすい》・泥土《でいど》《どろつち》・雲泥《うんでい》・汚泥《おでい》・拘泥《こうでい》・泥縄《どろなわ》・泥沼《どろぬま》《ていしょう》・泥棒《どろぼう》	迭立《てつりつ》・更迭《こうてつ》	徹宵《てっしょう》・徹底《てってい》・徹頭徹尾《てっとうてつび》・徹夜《てつや》・頑固一徹《がんこいってつ》・貫徹《かんてつ》・透徹《とうてつ》・冷徹《れいてつ》	撤回《てっかい》・撤去《てっきょ》・撤収《てっしゅう》・撤除《てつじょ》・撤退《てったい》・撤廃《てっぱい》・撤兵《てっぺい》
筆順	貞 貞 貞 貞 貞 貞 貞 貞 貞	逓 逓 逓 逓 逓 逓 逓 逓 逓 逓	偵 偵 偵 偵 偵 偵 偵8 偵 偵 偵	艇3 艇5 艇 艇 艇 艇 艇 艇 艇 艇	泥 泥 泥 泥 泥 泥 泥 泥	迭 迭 迭 迭 迭 迭 迭 迭	徹2 徹 徹5 徹7 徹9 徹11 徹 徹 徹 徹	撤 撤 撤 撤5 撤 撤 撤11 撤13 撤 撤

ステップ 29

練習問題

1	/24
2	/10
3	/10
4	/24

月　日

1 次の——線の読みをひらがなで記せ。

1 米の収穫量が逓減している。

2 当初の方針を貫徹する。

3 試験勉強はいつも泥縄式だ。

4 客船に救命艇を備え付ける。

5 大臣が収賄《しゅうわい》で更迭された。

6 透徹した理論ですきがない。

7 社員は処分の撤回を求めた。

8 園児が泥遊びをしている。

9 彼女は貞淑な妻になりそうだ。

10 対戦相手の練習を偵察する。

11 居心地の良い喫茶店だ。

12 飛行機が海に墜落した。

13 帝国主義的な政策に反対する。

14 教科書の改訂が行われた。

15 突堤に座って釣り糸を垂れる。

16 美しい装丁の本を買う。

17 義弟は大学生になったばかりだ。

18 母から探るように見られた。

19 同業者で協定を締結する。

20 応募の締め切りは来月末だ。

21 手の込んだ彫刻に目を見張る。

22 大理石を象の形に彫る。

23 世代を超越して親しまれる歌だ。

24 川の水が警戒水位を超える。

2 後の□の中の語を必ず一度だけ使って漢字に直し、対義語・類義語を記せ。

対義語

1 詳細―（　　）
2 危急―（　　）
3 結末―（　　）
4 削除―（　　）
5 死去―（　　）

類義語

6 進呈―（　　）
7 難点―（　　）
8 追放―（　　）
9 処理―（　　）
10 入念―（　　）

あんたい・がいりゃく・くちく・けっかん・けんじょう・しゅうとう・そち・たんじょう・てんか・ほったん

3 次の（　）に入る適切な語を、後の□の中から選び、漢字に直して四字熟語を完成させよ。

1 （　　）不断
2 公序（　　）
3 （　　）馬食
4 首尾（　　）
5 暗中（　　）
6 （　　）分別
7 気宇（　　）
8 （　　）無恥
9 勧善（　　）
10 冠婚（　　）

いっかん・げいいん・こうがん・しりょ・そうさい・そうだい・ちょうあく・もさく・ゆうじゅう・りょうぞく

4 次の——線のカタカナを漢字に直せ。

1 疑惑を**テッテイ**的に調べる。
2 **ドロヌマ**にはまり抜けられない。
3 不祥事で社長を**コウテツ**する。
4 放置自転車を**テッキョ**する。
5 警察が不正取引を**ナイテイ**する。
6 祖母は**テイジョ**と評されていた。
7 家電業界から**テッタイ**する。
8 車の輸出量が**テイゾウ**している。
9 河口に**キョウテイ**場がある。
10 **テツヤ**で課題の作品を仕上げる。
11 彼の態度に**テイコウ**を感じた。
12 木の葉から雨の**シズク**が落ちた。

13 **ボウハテイ**が海に突き出ている。
14 二月は売り上げが**テイメイ**した。
15 **シチヤ**に時計を入れ、金を借りる。
16 弟は**ゲンエキ**で大学に合格した。
17 国を相手に**ホウテイ**で争う。
18 **ホウテイ**速度を守って運転する。
19 議員が**シテイ**から宿舎に引っ越す。
20 新幹線の**シテイ**席を予約する。
21 会場に突然父が姿を**アラワ**した。
22 戦争の悲惨さを本に**アラワ**した。
23 約束の時間に**オク**れる。
24 華やかな席は気**オク**れする。

不即不離（ふそくふり）
【意味】つかず離れずの関係にあること、また、あたらずさわらずのあいまいなさま
「即」はつく・接するという意味。「不即」を「不則」「不測」「不足」、「不離」を「不利」などと書き誤りやすいので注意しましょう。

漢字	悼	搭	棟	筒	謄	騰	洞	督
読み	音 トウ 訓 いた(む) 高	音 トウ 訓 ―	音 トウ 訓 むね むな 高	音 トウ 訓 つつ	音 トウ 訓 ―	音 トウ 訓 ―	音 ドウ 訓 ほら	音 トク 訓 ―
画数	11	12	12	12	17	20	9	13
部首	忄	扌	木	⺮	言	馬	氵	目
部首名	りっしんべん	てへん	きへん	たけかんむり	げん	うま	さんずい	め
漢字の意味	かなしむ・おそれる	乗りこむ・のせる	むね・むなぎ・主要な人	つつ・くだ	うつす・書き写す	あがる・のぼる・物価が高くなる	ほらあな・ふかい・見通す	よくみる・ひきいる・せきたてる
用例	悼詞《とうし》・悼辞《とうじ》・悼惜《とうせき》・哀悼《あいとう》・深悼《しんとう》・追悼《ついとう》・友《とも》の死《し》を悼《いた》む	搭載《とうさい》・搭乗《とうじょう》	汗牛充棟《かんぎゅうじゅうとう》・上棟《じょうとう》・病棟《びょうとう》・棟上《むねあ》げ・棟続《むねつづ》き・棟木《むなぎ》・別棟《べつむね》	円筒《えんとう》・水筒《すいとう》・封筒《ふうとう》・筒先《つつさき》・筒抜《つつぬ》け・竹筒《たけづつ》・茶筒《ちゃづつ》	謄写《とうしゃ》・謄本《とうほん》	騰貴《とうき》・騰勢《とうせい》・急騰《きゅうとう》・高騰《こうとう》・沸騰《ふっとう》・暴騰《ぼうとう》	洞穴《どうけつ》《ほらあな》・洞察《どうさつ》・洞門《どうもん》・空洞《くうどう》・洞《ほら》ケ峠《がとうげ》をきめこむ	督促《とくそく》・督励《とくれい》・家督《かとく》・監督《かんとく》・総督《そうとく》・提督《ていとく》・統督《とうとく》
筆順	悼 悼 悼 悼 悼 悼 悼 悼9 悼 悼	搭 搭 搭 搭 搭6 搭8 搭 搭 搭 搭	棟2 棟4 棟 棟 棟 棟 棟 棟 棟 棟	筒 筒 筒 筒6 筒 筒 筒 筒 筒 筒	謄4 謄6 謄8 謄 謄 謄 謄14 謄 謄 謄	騰4 騰 騰 騰8 騰11 騰 騰 騰15 騰 騰20	洞 洞 洞 洞 洞 洞 洞 洞 洞 洞	督 督 督 督 督 督 督 督 督10 督13

ステップ 30

練習問題

1	／24
2	／10
3	／9
4	／24

月　日

1 次の——線の読みをひらがなで記せ。

1 監督の思い通りに試合が進む。

2 船に魚群探知機を搭載する。

3 物価の高騰で生活が苦しい。

4 原本を正確に謄写する。

5 水筒に冷たい麦茶を入れた。

6 涙ながらに追悼の言葉を述べる。

7 コーチが新人選手を督励する。

8 原油価格の暴騰が続いている。

9 彼女は唐突に話を切り出した。

10 統率力のあるリーダーを望む。

11 手が凍えて字がうまく書けない。

12 陶芸教室で皿を作った。

13 天然痘の根絶宣言が出された。

14 姉は喜怒哀楽を顔に出さない。

15 桃源郷を絵画で表現してみたい。

16 水稲は全国で栽培《さいばい》されている。

17 長い年月が岩に空洞を作った。

18 洞ヶ峠をきめこむとは卑劣だ。

19 外科病棟は改築中だ。

20 新居の棟上げを祝う。

21 書類を封筒に入れて送る。

22 ライバルに作戦が筒抜けだ。

23 エックス線で胸部を透視する。

24 透ける布でカーテンを作る。

2 次の漢字の部首と部首名を（　）に記せ。部首名が二つ以上あるものは、そのいずれか一つを記せばよい。

	漢字	部首	部首名
1	棚	（　）	（　）
2	秩	（　）	（　）
3	謄	（　）	（　）
4	騰	（　）	（　）
5	懲	（　）	（　）
6	朕	（　）	（　）
7	弔	（　）	（　）
8	堕	（　）	（　）
9	廷	（　）	（　）
10	悼	（　）	（　）

3 次の――線のカタカナを漢字に直せ。

1 夜を**テッ**して語り合う。（　）
2 舞台のセットを**テッ**収する。（　）
3 列車が**テッ**橋を渡る。（　）

4 自分の許**ヨウ**範囲を超える。（　）
5 噴火で**ヨウ**岩が流出した。（　）
6 先生の話を**ヨウ**約して伝える。（　）

7 子犬が元気に**カ**け回っている。（　）
8 宇宙開発に命を**カ**ける。（　）
9 **カ**け声に合わせて綱を引く。（　）

4 次の――線のカタカナを漢字に直せ。

1 告別式で**アイトウ**の意を表する。

2 **フウトウ**に記念切手をはった。

3 あの刑事は**ドウサツ**力がある。

4 本の返却の**トクソク**状が届く。

5 戸籍**トウホン**を取り寄せる。

6 建築中の家で**ジョウトウ**式を行う。

7 石油の価格が**キュウトウ**する。

8 **タケヅツ**に日本酒を入れる。

9 空港で**トウジョウ**手続きをする。

10 **ムネ**続きで祖父母の家がある。

11 雷雨を避けて**ホラアナ**に入る。

12 彼の長男が**カトク**を継ぐそうだ。

13 音楽の才能に**メグ**まれている。

14 予約が**サットウ**する人気商品だ。

15 品質では他を**アットウ**している。

16 近くに送電線の**テットウ**がある。

17 日用品の値段が**トウキ**した。

18 法務局で不動産を**トウキ**した。

19 **シュショウ**が官邸で記者会見を行う。

20 **シュショウ**な心がけに感心する。

21 **カンタン**な心理テストをする。

22 美しい歌声に**カンタン**する。

23 犯人は国外へ**トウソウ**した。

24 猟犬は**トウソウ**本能が強い。

面目躍如（めんもくやくじょ）

【意味】世間の評価にふさわしい活躍をして、いきいきとしていること・世間に対して顔が立つこと

「面目」は「めんぼく」とも読み、世間の評価・世間に対する体裁のこと、「躍如」はいきいきとしたさまを意味しています。

ステップ 25-30

力だめし 第5回

総得点 /100

評価

A
80点
B
75点
C
70点
D
60点
E

月　日

1 次の――線の読みをひらがなで記せ。

1×10 /10

1 改革は逐次進めていく予定だ。（　　）
2 失言により大臣が更迭された。（　　）
3 時代ごとの嫡流の地位を調べる。（　　）
4 紛争は泥沼の様相を呈した。（　　）
5 遭難に備え、発煙筒を持参する。（　　）
6 惰弱なチームを立て直す。（　　）
7 浴槽の湯を捨てた。（　　）
8 戦前の詔勅を口語訳する。（　　）
9 駄賃を目当てに手伝いをした。（　　）
10 歴代の逓信大臣について調べた。（　　）

2 次の漢字の部首を記せ。また下の熟語の読みをひらがなで記せ。

2×10 /20

	漢字	部首	熟語	読み
1	邸	（　）	別邸	（　）
2	坪	（　）	建坪	（　）
3	妥	（　）	妥結	（　）
4	呈	（　）	献呈	（　）
5	衷	（　）	折衷	（　）
6	亭	（　）	料亭	（　）
7	嗣	（　）	嗣子	（　）
8	筒	（　）	円筒	（　）
9	督	（　）	統督	（　）
10	貞	（　）	貞節	（　）

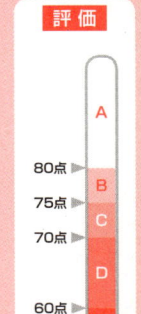

3

次の――線のカタカナを漢字一字と送りがな（ひらがな）に直せ。 2×10 ／20

〈例〉問題にコタエル。（答える）

1 災害の犠牲者をトムラウ。（　　）

2 ショックで心をかたくトザス。（　　）

3 西欧の古城をメグル旅に出た。（　　）

4 展望台から夜景をナガメル。（　　）

5 淡い恋心を胸にヒメル。（　　）

6 先物取引にほとほとコリル。（　　）

7 ひどくナヤマシイ問題だ。（　　）

8 他者をイヤシメルような発言だ。（　　）

9 ユリの香りが一面にタダヨウ。（　　）

10 ナスをぬかみそでツケル。（　　）

4

熟語の構成のしかたには次のようなものがある。 1×10 ／10

ア 同じような意味の漢字を重ねたもの（岩石）

イ 反対または対応の意味を表す字を重ねたもの（高低）

ウ 上の字が下の字を修飾しているもの（洋画）

エ 下の字が上の字の目的語・補語になっているもの（着席）

オ 上の字が下の字の意味を打ち消しているもの（非常）

次の熟語はア～オのどれにあたるか、記号で記せ。

1 献体（　　）

2 上棟（　　）

3 哀悼（　　）

4 不慮（　　）

5 安泰（　　）

6 未明（　　）

7 昇降（　　）

8 官邸（　　）

9 遷都（　　）

10 謹呈（　　）

5 上のカタカナを三つの□に共通する漢字に直して熟語を作れ。（　）にその漢字一字を記せ。

2×5 ／10

1 チ　音□・愚□・□態（　）

2 テイ　宮□・出□・朝□（　）

3 テイ　□察・内□・密□（　）

4 テイ　艦□・競□・□身（　）

5 リュウ　□起・興□・□盛（　）

---

6 後の□の中の語を必ず一度だけ使って漢字に直し、対義語・類義語を記せ。

1×10 ／10

対義語

1 獲得―（　）

2 逃亡―（　）

3 軽快―（　）

4 混乱―（　）

5 更生―（　）

類義語

6 貧困―（　）

7 高低―（　）

8 泰然―（　）

9 服従―（　）

10 沿革―（　）

きふく・きゅうぼう・そうしつ・そうちょう・だらく・ちつじょ・ちんちゃく・ついせき・へんせん・れいぞく

7

次の（　）内に入る適切な語を、後の□の中から選び、漢字に直して四字熟語を完成させよ。

1×10　／10

1 無味（　　）
2 抱腹（　　）
3 （　　）不休
4 文人（　　）
5 力戦（　　）
6 要害（　　）
7 温厚（　　）
8 （　　）洋洋
9 巧遅（　　）
10 複雑（　　）

かいき・かんそう・けんご・せっそく・ぜっとう・ぜんと・とくじつ・ふみん・ふんとう・ぼっかく

8

次の——線のカタカナを漢字に直せ。

1×10　／10

1 昔ここには**カイヅカ**があった。（　　）
2 **ジョウミャク**に注射する。（　　）
3 うまくいくか**タメ**してみたい。（　　）
4 週末は兄と**ツ**りに行く。（　　）
5 **マンゼン**とした生活を送る。（　　）
6 野菜の価格が**ボウトウ**する。（　　）
7 彼とは十年来の**チキ**だ。（　　）
8 月末に**タナオロ**しを行った。（　　）
9 遊んでいる**ヒマ**はない。（　　）
10 **シモフ**りの牛肉を調理する。（　　）

漢字	読み	画数	部首	部首名	漢字の意味	用例	筆順
凸	音 トツ 訓 ―	5	凵	うけばこ	中ほどがつきでている	凸版《とっぱん》・凸面鏡《とつめんきょう》・凸《とつ》レンズ・凹凸《おうとつ》・凸凹《でこぼこ》	
屯	音 トン 訓 ―	4	屮	てつ	たむろする・重さの単位	屯営《とんえい》・屯集《とんしゅう》・屯所《とんしょ》・屯田兵《とんでんへい》・駐屯《ちゅうとん》	
軟	音 ナン 訓 やわ(らか) やわ(らかい)	11	車	くるまへん	やわらかい・よわい・おだやか	軟化《なんか》・軟球《なんきゅう》・軟禁《なんきん》・軟弱《なんじゃく》・硬軟《こうなん》・柔軟《じゅうなん》・軟《やわ》らかい話《はなし》	
尼	音 ニ 高 訓 あま	5	尸	かばね しかばね	あま	尼僧《にそう》・修道尼《しゅうどうに》・尼寺《あまでら》・尼《あま》になって仏《ほとけ》に仕《つか》える	
妊	音 ニン 訓 ―	7	女	おんなへん	みごもる	妊娠《にんしん》・妊婦《にんぷ》・懐妊《かいにん》・避妊《ひにん》・不妊《ふにん》	
忍	音 ニン 訓 しの(ぶ) しの(ばせる)	7	心	こころ	がまんする・しのぶ・むごい	忍者《にんじゃ》・忍従《にんじゅう》・忍耐《にんたい》・隠忍自重《いんにんじちょう》・堪忍《かんにん》・残忍《ざんにん》・恥《はじ》を忍《しの》ぶ	
寧	音 ネイ 訓 ―	14	宀	うかんむり	やすらか・ねんごろに・むしろ・なんぞ	寧日《ねいじつ》・寧静《ねいせい》・安寧《あんねい》・丁寧《ていねい》	
把	音 ハ 訓 ―	7	扌	てへん	とる・にぎる・とって・たば	把握《はあく》・把持《はじ》・大雑把《おおざっぱ》・一把《いちわ》・三把《さんば》・十把《じっぱ》	

ステップ 31 練習問題

1	／24
2	／10
3	／10
4	／24

月　日

1 次の――線の読みをひらがなで記せ。

1 国を上げて王妃《おうひ》のご懐妊を祝う。

2 社会の安寧が保たれている。

3 硬軟取り混ぜた意見を交わす。

4 老眼鏡には凸レンズを使う。

5 長年、忍従の生活を送る。

6 県知事の座を把持する。

7 自衛隊の駐屯地で取材する。

8 晩年は出家して尼になった。

9 老舗の和菓子屋で手土産を買う。

10 コスモスを一輪手折る。

11 犯人の隠匿は共犯とみなされる。

12 社長は熱心な篤志家だ。

13 ここは開かずの踏切で有名だ。

14 二つの最強チームが激突する。

15 曇天が続き日照不足が心配だ。

16 机上に書類を広げた。

17 今晩中に旅行の支度を終えたい。

18 良家の子弟が多く通う学校だ。

19 彼は弱音も吐かず忍耐強い。

20 人目を忍んで行動する。

21 強硬な姿勢が軟化してきた。

22 軟らかいおかゆを食べさせる。

23 機能満載の欲張りな商品だ。

24 新しい自転車が欲しい。

2

熟語の構成のしかたには次のようなものがある。

ア　同じような意味の漢字を重ねたもの（岩石）
イ　反対または対応の意味を表す字を重ねたもの（高低）
ウ　上の字が下の字を修飾しているもの（洋画）
エ　下の字が上の字の目的語・補語になっているもの（着席）
オ　上の字が下の字の意味を打ち消しているもの（非常）

次の熟語は右のア～オのどれにあたるか、一つ選び、記号で記せ。

1　暴騰（　）
2　謄写（　）
3　懲悪（　）
4　無粋（　）
5　伸縮（　）
6　不穏（　）
7　駐屯（　）
8　点滅（　）
9　漸進（　）
10　挑戦（　）

3

次の文中にまちがって使われている同じ読みの漢字が一字ある。上に誤字を、下に正しい漢字を記せ。

誤　正

1　細抱分裂を繰り返し成長する。（　）（　）
2　旧来の悪い貫習は改めよう。（　）（　）
3　不詳事を招く結果となった。（　）（　）
4　心尽くしの結好な品をいただく。（　）（　）
5　早急に摘宜な処置をとろう。（　）（　）
6　議会で承認され条約は批準された。（　）（　）
7　依然として不傾気が続く。（　）（　）
8　情軌を逸脱した行為を戒める。（　）（　）
9　感謝を込めて花束を造呈する。（　）（　）
10　尊敬する先輩の説を倒襲する。（　）（　）

4 次の——線のカタカナを漢字に直せ。

1 **ニンジャ**のように素早く動く。

2 山奥に古い**アマデラ**がある。

3 ポスターを**トッパン**で印刷する。

4 **ジュウナン**な考えが発明を生む。

5 昔は警察署を**トンショ**と呼んだ。

6 **テイネイ**な言葉遣いを心がける。

7 正確な参加者数を**ハアク**する。

8 **ニンシン**中の注意事項を聞く。

9 岩の表面は**デコボコ**している。

10 恥を**シノ**んでお願いした。

11 お寺の**カネ**の音が響く。

12 **コンジョウ**のすわった若人だ。

13 少子化で日本の将来を**アヤ**ぶむ。

14 朝食にアジの**ヒモノ**を食べた。

15 **ワラベ**歌を保存する運動がある。

16 起こり**ウ**る事態を想定した。

17 **ドウマワ**りを採すしてもらう。

18 **コウカイ**しないように努力する。

19 **ノキシタ**にツバメが巣を作った。

20 不況で**チョチク**が減る一方だ。

21 政党が候補者を**コウニン**する。

22 退職者の**コウニン**を探す。

23 耳を**ス**まして虫の音を聞く。

24 仕事を**ス**まして帰る。

使い分けよう！ おさめる【収・納・治・修】

収める…例 勝利を収める・成果を収める（取り込む）

納める…例 税を納める・商品を納める（納入する）

治める…例 国を治める（うまくしずめる）

修める…例 学問を修める（身につける）

ステップ32

漢字	覇	廃	培	媒	賠	伯	舶	漠
読み	音 ハ 訓 —	音 ハイ 訓 すた(れる) すた(る)	音 バイ 訓 つちか(う) 高	音 バイ 訓 —	音 バイ 訓 —	音 ハク 訓 —	音 ハク 訓 —	音 バク 訓 —
画数	19	12	11	12	15	7	11	13
部首	襾	广	土	女	貝	亻	舟	氵
部首名	おおいかんむり	まだれ	つちへん	おんなへん	かいへん	にんべん	ふねへん	さんずい
漢字の意味	はたがしら・武力で天下を従える・優勝する	いらなくなる・すたれる・すてる・やめる	やしない育てる・つちかう	なかだちをする・なこうど	つぐなう・うめあわせをする	兄弟の中で年長の者・一芸に長じる者	大きな船	ひろい・はっきりしない・ものたりない
用例	覇王《はおう》・覇気《はき》・覇権《はけん》・覇者《はしゃ》・制覇《せいは》・争覇《そうは》・連覇《れんぱ》	廃屋《はいおく》・廃棄《はいき》・廃業《はいぎょう》・廃止《はいし》・荒廃《こうはい》・興廃《こうはい》・退廃《たいはい》・撤廃《てっぱい》	培養《ばいよう》・栽培《さいばい》・克己心《こっきしん》を培《つちか》う	媒介《ばいかい》・媒酌《ばいしゃく》・媒体《ばいたい》・触媒《しょくばい》・鳥媒花《ちょうばいか》・風媒《ふうばい》・溶媒《ようばい》・霊媒《れいばい》	賠償《ばいしょう》	伯爵《はくしゃく》・伯叔《はくしゅく》・伯仲《はくちゅう》・伯兄《はっけい》・画伯《がはく》・詩伯《しはく》・伯父《おじ》・伯母《おば》	舶載《はくさい》・舶来《はくらい》・海舶《かいはく》・巨舶《きょはく》・船舶《せんぱく》	漠然《ばくぜん》・漠漠《ばくばく》・空漠《くうばく》・広漠《こうばく》・荒漠《こうばく》・砂漠《さばく》・索漠《さくばく》
筆順	覇 2 5 9 14 17 19	廃 2 10	培 5	媒 6 12	賠 5 9 11 14	伯	舶 5	漠 3 10

ステップ 32

練習問題

1	2	3	4
/24	/10	/6	/24

月　日

1 次の――線の読みをひらがなで記せ。

1 実力が伯仲して決着がつかない。

2 部長夫妻の媒酌で結婚する。

3 幼児期の記憶は漠然としている。

4 舶来の高級な家具をそろえる。

5 改正案は廃案になった。

6 後輩は若いのに覇気がない。

7 ツバキは鳥媒花である。

8 東京の伯父さんの家に下宿する。

9 ベランダで野菜を栽培する。

10 連覇をかけて試合に挑む。

11 空漠として理解しづらい話だ。

12 社長は旧伯爵家の出身だ。

13 けがの治療費の賠償を請求する。

14 封筒に弐万円入れて渡す。

15 物資が不足し敗色が濃厚になる。

16 曲に合わせて拍子をとった。

17 昔ながらの機織りを見学する。

18 先生から傘を拝借した。

19 町内会で排水溝を掃除する。

20 重要な国際会議に陪席する。

21 映らないテレビを廃棄する。

22 かつて栄えた町が廃れる。

23 顔に苦悩の色が浮かぶ。

24 悩み事を友人に打ち明けた。

2

次の——線のカタカナを漢字一字と送りがな（ひらがな）に直せ。

〈例〉問題に**コタエル**。（答える）

1 ぶつかった衝撃で壁が**コワレル**。（　）

2 たこつぼを海底に**シズメル**。（　）

3 長雨で畑の野菜が**クサリ**始めた。（　）

4 月が雲に**カクレル**。（　）

5 足音を**シノバセ**て部屋に入る。（　）

6 桜の花も咲き**ソメル**暖かさだ。（　）

7 強盗の犯人を**ツカマエル**。（　）

8 いたずら者の孫を**コラシメル**。（　）

9 経験は知恵を**サズケル**。（　）

10 仕事への不満を**モラス**。（　）

3

次の□に入る適切な語を、□の中から選び、漢字に直して四字熟語を完成させよ。また、その意味を後のア～カから選び、記号を（　）に記せ。

1 順風満□（　）

2 心頭□却（　）

3 比□連理（　）

4 気炎万□（　）

5 □非曲直（　）

6 朝□暮改（　）

じょう・ぜ・ぱん・めっ・よく・れい

ア 雑念を取り去ること

イ 他を圧倒するほど威勢がいいこと

ウ 男女が仲むつまじいこと

エ 物事が調子よく進むこと

オ 物事の善悪。正不正

カ 法や規則がすぐに変わり定まらないこと

4 次の――線のカタカナを漢字に直せ。

1 外国の**センパク**が寄港する。（　　）

2 **サバク**では気温の変化が激しい。（　　）

3 事故の**バイショウ**金を支払う。（　　）

4 流行語は**スタ**れるのも早い。（　　）

5 水泳で全国大会の**ハシャ**となる。（　　）

6 高名な**ガハク**の作品を鑑賞する。（　　）

7 マラリアは蚊が**バイカイ**する。（　　）

8 バスの路線が**ハイシ**になった。（　　）

9 菌を**バイヨウ**して実験する。（　　）

10 サッカーでアジアを**セイハ**する。（　　）

11 母と一つ上の**オバ**は仲の良い姉妹だ。（　　）

12 **ナットク**がいくまで説明を聞く。（　　）

13 沖に漁船を**テイハク**させる。（　　）

14 **ハクシン**の演技に感動した。（　　）

15 海外生産に**ハクシャ**がかかる。（　　）

16 新鮮な果物を**ハンバイ**する。（　　）

17 **ショウニカ**の医師が減少する。（　　）

18 雨が降り出しそうな**ケハイ**だ。（　　）

19 彼は大学の二年**コウハイ**だ。（　　）

20 **コウハイ**した地域を再建する。（　　）

21 ウイルスで病気が**デンセン**する。（　　）

22 **デンセン**にスズメがとまる。（　　）

23 **デンドウ**の車いすを利用する。（　　）

24 この大学は学問の**デンドウ**だ。（　　）

隠忍自重（いんにんじちょう）

【意味】苦しみなどをじっとこらえて軽々しい行動をとらないこと

「隠忍自重の日々を送る」のように使用します。「隠忍」は苦しみなどを外に表さないでじっと耐えしのぶこと、「自重」は自分を大切にする意から、行いを慎み、軽率に振る舞わないことを表します。

漢字	読み	画数	部首	部首名	漢字の意味	用例	筆順
肌	音 — 訓 はだ	6	月	にくづき	からだの表面・ひふ・物の表面	肌合《はだあ》い・肌着《はだぎ》・肌身《はだみ》・地肌《じはだ》・素肌《すはだ》・鳥肌《とりはだ》・山肌《やまはだ》・柔肌《やわはだ》	肌 肌 肌 肌 肌 肌
鉢	音 ハチ ハツ 高 訓 —	13	金	かねへん	はち・皿の深く大きいもの・頭の横まわり	鉢合《はちあ》わせ・鉢植《はちう》え・鉢巻《はちま》き・鉢物《はちもの》・植木鉢《うえきばち》・衣鉢《いはつ》	鉢2 鉢4 鉢 鉢7 鉢 鉢 鉢 鉢 鉢 鉢
閥	音 バツ 訓 —	14	門	もんがまえ	いえがら・てがら・なかま・党派	閥族《ばつぞく》・学閥《がくばつ》・財閥《ざいばつ》・党閥《とうばつ》・派閥《はばつ》・門閥《もんばつ》	閥 閥 閥5 閥 閥8 閥10 閥 閥 閥 閥
煩	音 ハン ボン 高 訓 わずら(う) わずら(わす)	13	火	ひへん	わずらわしい・なやむ	煩雑《はんざつ》・煩忙《はんぼう》・煩務《はんむ》・煩悩《ぼんのう》・恋煩《こいわずら》い・手《て》を煩《わずら》わす	煩2 煩 煩 煩 煩 煩 煩 煩10 煩 煩13
頒	音 ハン 訓 —	13	頁	おおがい	くばる・分け与える・まだら	頒価《はんか》・頒行《はんこう》・頒布《はんぷ》	頒 頒 頒 頒 頒 頒 頒 頒 頒11 頒13
妃	音 ヒ 訓 —	6	女	おんなへん	きさき・皇族の妻	妃殿下《ひでんか》・王妃《おうひ》・公妃《こうひ》・后妃《こうひ》	妃 妃 妃 妃 妃 妃
披	音 ヒ 訓 —	8	扌	てへん	ひらく・ひろめる・うちあける	披閲《ひえつ》・披見《ひけん》・披覧《ひらん》・披露《ひろう》・直披《じきひ》《ちょくひ》	披 披 披 披 披 披 披 披
扉	音 ヒ 高 訓 とびら	12	戸	とだれ とかんむり	とびら・いえ・すまい	開扉《かいひ》・鉄扉《てっぴ》・門扉《もんぴ》・扉絵《とびらえ》・回転扉《かいてんとびら》・扉《とびら》を破《やぶ》る	扉 扉 扉 扉 扉 扉7 扉 扉 扉11 扉

ステップ 33

練習問題

1	/24
2	/10
3	/9
4	/24

月　日

1 次の——線の読みをひらがなで記せ。

1 年末は煩忙を極める。
2 この手紙をご披見ください。
3 想像をかき立てる扉絵だ。
4 妃殿下が海外を視察される。
5 植木鉢で観葉植物を育てる。
6 初夏の風が素肌に心地よい。
7 妹は戸棚の扉に手が届かない。
8 党はいくつかの派閥に分かれた。
9 その風習は昔の名残だそうだ。
10 会報の頒価を値上げした。

11 兄から亡父の面影を感じた。
12 ひらめきを備忘録に書き留める。
13 犯人を数人がかりで捕縛した。
14 森林の伐採が問題になっている。
15 詩集から好きな一節を抜粋する。
16 報道を知って胸騒ぎを覚える。
17 ふたを開けずにご飯を蒸らす。
18 反抗期で親の言いつけに背く。
19 煩雑な手続きを済ます。
20 息子の将来を思い煩う。
21 前代未聞の犯罪が起きた。
22 取り返しのつかない過ちを犯す。
23 上司の言い方に反感を抱いた。
24 呉服店で浴衣の反物を買う。

2

後の［　］の中の語を必ず一度だけ使って漢字に直し、対義語・類義語を記せ。

対義語

1 祝賀―（　　）

2 暫時―（　　）

3 供述―（　　）

4 粗略―（　　）

5 自生―（　　）

類義語

6 技量―（　　）

7 混雑―（　　）

8 漂泊―（　　）

9 互角―（　　）

10 計略―（　　）

あいとう・こうきゅう・さいばい・さくぼう・ざっとう・しゅわん・ていねい・はくちゅう・ほうろう・もくひ

3

次の――線のカタカナを漢字に直せ。

1 物価が**トウ**勢を強めている。（　　）

2 **トウ**乗券で便名を確認する。（　　）

3 二つの小学校を**トウ**合する。（　　）

4 飲食店を**ハイ**業する。（　　）

5 優れた人材を**ハイ**出する。（　　）

6 彼は劇団の人気**ハイ**優だ。（　　）

7 米国では**バイ**審制度を採用している。（　　）

8 プランターに**バイ**養土を入れる。（　　）

9 人手不足で負担が**バイ**加される。（　　）

4 次の——線のカタカナを漢字に直せ。

1 舞台でダンスを**ヒロウ**する。
2 入り口に回転**トビラ**を導入する。
3 南国の国王と**オウヒ**が訪日する。
4 カタログを無料で**ハンプ**する。
5 近所づきあいが**ワズラ**わしい。
6 形見の品を**ハダミ**離さず持つ。
7 旧**ザイバツ**系の企業に勤める。
8 **ハチウ**えの花を玄関先に置く。
9 大臣の失言を**ヒハン**する。
10 稲の種を**ナワシロ**にまく。
11 時間に**ソクバク**される毎日だ。
12 サナギからチョウへ**ダッピ**する。
13 自分を**ヒゲ**する必要はない。
14 胃酸の**ブンピツ**を薬で抑える。
15 酸性雨が土壌に**シントウ**する。
16 彼の忠告に注意を**ハラ**うべきだ。
17 夫に**ドウハン**して新年会に行く。
18 感動して**メガシラ**が熱くなる。
19 容疑者を書類**ソウケン**する。
20 千年前に**ソウケン**された寺だ。
21 車の電気**ケイトウ**が故障した。
22 私は英文学に**ケイトウ**している。
23 主食と**フクショク**の割合を考える。
24 **フクショク**デザイナーを目指す。

使い分けよう！ **そがい【疎外・阻害】**
疎外…例 自分だけ疎外される・疎外感
（よそよそしくして、のけ者にすること）
阻害…例 発達を阻害する・計画を阻害する
（物事の運行を妨げること）

漢字	読み	画数	部首	部首名	漢字の意味	用例
罷	音 ヒ 訓 —	15	罒	あみがしら あみめ よこめ	仕事をしない・職務をやめさせる・つかれる	罷業《ひぎょう》・罷免《ひめん》
猫	音 ビョウ 高 訓 ねこ	11	犭	けものへん	ねこ	愛猫《あいびょう》・猫舌《ねこじた》・猫背《ねこぜ》・猫目石《ねこめいし》・化け猫《ばけねこ》・三毛猫《みけねこ》
賓	音 ヒン 訓 —	15	貝	かい こがい	大切にもてなす客・主に対するもの	賓客《ひんきゃく ひんかく》・外賓《がいひん》・貴賓《きひん》・迎賓《げいひん》・国賓《こくひん》・主賓《しゅひん》・来賓《らいひん》
頻	音 ヒン 訓 —	17	頁	おおがい	たびたび・しばしば・きれめなく・しきりに	頻出《ひんしゅつ》・頻度《ひんど》・頻発《ひんぱつ》・頻繁《ひんぱん》
瓶	音 ビン 訓 —	11	瓦	かわら	びん・液体を入れる器	瓶詰《びんづめ》・一升瓶《いっしょうびん》・花瓶《かびん》・鉄瓶《てつびん》・土瓶《どびん》
扶	音 フ 訓 —	7	扌	てへん	力を貸す・たすける・まもる・ささえる	扶育《ふいく》・扶助《ふじょ》・扶養《ふよう》・扶翼《ふよく》・家扶《かふ》
附	音 フ 訓 —	8	阝	こざとへん	つく・付け加える・したがう・手わたす	附随《ふずい》・附属《ふぞく》・附表《ふひょう》・附票《ふひょう》・寄附《きふ》
譜	音 フ 訓 —	19	言	ごんべん	しるす・つづく・系図・音楽の譜	譜代《ふだい》・譜面《ふめん》・暗譜《あんぶ》・楽譜《がくふ》・棋譜《きふ》・系譜《けいふ》・採譜《さいふ》・年譜《ねんぷ》

筆順

ステップ34

練習問題

1	/24
2	/9
3	/5
4	/24

月　日

1 次の——線の読みをひらがなで記せ。

1 家の前の道路を車が頻繁に通る。

2 大学附属の幼稚園を受験させる。

3 雄の三毛猫は珍しいそうだ。

4 名人の棋譜を見て練習する。

5 両親と子ども二人を扶養する。

6 マツタケの土瓶蒸しが好物だ。

7 その大臣は脱税で罷免された。

8 主賓の祝辞の後、乾杯した。

9 雑誌の附録に小冊子がつく。

10 楽譜を見ながら演奏する。

11 この問題は出題頻度が高い。

12 排気量の小さな車に乗っている。

13 帆柱に信号旗を取り付けた。

14 敵の攻撃を紙一重でかわした。

15 罰当たりな行為を止められた。

16 彼はこの辺りで有名な素封家だ。

17 植物は不思議な力を秘めている。

18 無駄遣いで財産が費える。

19 妹は感情の起伏が激しい。

20 恥ずかしくて顔を伏せる。

21 潔癖で掃除ばかりしている。

22 母の口癖をふと思い出した。

23 寒くなったので暖房をつけた。

24 ぶどうを一房もいで食べる。

2 次の（　）に「ヒ」「ヒン」と音読みする適切な漢字を入れて熟語を作り、熟語の読みを〈　〉にひらがなで記せ。

ヒ

1 （　）露 〈　〉

2 （　）労 〈　〉

3 （　）害 〈　〉

4 （　）岸 〈　〉

5 后（　） 〈　〉

6 墓（　） 〈　〉

ヒン

7 迎（　） 〈　〉

8 海（　） 〈　〉

9 （　）出 〈　〉

3 後の□の中のひらがなを三つの□に共通する漢字に直して熟語を作れ。□の中のひらがなは必ず一度だけ使い、（　）にその漢字一字を記せ。

1 提□・□促・家□ （　）

2 露□・□示・進□ （　）

3 悪□・□病・防□ （　）

4 □談・□舌・□漫 （　）

5 捜□・検□・思□ （　）

えき・さく・じょう・てい・とく

4 次の――線のカタカナを漢字に直せ。

1 交通事故がヒンパツしている。

2 兄はひょろりと長身でネコゼだ。

3 演奏会までに曲をアンプする。

4 母校の改築費用をキフする。

5 ライヒンあてに招待状を送る。

6 待遇改善を求めてヒギョウした。

7 イタリア製のカビンを贈られた。

8 王女がコクヒンとして来訪した。

9 相互フジョの精神を大切にする。

10 野の花が初夏のビフウにそよぐ。

11 詩人の一生をネンプにまとめる。

12 漫才を聞いてバクショウする。

13 いつも美容院でサンパツする。

14 鳥類ゼンパンを研究している。

15 ロウバシンながら申し上げます。

16 歴代ハンシュの石高を比較する。

17 トウヒせずに現実と向き合う。

18 難しい語にチュウシャクを付す。

19 代金を郵便フリカエで支払う。

20 探偵が対象の男をビコウする。

21 責任をカイヒするのは見苦しい。

22 カイヒ制のパーティーを開く。

23 傷んだ壁画をホシュウする。

24 数学のホシュウを受ける。

使い分けよう！　**かえりみる【省・顧】**

省みる…例 自らを省みる（自分の行動や考えを後でよく考える）

顧みる…例 過去を顧みる・危険を顧みない（振り返って後ろを見る・心にかける）

漢字	読み	画数	部首	部首名	漢字の意味	用例
侮	音 ブ 訓 あなど(る) 高	8	亻	にんべん	あなどる・もてあそぶ	侮言《ぶげん》・侮辱《ぶじょく》・軽侮《けいぶ》・対戦相手《たいせんあいて》を侮《あなど》る
沸	音 フツ 訓 わ(く) わ(かす)	8	氵	さんずい	にえたつ・わき出る・盛んに起こるさま	沸点《ふってん》・沸騰《ふっとう》・煮沸《しゃふつ》・湯沸《ゆわ》かし・ふろが沸《わ》く
雰	音 フン 訓 ―	12	雨	あめかんむり	その場にたちこめている気分・きり・しも	雰囲気《ふんいき》
憤	音 フン 訓 いきどお(る) 高	15	忄	りっしんべん	いかる・いかり・ふるいたつ	憤慨《ふんがい》・憤激《ふんげき》・憤然《ふんぜん》・義憤《ぎふん》・公憤《こうふん》・発憤《はっぷん》・世《よ》の不正《ふせい》を憤《いきどお》る
丙	音 ヘイ 訓 ―	5	一	いち	十干の三番目・ひのえ・物事の第三位	丙午《へいご》・丙種《へいしゅ》・甲乙丙丁《こうおつへいてい》
併	音 ヘイ 訓 あわ(せる)	8	亻	にんべん	ならぶ・両立する・あわせる・しかし	併記《へいき》・併合《へいごう》・併発《へいはつ》・併用《へいよう》・合併《がっぺい》・両者《りょうしゃ》を併《あわ》せて考《かんが》える
塀	音 ヘイ 訓 ―	12	土	つちへん	家や土地のさかいにするしきり・かき	板塀《いたべい》・土塀《どべい》・塀《へい》を乗《の》り越《こ》える
幣	音 ヘイ 訓 ―	15	巾	はば	おかね・ぬさ(神への供え物)・客への贈り物	幣制《へいせい》・貨幣《かへい》・御幣担《ごへいかつ》ぎ・紙幣《しへい》・造幣《ぞうへい》

筆順

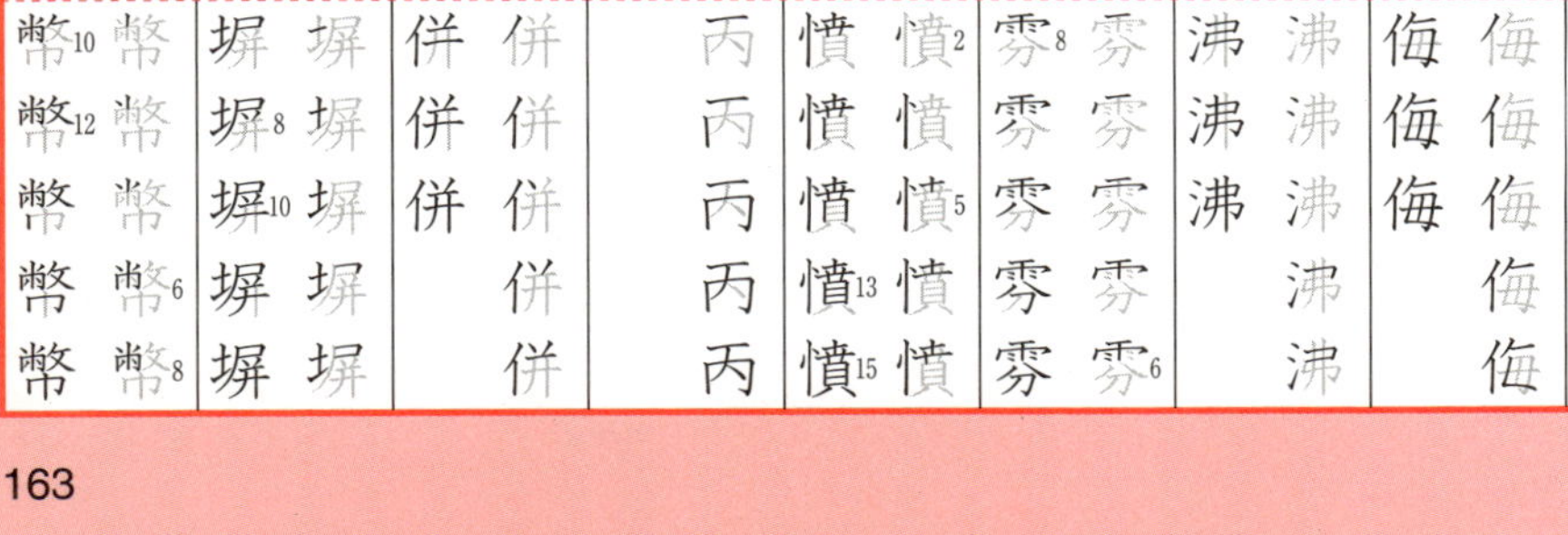

練習問題

1 ／24
2 ／10
3 ／6
4 ／24

月　日

1 次の――線の読みをひらがなで記せ。

1 好プレーに大観衆が沸く。

2 昔、成績は甲乙丙で表した。

3 二つの大手銀行が合併した。

4 怒りが沸沸とわいてきた。

5 思わず侮言を吐いてしまった。

6 憤然とした面持ちで席を立つ。

7 インフレで貨幣価値が下がる。

8 家族に対する侮辱は許せない。

9 気圧によって沸点が異なる。

10 家庭的な雰囲気の店が好きだ。

11 刑務所は高い塀に囲まれている。

12 石炭産業の衰退で廃坑になる。

13 一度お蔵入りした本が発刊された。

14 暮春には新緑が力強さを増す。

15 鼻炎の子どもが増えている。

16 海浜公園で潮干狩りをする。

17 社会構造が貧富の差を生む。

18 断片的な記憶だが証言した。

19 肺炎を併発して入院する。

20 隣町を併せて市にする。

21 食品を密閉容器で保存する。

22 周囲となじめず心を閉ざす。

23 会社の浮沈に関わる大事件だ。

24 ささ舟を池に浮かべる。

2 次の――線のカタカナを漢字一字と送りがな（ひらがな）に直せ。

〈例〉問題にコタエル。（ 答える ）

1 待ち時間が長いとツカレル。（　　）

2 水でのどをウルオシてから話す。（　　）

3 流行の髪形もそのうちスタレル。（　　）

4 机が大量の書類でウモレル。（　　）

5 積んでいた本がクズレル。（　　）

6 甘い言葉で若者をマドワス。（　　）

7 眠りをサマタゲルような騒音だ。（　　）

8 アヤウイところを逃れた。（　　）

9 多くの仕事をカカエ込む。（　　）

10 かぎがなくてポケットをサグル。（　　）

3 次の□に入る適切な語を、[　　]の中から選び、漢字に直して四字熟語を完成させよ。また、その意味を後のア～カから選び、記号を（　）に記せ。

1 円転□脱（　）

2 勢力□仲（　）

3 多□亡羊（　）

4 徹頭徹□（　）

5 難□不落（　）

6 清□潔白（　）

かつ・き・こう・はく・び・れん

ア 簡単に屈服させられないこと
イ 心や行いが正しく、やましさがないこと
ウ 最初から最後まで
エ 方針がありすぎて迷うこと
オ 両者に優劣の差がないこと
カ 物事がすらすらと運ぶさま

4 次の——線のカタカナを漢字に直せ。

1 **イタベイ**にペンキを塗る。（　　）
2 **シヘイ**には偽造防止の工夫がある。（　　）
3 不透明な会計に**ギフン**を感じる。（　　）
4 **ケイブ**の目でさげすまれた。（　　）
5 湯**ワ**かし器を取り付ける。（　　）
6 温かい**フンイキ**に気持ちが和む。（　　）
7 酒と薬の**ヘイヨウ**は危険だ。（　　）
8 暴言が彼を**フンゲキ**させた。（　　）
9 検査で**ヘイシュ**に分類された。（　　）
10 やかんのお湯が**フットウ**する。（　　）
11 景気を**フヨウ**する策がとられる。（　　）
12 **シハン**されている風邪薬を飲む。（　　）
13 家具をトラックで**ウンパン**する。（　　）
14 教師が生徒に**モハン**を示す。（　　）
15 高所で**キョウフ**心に襲われる。（　　）
16 **コフン**を文化財として保護する。（　　）
17 配水管が**フショク**して穴が開く。（　　）
18 火山が**フンカ**し避難する。（　　）
19 酔って**ヘイコウ**感覚を失う。（　　）
20 **ヘイコウ**四辺形の面積を求める。（　　）
21 満二十五歳で**ヒ**選挙権を得る。（　　）
22 **ヒ**公式に他国の大臣と会談する。（　　）
23 **ケイビ**な変更でも申請が必要だ。（　　）
24 犯罪抑止に**ケイビ**を強化する。（　　）

堅忍不抜（けんにんふばつ）
【意味】固い意志を持ち、どんな困難にも耐え、心を動かさないこと
「堅忍不抜の志を持つ」のように使用します。「堅忍」は我慢強い、「不抜」は固くて抜けないという意味から、意志が強く、ものに動じないさまを表します。

漢字	読み	画数	部首	部首名	漢字の意味	用例	筆順
弊	音 ヘイ 訓 ―	15	廾	こまぬき にじゅうあし	やぶれる・よくない・よわる・謙遜《けんそん》のことば	弊害《へいがい》・弊社《へいしゃ》・弊風《へいふう》・悪弊《あくへい》・旧弊《きゅうへい》・語弊《ごへい》・疲弊《ひへい》	弊 弊3 弊5 弊 弊8 弊10 弊 弊 弊 弊15
偏	音 ヘン 訓 かたよ(る)	11	イ	にんべん	かたよる・かたがわ・漢字の「へん」	偏屈《へんくつ》・偏見《へんけん》・偏向《へんこう》・偏在《へんざい》・偏食《へんしょく》・偏重《へんちょう》・偏《かたよ》った考《かんが》え	偏2 偏 偏 偏 偏 偏 偏 偏 偏 偏
遍	音 ヘン 訓 ―	12	辶	しんにょう しんにゅう	広く行き渡る・あまねく・回数を示す助数詞	遍在《へんざい》・遍歴《へんれき》・遍路《へんろ》・一遍《いっぺん》・普遍《ふへん》・満遍《まんべん》なく配《くば》る	遍 遍 遍 遍 遍 遍 遍 遍9 遍11 遍
泡	音 ホウ 訓 あわ	8	氵	さんずい	あわ・うたかた	気泡《きほう》・水泡《すいほう》・発泡《はっぽう》・泡雪《あわゆき》・泡《あわ》を食《く》う・口角泡《こうかくあわ》を飛《と》ばす	泡 泡 泡 泡 泡 泡 泡 泡
俸	音 ホウ 訓 ―	10	イ	にんべん	給料・手当	俸給《ほうきゅう》・月俸《げっぽう》・減俸《げんぽう》・年俸《ねんぽう》・本俸《ほんぽう》	俸 俸 俸 俸 俸 俸 俸 俸 俸 俸
褒	音 ホウ 高 訓 ほ(める)	15	衣	ころも	ほめる・ほめたたえる・あつまる	褒章《ほうしょう》・褒賞《ほうしょう》・褒美《ほうび》・過褒《かほう》・褒《ほ》め言葉《ことば》・褒《ほ》めたたえる	褒2 褒4 褒7 褒 褒 褒11 褒 褒 褒 褒
剖	音 ボウ 訓 ―	10	リ	りっとう	切りさく・わける・善悪をさだめる	剖検《ぼうけん》・解剖《かいぼう》	剖 剖 剖 剖 剖 剖 剖 剖 剖 剖
紡	音 ボウ 訓 つむ(ぐ) 高	10	糸	いとへん	つむぐ・つむいだ糸	紡織《ぼうしょく》・紡績《ぼうせき》・混紡《こんぼう》・糸《いと》を紡《つむ》ぐ	紡 紡 紡 紡 紡 紡 紡 紡 紡 紡

ステップ36

練習問題

1	/24
2	/10
3	/9
4	/24

月　日

1 次の——線の読みをひらがなで記せ。

1 偏屈な男で、だれとも話さない。

2 このシャツは綿と麻の混紡だ。

3 演説に語弊があったと謝罪する。

4 ライバルに一泡吹かせたい。

5 偏見のない世の中を望む。

6 剖検の結果を警察に報告する。

7 生物の死は普遍的なものだ。

8 人事を一新して旧弊を改める。

9 急逝した旧友を追慕する。

10 不祥事で役員の減俸が決定した。

11 料理の腕前を褒めたたえる。

12 祈願を抱いて遍路の旅に出る。

13 横着しないで連絡しなさい。

14 店の出納簿に記述する。

15 絶壁をよじ登れば頂上に着く。

16 店舗の前を毎朝掃除している。

17 ヒマラヤ連峰を制覇したい。

18 繁忙期はアルバイトを募集する。

19 考え方の偏向が気にかかる。

20 公共施設が都市部に偏っている。

21 多くの人の善意が水泡に帰した。

22 泡雪が手の平で溶けた。

23 監督に全幅の信頼を寄せる。

24 利幅の大きい商品を置く。

2 熟語の構成のしかたには次のようなものがある。

ア　同じような意味の漢字を重ねたもの　（岩石）
イ　反対または対応の意味を表す字を重ねたもの　（高低）
ウ　上の字が下の字を修飾しているもの　（洋画）
エ　下の字が上の字の目的語・補語になっているもの　（着席）
オ　主語と述語の関係にあるもの　（国立）

次の熟語は右のア～オのどれにあたるか、一つ選び、記号で記せ。

1　叙勲　（　）
2　官有　（　）
3　報酬　（　）
4　去就　（　）
5　傍聴　（　）
6　披露　（　）
7　翻意　（　）
8　虚実　（　）
9　日没　（　）
10　墨汁　（　）

3 次の――線のカタカナを漢字に直せ。

1　死者に深い哀**トウ**の意を表す。　（　）
2　華麗な舞いに**トウ**酔する。　（　）
3　日常の悩みから**トウ**避したい。　（　）
4　微生物の**ハン**殖を防ぐ。　（　）
5　事件の内容は**ハン**然としない。　（　）
6　演奏会場に楽器を**ハン**入する。　（　）
7　従来の悪**ヘイ**を改める。　（　）
8　子会社を**ヘイ**合する。　（　）
9　弟の強情さに**ヘイ**口する。　（　）

4

次の――線のカタカナを漢字に直せ。

1 長時間の肉体労働で**ヒヘイ**する。
2 石けんを**アワダ**てて顔を洗う。
3 父は**ボウセキ**工場に勤めている。
4 日本の名所旧跡を**ヘンレキ**する。
5 学力**ヘンチョウ**の教育を改める。
6 炭酸水の**キホウ**がはじける。
7 子どもは**ホ**めて育てる主義だ。
8 改革には多くの**ヘイガイ**が伴う。
9 医大では**カイボウ**の実習がある。
10 成果を認められ**ネンポウ**が上がる。
11 座礁した船が**テンプク**した。
12 海外に調査団を**ハケン**する。
13 虫に刺されて**ヒフ**科を受診する。
14 口笛を**フ**いて犬を呼ぶ。
15 思い人への**ボジョウ**をつづる。
16 写真コンクールに**オウボ**する。
17 作品に**ナンクセ**を付けられた。
18 竹ぼうきの**エ**を握る。
19 **ハッポウ**酒の売り上げが伸びる。
20 近くで**ハッポウ**事件が起きた。
21 一晩中病人の**カイホウ**をする。
22 病気は**カイホウ**に向かっている。
23 野菜嫌いの**ヘンショク**を直す。
24 絵画の**ヘンショク**を防ぐ。

普遍妥当（ふへんだとう）
【意味】どんな場合にも真理として承認されること
「普遍」はすべてのものに共通して存すること、「妥当」は適切にあてはまるという意味です。時間や空間を超越して、一般的・全体的に認められるべきことをいいます。

総得点 ／100

評価
A
80点 B
75点 C
70点 D
60点 E

月　日

1

次の――線の読みをひらがなで記せ。

1×10 ／10

1 軽油の騰貴が著しい。

2 雑多な職業遍歴を語る。

3 褒め言葉として受け取る。

4 造幣局の見学を申し込む。

5 けがの治療で医療扶助を受ける。

6 デパートに託児所を併設する。

7 残忍な映像は規制するべきだ。

8 土塀の向こうに海が見えた。

9 荒漠たる原野が広がる。

10 所要日数を大雑把に計算する。

2

後の□の中のひらがなを三つの□に共通する漢字に直して熟語を作れ。□の中のひらがなは必ず一度だけ使い、（　）にその漢字一字を記せ。

2×5 ／10

1 鳥□・柔□・□着

2 □屋・存□・荒□

3 霊□・□体・触□

4 □察・空□・□穴

5 争□・□者・□権

どう・は・はい・ばい・はだ

3

次のAとBの漢字を一字ずつ組み合わせて二字の熟語を作れ。Bの漢字は必ず一度だけ使う。また、AとBどちらの漢字が上でもよい。

2×10　／20

A

1 田　2 解　3 培　4 爵　5 弱

6 舶　7 罷　8 瓶　9 煩　10 丁

B

軟　伯　忙　来　寧

養　屯　業　鉄　剖

1

2

3

4

5

6

7

8

9

10

4

熟語の構成のしかたには次のようなものがある。

1×10　／10

ア 同じような意味の漢字を重ねたもの（岩石）

イ 反対または対応の意味を表す字を重ねたもの（高低）

ウ 上の字が下の字を修飾しているもの（洋画）

エ 下の字が上の字の目的語・補語になっているもの（着席）

オ 主語と述語の関係にあるもの（国立）

次の熟語はア～オのどれにあたるか、記号で記せ。

1 水泡

2 紡績

3 学閥

4 任免

5 即位

6 超越

7 年長

8 船舶

9 鶏鳴

10 往還

5

次の文中にまちがって使われている同じ読みの漢字が一字ある。上に誤字を、下に正しい漢字を記せ。

2×5　／10

誤　正

1 アジア西部の列車爆破テロでは、過激派の組織が一斉に適発され、警察のテロ対策班に拘束された。（　）（　）

2 経済学部に在籍している某教授の息子の授業料が、故意に全額免除にされていたという問題が発覚した。（　）（　）

3 夏休みを迎え、全国津津浦浦で、水難事故が賓発している。（　）（　）

4 折り紙は、子どもの起用さや根気強さを養う上で絶大な効果があると聞いた。（　）（　）

5 死闘の末、全国制破の快挙を成し遂げたチームは、監督を何度も胴上げして喜んだ。（　）（　）

6

後の□の中の語を必ず一度だけ使って漢字に直し、対義語・類義語を記せ。

1×10　／10

対義語

1 希釈―（　）

2 透明―（　）

3 悪臭―（　）

4 厳寒―（　）

5 素直―（　）

類義語

6 受胎―（　）

7 克明―（　）

8 悪習―（　）

9 激励―（　）

10 談判―（　）

こうしょう・こぶ・こんだく・たんねん・にんしん・のうしゅく・へいふう・へんくつ・ほうこう・もうしょ

7

次の（　）内に入る適切な語を、後の[　]の中から選び、漢字に直して四字熟語を完成させよ。

2×10　　／20

1 （　）忍不抜

2 本末転（　）

3 遺（　）千万

4 （　）大心小

5 不（　）不滅

6 美辞（　）句

7 （　）許皆伝

8 千（　）一失

9 物情（　）然

10 神出鬼（　）

かん・きゅう・けん・そう・たん・とう・ぼつ・めん・りょ・れい

8

次の――線のカタカナを漢字に直せ。

1 何の**ヘンテツ**もない話だ。（　）

2 青銅の**ツルギ**が発掘された。（　）

3 名人の**キフ**通りに碁石を並べる。（　）

4 自宅で空き巣と**ハチア**わせた。（　）

5 **ケンキャク**ぶりを競う。（　）

6 金庫の**スイトウ**係を受け持つ。（　）

7 この成績なら合格**ケンナイ**だ。（　）

8 根拠のない中傷に**フンガイ**する。（　）

9 **ネコジタ**なので熱いものは苦手だ。（　）

10 海の**サチ**を満喫する。（　）

1×10　　／10

漢字	読み	画数	部首	部首名	漢字の意味	用例	筆順
朴	音 ボク 訓 —	6	木	きへん	かざりけがない・木の皮・おおきい	朴直《ぼくちょく》・朴念仁《ぼくねんじん》・質朴《しつぼく》・純朴《じゅんぼく》・素朴《そぼく》	朴 朴 朴 朴 朴 朴
僕	音 ボク 訓 —	14	亻	にんべん	しもべ・めしつかい・男性の一人称・おれ	僕従《ぼくじゅう》・下僕《げぼく》・公僕《こうぼく》・老僕《ろうぼく》	僕2 僕 僕 僕 僕 僕 僕9 僕12 僕 僕
撲	音 ボク 訓 —	15	扌	てへん	うつ・なぐる・ほろぼす・すもう	撲殺《ぼくさつ》・撲滅《ぼくめつ》・打撲《だぼく》・相撲《すもう》	撲 撲 撲 撲5 撲 撲 撲 撲10 撲13 撲15
堀	音 — 訓 ほり	11	土	つちへん	ほる・あな・ほり・掘った川または池	堀端《ほりばた》・内堀《うちぼり》・外堀《そとぼり》・釣堀《つりぼり》	堀2 堀 堀 堀 堀 堀 堀 堀 堀 堀
奔	音 ホン 訓 —	8	大	だい	ほとばしる・にげ出す・思うままにふるまう	奔走《ほんそう》・奔馬《ほんば》・奔放《ほんぽう》・奔流《ほんりゅう》・狂奔《きょうほん》・出奔《しゅっぽん》・東奔西走《とうほんせいそう》	奔 奔 奔 奔 奔 奔 奔 奔
麻	音 マ 訓 あさ	11	麻	あさ	あさ・しびれる・麻糸	麻酔《ますい》・麻薬《まやく》・亜麻《あま》・快刀乱麻《かいとうらんま》・麻糸《あさいと》・麻縄《あさなわ》	麻2 麻 麻 麻 麻 麻 麻 麻 麻 麻
摩	音 マ 訓 —	15	手	て	こする・みがく・せまる	摩擦《まさつ》・摩天楼《まてんろう》・摩滅《まめつ》・摩耗《まもう》・研摩《けんま》	摩2 摩 摩5 摩 摩 摩11 摩 摩 摩 摩
磨	音 マ 訓 みが(く)	16	石	いし	こすってみがく・すりへる・はげむ	磨研紙《まけんし》・磨耗《まもう》・研磨《けんま》・練磨《れんま》・錬磨《れんま》・磨《みが》き粉《こ》・腕《うで》を磨《みが》く	磨 磨 磨 磨 磨 磨7 磨11 磨 磨 磨16

ステップ 37

練習問題

1	/24
2	/10
3	/10
4	/24

月　日

1 次の――線の読みをひらがなで記せ。

1 ダイヤの原石を研磨する。

2 公僕として国民に奉仕する。

3 川下りの舟が奔流にもまれる。

4 丈夫な麻縄で荷物を縛る。

5 城の外堀に沿って散歩する。

6 素朴な味わいの陶器が好きだ。

7 伝染病撲滅のため尽力する。

8 東奔西走して情報を集める。

9 麻薬の密輸を取り締まる。

10 摩天楼のようなビルが建ち並ぶ。

11 三角州は公園として整備された。

12 細胞分裂を繰り返す。

13 豪雨で裏山の岩が崩落した。

14 医学的根拠に立脚した治療法だ。

15 裁縫道具を買いそろえる。

16 軍曹は傍若無人に振る舞った。

17 母は幼い妹の面倒で忙しい。

18 チベットの奥地を探検する。

19 敵は百戦錬磨のつわものだ。

20 料理の腕に磨きをかける。

21 血液中の鉄分が欠乏している。

22 歴史に関する知識が乏しい。

23 膨大な作業を一人でこなす。

24 新生活に夢が大きく膨らむ。

2 後の［　］の中の語を必ず一度だけ使って漢字に直し、対義語・類義語を記せ。

対義語

1 優良―（　　）
2 冒頭―（　　）
3 直面―（　　）
4 簡潔―（　　）
5 存続―（　　）

類義語

6 奔走―（　　）
7 素直―（　　）
8 根幹―（　　）
9 解任―（　　）
10 落日―（　　）

かいひ・かくしん・しゃよう・じゅんぼく・じょうまん・じんりょく・はいし・ひめん・まつび・れつあく

3 次の文中にまちがって使われている同じ読みの漢字が一字ある。上に誤字を、下に正しい漢字を記せ。

	誤	正
1 活火山から多量の灰が憤出した。	（　）	（　）
2 幾度も尋問されて本音を掃く。	（　）	（　）
3 医学界に多大の効績を残す。	（　）	（　）
4 雇い入れた契約社員を刻使する。	（　）	（　）
5 事件全体の様子を概看する。	（　）	（　）
6 公衆の面前で部辱を受けた。	（　）	（　）
7 会社の株価が突如亡落した。	（　）	（　）
8 無冒な運転が事故の原因だった。	（　）	（　）
9 変屈で手に負えない頑固な人だ。	（　）	（　）
10 調査隊を組織して遺籍を発掘する。	（　）	（　）

4 次の——線のカタカナを漢字に直せ。

1 **アサイト**を紅花で染色する。（　）
2 **シツボク**な気風が漂う城下町だ。（　）
3 毎日寝る前に歯を**ミガ**く。（　）
4 **マスイ**をかけて手術を行う。（　）
5 **ホリバタ**に露草が咲いている。（　）
6 転んで足を**ダボク**した。（　）
7 就職のために**ホンソウ**する。（　）
8 **ボク**は君と同意見だ。（　）
9 兄弟間に絶えず**マサツ**が起きる。（　）
10 強く慰留され引退を**ホンイ**した。（　）
11 旅から旅への**フウライボウ**だ。（　）
12 彼の熱心さに**ダツボウ**した。（　）

13 **ヘイボン**だが幸せな毎日だ。（　）
14 **ボンオド**り大会が開催される。（　）
15 教え子から**セイボ**が届いた。（　）
16 寒さもようやく**トウゲ**を越えた。（　）
17 優勝への**アワ**い望みをつなぐ。（　）
18 床**ダンボウ**の温度を下げる。（　）
19 姉は自由**ホンポウ**な性格だ。（　）
20 **ホンポウ**初公開のドラマを見る。（　）
21 部長には問題意識が**キハク**だ。（　）
22 **キハク**に満ちた演奏だった。（　）
23 **ホウショク**の時代と言われる。（　）
24 国立博物館に**ホウショク**する。（　）

使い分けよう！ **ととのえる【整・調】**

整える…例 隊列を整える・体調を整える
（乱れのないようにきちんとする）

調える…例 晴れ着を調える・味を調える
（必要なものを調達する・物事をまとめる）

漢字表

ステップ 38

漢字	読み（音）	読み（訓）	画数	部首	部首名	漢字の意味	用例	筆順
抹	マツ	—	8	扌	てへん	こすりつける・けしてなくす・こな	抹香《まっこう》・抹殺《まっさつ》・抹消《まっしょう》・抹茶《まっちゃ》・一抹《いちまつ》・塗抹《とまつ》	
岬	—	みさき	8	山	やまへん	海や湖につき出ている陸地の先・はざま	岬《みさき》の灯台《とうだい》	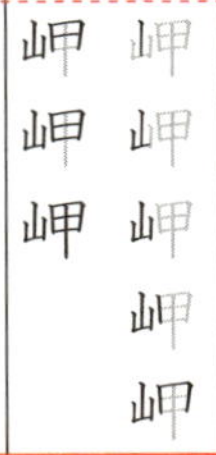
銘	メイ	—	14	金	かねへん	しるす・上等な品物・深く心にきざみつける	銘菓《めいか》・銘柄《めいがら》・銘記《めいき》・感銘《かんめい》・刻銘《こくめい》・正真正銘《しょうしんしょうめい》・碑銘《ひめい》・無銘《むめい》	
妄	モウ ボウ 高	—	6	女	おんな	でたらめ・むやみに・いつわり	妄言《もうげん》《ぼうげん》・妄執《もうしゅう》・妄信《もうしん》《ぼうしん》・妄想《もうそう》・軽挙妄動《けいきょもうどう》・迷妄《めいもう》	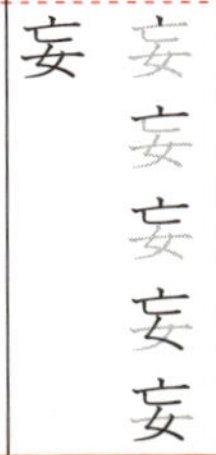
盲	モウ	—	8	目	め	目が見えない・わけもなく・先がふさがっている	盲愛《もうあい》・盲従《もうじゅう》・盲信《もうしん》・盲腸《もうちょう》・盲点《もうてん》・盲導犬《もうどうけん》	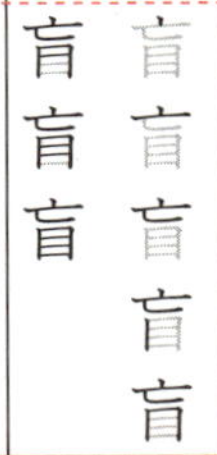
耗	モウ コウ 高	—	10	耒	すきへん らいすき	へらす・すりへる・おとろえる	消耗《しょうもう》《しょうこう》・損耗《そんもう》《そんこう》・摩耗《まもう》・磨耗《まもう》・心神耗弱《しんしんこうじゃく》	
厄	ヤク	—	4	厂	がんだれ	わざわい・めんどう・悪いまわりあわせ	厄年《やくどし》・厄難《やくなん》・厄払《やくばら》い・厄日《やくび》・厄介《やっかい》・災厄《さいやく》	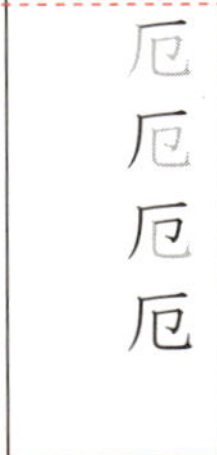
愉	ユ	—	12	忄	りっしんべん	たのしい・よろこぶ	愉悦《ゆえつ》・愉快《ゆかい》・愉楽《ゆらく》	

練習問題

1 ／24
2 ／10
3 ／6
4 ／24

月　日

1 次の――線の読みをひらがなで記せ。

1 今年は父が厄年だが元気そうだ。

2 勝利の愉悦をかみしめる。

3 散る花に一抹の寂しさを感じた。

4 信者が教祖の教えを盲信する。

5 詩の一節に感銘を受ける。

6 迷妄を断ち、晴れやかな気分だ。

7 訓練士が盲導犬を育成している。

8 コーチの言葉を心に銘記する。

9 摩耗した部品を取り替える。

10 抹茶と和菓子で一服しよう。

11 岬からの眺めは絶景だ。

12 神社で厄払いをしてもらう。

13 神妙な面持ちで会見に臨んだ。

14 よくない考えが脳裏に浮かぶ。

15 剣道の極意を会得したい。

16 新入部員の獲得に躍起になる。

17 コーヒーを飲んで眠気を覚ます。

18 この大雪に出掛けるとは無謀だ。

19 港から客船の出帆を見送る。

20 折り紙で帆掛け舟を作る。

21 蛇はカエルを捕食する。

22 スリを現行犯で捕まえた。

23 君の主張は矛盾している。

24 質問の矛先がこちらに向く。

2 次の漢字の部首と部首名を（　）に記せ。部首名が二つ以上あるものは、そのいずれか一つを記せばよい。

	漢字	部首	部首名
1	奮	（　）	（　）
2	幣	（　）	（　）
3	募	（　）	（　）
4	弊	（　）	（　）
5	偏	（　）	（　）
6	麻	（　）	（　）
7	凸	（　）	（　）
8	妄	（　）	（　）
9	瓶	（　）	（　）
10	褒	（　）	（　）

3 次の□に入る適切な語を、[　]の中から選び、漢字に直して四字熟語を完成させよ。また、その意味を後のア～カから選び、記号を（　）に記せ。

1 意気阻□（　）

2 支離滅□（　）

3 自□自縛（　）

4 百□夜行（　）

5 生殺与□（　）

6 天衣無□（　）

[き・じょう・そう・だつ・ほう・れつ]

ア 多くの悪人がのさばり、はびこるたとえ
イ 己の言動のために動きが取れなくなること
ウ 心が弱り、勢いをなくすこと
エ 自然のままで飾り気がないこと
オ 他人を思いのままに支配すること
カ ばらばらで筋道が立っていないこと

4 次の——線のカタカナを漢字に直せ。

1 予期せぬ**サイヤク**に見舞われた。

2 **ユカイ**な話に大笑いした。

3 ここが日本最北端の**ミサキ**だ。

4 意見が**マッサツ**されてしまう。

5 彼は**モウシュウ**にとらわれている。

6 友人宅に一晩**ヤッカイ**になる。

7 警備の**モウテン**を突いた犯罪だ。

8 座右の**メイ**を色紙に書く。

9 暑さで体力を**ショウモウ**した。

10 名簿から名前を**マッショウ**する。

11 **モウチョウ**炎で一週間入院した。

12 募集に対し娘一人に**ムコ**八人だ。

13 泣き出したいのを**ガマン**する。

14 疲労で注意が**サンマン**になる。

15 夏草が勢いよく**ハンモ**する。

16 密輸団を**イチモウ**打尽にした。

17 助走をつけて**チョウヤク**する。

18 議員の発言が**ハモン**を呼んだ。

19 彼こそ正真**ショウメイ**の英雄だ。

20 効果は科学的に**ショウメイ**された。

21 厳しい両親に**モウジュウ**する。

22 動物園で**モウジュウ**を見て回る。

23 船が**ムチュウ**信号を発する。

24 娘は砂遊びに**ムチュウ**になった。

使い分けよう！ きょくげん【局限・極限・極言】

局限…例 問題を局限する（対象を一定の範囲に限定すること）

極限…例 極限に達する・極限状況（物事のいきつくぎりぎりのところ）

極言…例 極言すれば失策だ（極端な言い方をすること）

ステップ 39

漢字	読み	画数	部首	部首名	漢字の意味	用例	筆順
諭	音 ユ 訓 さと(す)	16	言	ごんべん	いいきかせる・教え導く・さとす・さとい	諭旨《ゆし》・諭示《ゆし》・教諭《きょうゆ》・説諭《せつゆ》・懇懇《こんこん》と諭《さと》す	4, 7, 14
癒	音 ユ 訓 い(える) い(やす)	18	疒	やまいだれ	病気やけががなおる・いえる	癒着《ゆちゃく》・快癒《かいゆ》・治癒《ちゆ》・平癒《へいゆ》・傷《きず》が癒《い》える	2, 7, 12, 14, 16, 18
唯	音 ユイ イ 高 訓 ―	11	口	くちへん	ただそれだけ・応答のことば・はい	唯一《ゆいいつ》・唯我独尊《ゆいがどくそん》・唯心論《ゆいしんろん》・唯美主義《ゆいびしゅぎ》・唯物論《ゆいぶつろん》・唯唯諾諾《いいだくだく》	2
悠	音 ユウ 訓 ―	11	心	こころ	ゆったりしている・はるかに・とおい	悠遠《ゆうえん》・悠久《ゆうきゅう》・悠然《ゆうぜん》・悠長《ゆうちょう》・悠悠自適《ゆうゆうじてき》・悠揚《ゆうよう》	2
猶	音 ユウ 訓 ―	12	犭	けものへん	ぐずぐずする・ためらう・なお・さながら	猶予《ゆうよ》	5, 8
裕	音 ユウ 訓 ―	12	衤	ころもへん	ゆたか・ゆとり・のびやか	裕福《ゆうふく》・寛裕《かんゆう》・富裕《ふゆう》・余裕《よゆう》	2, 7
融	音 ユウ 訓 ―	16	虫	むし	とける・やわらぎ・お金を用だてる	融解《ゆうかい》・融合《ゆうごう》・融資《ゆうし》・融通《ゆうずう》・融和《ゆうわ》・金融《きんゆう》	4, 6, 13
庸	音 ヨウ 訓 ―	11	广	まだれ	ふつう・もちいる・かたよらない	庸愚《ようぐ》・庸劣《ようれつ》・租庸調《そようちょう》・中庸《ちゅうよう》・登庸《とうよう》・凡庸《ぼんよう》	2
窯	音 ヨウ 高 訓 かま	15	穴	あなかんむり	陶器などを焼くかま	窯業《ようぎょう》・窯入《かまい》れ・窯出《かまだ》し・窯元《かまもと》・炭窯《すみがま》	3, 7, 15

ステップ 39

練習問題

1	/24
2	/10
3	/9
4	/24

月　日

1 次の――線の読みをひらがなで記せ。

1 弟はいつも悠長に構えている。（　　）

2 患者に禁煙するよう説諭する。（　　）

3 病気の平癒を祈願した。（　　）

4 彼は裕福な家に生まれ育った。（　　）

5 壁の絵は唯美派の作品だ。（　　）

6 今は猶予している場合ではない。（　　）

7 氷は零度で融解する。（　　）

8 個性のない凡庸な展覧会だ。（　　）

9 金融機関の倒産が相次ぐ。（　　）

10 入浴して一日の疲れを癒やす。（　　）

11 焼き上がった陶器を窯出しする。（　　）

12 富裕な階層が権力を握る。（　　）

13 大音響で鼓膜が破けそうだ。（　　）

14 京浜地区に生産の拠点を置く。（　　）

15 華麗なダンスに魅了された。（　　）

16 被害者の人権を擁護する。（　　）

17 音楽に優れた才能を発揮した。（　　）

18 朗らかで明るい話し方をする。（　　）

19 伯母は小学校の教諭をしていた。（　　）

20 堕落した生活態度を諭す。（　　）

21 原油の埋蔵量を測定する。（　　）

22 退職者の穴埋めで忙しい。（　　）

23 絶滅寸前の動物を保護する。（　　）

24 ギャンブルで身を滅ぼす。（　　）

2 次の――線のカタカナを漢字一字と送りがな（ひらがな）に直せ。

〈例〉問題に**コタエル**。（答える）

1 新製品の性能を**タメス**。（　）
2 耳を**スマシ**て虫の音を聞く。（　）
3 革靴を丁寧に**ミガク**。（　）
4 人口が都市部に**カタヨル**。（　）
5 人気歌手にファンが**ムラガル**。（　）
6 弁護士を**ココロザス**。（　）
7 熱心に自習する生徒を**ホメル**。（　）
8 パソコンの設定が**ワズラワシイ**。（　）
9 いとこは秀才の**ホマレ**が高い。（　）
10 砲丸投げの新記録に**イドム**。（　）

3 次の――線のカタカナを漢字に直せ。

1 病気が快**ユ**して退院した。（　）
2 遊園地で一日を**ユ**快に過ごす。（　）
3 **ユ**旨退学も致し方ない。（　）

4 **ユウ**史以来の大事件である。（　）
5 起業資金の**ユウ**資を申し込む。（　）
6 **ユウ**志を抱いて留学する。（　）

7 お**メ**しの着物がよくお似合いです。（　）
8 花の**メ**しべを観察する。（　）
9 勝利の**メ**神に祈る。（　）

4 次の――線のカタカナを漢字に直せ。

1 試験前でも**ヨユウ**の表情だ。
2 大河に**ユウキュウ**の歴史を感じた。
3 患部の**ユチャク**が心配される。
4 **チュウヨウ**を得た公平な言動だ。
5 **ユイガ**独尊で鼻持ちならない。
6 先輩に不心得を**サト**される。
7 **カマモト**に出向いて器を買った。
8 借金返済を一年間**ユウヨ**された。
9 関連会社に資金を**ユウズウ**する。
10 **コヨミ**の上ではもう夏だ。
11 姉は来月末に会社を**ヤ**める。
12 難題を一人で**カカ**え込む。

13 夕日で空が**クレナイ**に染まる。
14 主将の**ワンリョク**には勝てない。
15 **ユウヘイ**された姫を救出する。
16 **ヨウト**の広い洗剤を買った。
17 鉄道の**ユウチ**運動を起こす。
18 地球温暖化を**ユウリョ**する。
19 言い訳をする**ヨチ**はない。
20 地震の**ヨチ**は難しい。
21 **カンヨウ**植物を店内に置く。
22 **カンヨウ**句を適切に使う。
23 **モウ**然と獲物に飛びかかる。
24 あこがれの人に会えて本**モウ**だ。

使い分けよう！ **つつしむ【慎・謹】**

慎む…例 言葉を慎む・酒を慎む（注意して控えめに行動する）

謹む…例 謹んでお祝い申し上げます・謹んで話を聞く（敬意を表し、かしこまる）

漢字	読み	画数	部首	部首名	漢字の意味	用例
羅	音 ラ／訓 —	19	罒	あみがしら・あみめ・よこめ	あみ・残らずくるむ・ならべる・薄い絹織物	羅針盤《らしんばん》・羅列《られつ》・甲羅《こうら》・修羅場《しゅらば》・森羅万象《しんらばんしょう》・網羅《もうら》
酪	音 ラク／訓 —	13	酉	とりへん	ちちざけ・牛などの乳から作った食品	酪農《らくのう》・乾酪《かんらく》・牛酪《ぎゅうらく》・乳酪《にゅうらく》
痢	音 リ／訓 —	12	疒	やまいだれ	おなかをくだすこと	痢病《りびょう》・疫痢《えきり》・下痢《げり》・赤痢《せきり》
履	音 リ／訓 は(く)	15	尸	かばね・しかばね	はきもの・ふむ・おこない	履行《りこう》・履修《りしゅう》・履歴書《りれきしょ》・弊履《へいり》・履物《はきもの》・草履《ぞうり》・靴《くつ》を履《は》く
柳	音 リュウ／訓 やなぎ	9	木	きへん	やなぎ・なよやかなものの形容	柳糸《りゅうし》・柳条《りゅうじょう》・花柳界《かりゅうかい》・川柳《せんりゅう》・柳腰《やなぎごし》・柳《やなぎ》に風《かぜ》
竜	音 リュウ／訓 たつ	10	竜	りゅう	想像上の動物・天子に関する事柄に付ける語	竜王《りゅうおう》・竜宮《りゅうぐう》・竜神《りゅうじん》・竜頭蛇尾《りゅうとうだび》・恐竜《きょうりゅう》・竜巻《たつまき》
硫	音 リュウ／訓 —	12	石	いしへん	鉱物の一種・いおう	硫安《りゅうあん》・硫化銀《りゅうかぎん》・硫酸《りゅうさん》・硫黄《いおう》
虜	音 リョ／訓 —	13	虍	とらがしら・とらかんむり	とらえられた人・しもべ	虜囚《りょしゅう》・捕虜《ほりょ》
涼	音 リョウ／訓 すず(しい)・すず(む)	11	氵	さんずい	すずしい・ものさびしい	涼感《りょうかん》・涼味《りょうみ》・荒涼《こうりょう》・清涼《せいりょう》・納涼《のうりょう》・夕涼《ゆうすず》み・木陰《こかげ》で涼《すず》む

筆順

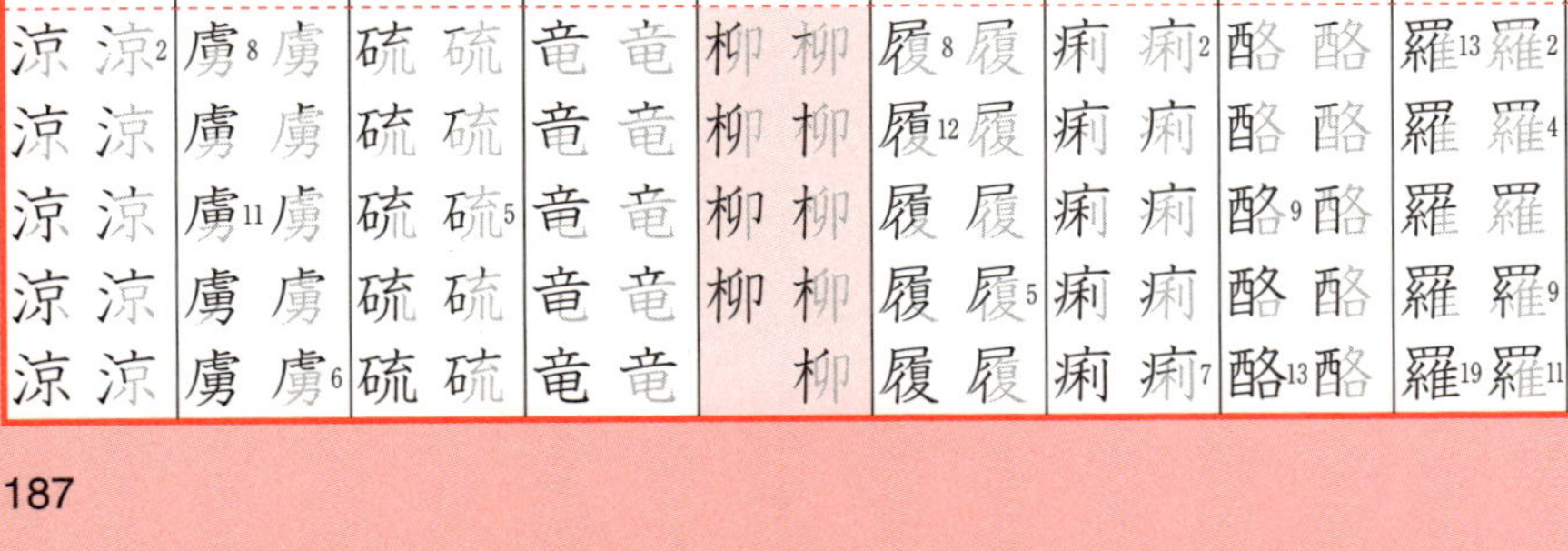

ステップ 40

練習問題

1	/24
2	/10
3	/10
4	/24

月　日

1 次の――線の読みをひらがなで記せ。

1 羅針盤の針が北を示した。

2 この沼には竜神の伝説がある。

3 北海道は酪農が盛んだ。

4 就職先に履歴書を提出する。

5 捕虜となった人の体験談を聞く。

6 疫痢は死亡率の高い伝染病だ。

7 玄関の履物を片付ける。

8 米国で竜巻が発生した。

9 花柳界で名をはせた芸者だ。

10 今日食べた物を羅列してみる。

11 化学の実験で硫酸を使う。

12 契約不履行で訴えられる。

13 カメが甲羅干しをしていた。

14 秋涼の夜、月見に興じる。

15 江戸時代に町人文化が興隆した。

16 力では兄より弟の方が勝る。

17 だれに対しても誠を尽くす人だ。

18 腕の静脈から血液を採取する。

19 ジャンルを問わず濫読する。

20 国家公務員を官吏という。

21 屋形船で納涼とは粋だ。

22 涼しい風が心地よい季節になる。

23 言論の自由を抑圧する発言だ。

24 理性で怒りを抑える。

2 熟語の構成のしかたには次のようなものがある。

ア　同じような意味の漢字を重ねたもの（岩石）
イ　反対または対応の意味を表す字を重ねたもの（高低）
ウ　上の字が下の字を修飾しているもの（洋画）
エ　下の字が上の字の目的語・補語になっているもの（着席）
オ　主語と述語の関係にあるもの（地震）

次の熟語は右のア〜オのどれにあたるか、一つ選び、記号で記せ。

1　酪農（　　）
2　愉悦（　　）
3　撤兵（　　）
4　疎密（　　）
5　滅亡（　　）
6　懐古（　　）
7　栄辱（　　）
8　天覧（　　）
9　硬軟（　　）
10　雷鳴（　　）

3 次の（　）に入る適切な語を、後の□の中から選び、漢字に直して四字熟語を完成させよ。

1　（　　）遠慮
2　（　　）仏心
3　（　　）蛇尾
4　人跡（　　）
5　津津（　　）
6　（　　）西走
7　（　　）明快
8　（　　）無援
9　和敬（　　）
10　一網（　　）

うらうら・きめん・こりつ・しんぼう・せいじゃく・だじん・とうほん・みとう・りゅうとう・ろんし

4

次の――線のカタカナを漢字に直せ。

1 **ユウズ**ズみがてら散歩する。

2 **セキリ**の患者を隔離する。

3 必要な情報を**モウラ**した資料だ。

4 **ラクノウ**家の生活を取材する。

5 **キョウリュウ**の化石を展示する。

6 卒業に必要な科目を**リシュウ**した。

7 戦後、**リョシュウ**は解放された。

8 **ヤナギ**に雪折れ無し。

9 地下足袋を**ハ**き高所で作業する。

10 温泉場は**イオウ**のにおいがする。

11 俳句と**センリュウ**の違いを学ぶ。

12 冷えた**セイリョウ**飲料水を飲む。

13 シカを追う**リョウシ**は山を見ず。

14 **キュウリョウ**地帯で放牧する。

15 菓子作りで**ランパク**を泡立てる。

16 **ブタニク**で角煮を作った。

17 運動後に**ミャクハク**を測る。

18 当事者の気持ちに**ハイリョ**する。

19 坪庭に玉**ジャリ**を敷き詰める。

20 読者に**ゲイゴウ**した小説だ。

21 **マンシン**の力を込めて木を切る。

22 高い評価に**マンシン**してしまう。

23 申請には親の**ショウニン**がいる。

24 **ショウニン**として喚問される。

融通は「ゆうずう」？「ゆうづう」？

漢検での仮名遣いの扱いは、内閣訓令・告示「現代仮名遣い」に即しています。そこに、「じ」「ず」で書くことを本則とする語句の例に「融通」がありますので、標準解答では「ゆうずう」と記載しています。しかし、「ゆうづう」と書くこともできます。

漢字	僚	寮	倫	累	塁	戻	鈴	賄	枠
読み	音 リョウ 訓 —	音 リョウ 訓 —	音 リン 訓 —	音 ルイ 訓 —	音 ルイ 訓 —	音 レイ 高 訓 もど(す) もど(る)	音 レイ リン 訓 すず	音 ワイ 訓 まかな(う)	音 — 訓 わく
画数	14	15	10	11	12	7	13	13	8
部首	亻	宀	亻	糸	土	戸	金	貝	木
部首名	にんべん	うかんむり	にんべん	いと	つち	とだれ とかんむり	かねへん	かいへん	きへん
漢字の意味	なかま・役人	寄宿舎・宿泊設備・別荘	人間として守るべき道・なかま・たぐい	つながり・かさねる・次々と	とりで・かさねる・野球のベース	もとへもどす・いたる・そむく	すず・すずの音の形容	金品を贈ってこっそりたのむ・まかなう	かこい・わく・制約
用例	僚友《りょうゆう》・閣僚《かくりょう》・官僚《かんりょう》・同僚《どうりょう》・幕僚《ばくりょう》	寮生《りょうせい》・寮母《りょうぼ》・寮友《りょうゆう》・学寮《がくりょう》・学生寮《がくせいりょう》・退寮《たいりょう》・独身寮《どくしんりょう》・入寮《にゅうりょう》	倫理《りんり》・人倫《じんりん》・絶倫《ぜつりん》・天倫《てんりん》・不倫《ふりん》	累加《るいか》・累計《るいけい》・累進《るいしん》・累積《るいせき》・累累《るいるい》・家累《かるい》・係累《けいるい》	塁審《るいしん》・堅塁《けんるい》・孤塁《こるい》・残塁《ざんるい》・敵塁《てきるい》・土塁《どるい》・盗塁《とうるい》・満塁《まんるい》	戻入《れいにゅう》・返戻《へんれい》・戻《もど》り道《みち》・後戻《あともど》り・差《さ》し戻《もど》し・払《はら》い戻《もど》し	亜鈴《あれい》・振鈴《しんれい》・電鈴《でんれい》・予鈴《よれい》・風鈴《ふうりん》・呼《よ》び鈴《りん》・鈴虫《すずむし》	賄賂《わいろ》・収賄《しゅうわい》・贈賄《ぞうわい》・需要《じゅよう》を賄《まかな》う	枠外《わくがい》・枠組《わくぐ》み・枠内《わくない》・外枠《そとわく》・別枠《べつわく》・窓枠《まどわく》
筆順	僚2 僚 僚 僚 僚 僚 僚11 僚 僚 僚	寮3 寮 寮 寮 寮 寮 寮10 寮12 寮 寮15	倫 倫 倫 倫 倫 倫 倫 倫 倫 倫	累 累 累 累 累 累 累 累 累 累11	塁2 塁 塁5 塁 塁 塁 塁 塁 塁 塁	戻 戻 戻 戻 戻 戻 戻	鈴4 鈴 鈴 鈴 鈴 鈴 鈴 鈴 鈴 鈴	賄 賄 賄4 賄 賄7 賄 賄 賄 賄 賄13	枠 枠 枠 枠 枠 枠 枠 枠

ステップ 41

練習問題

1	／24
2	／5
3	／10
4	／24

月　日

1 次の――線の読みをひらがなで記せ。

1 軍の幕僚長が手腕を振るう。

2 成績優秀者を別枠で採用する。

3 卒業と同時に退寮する。

4 深夜に玄関の呼び鈴が鳴った。

5 大学で倫理学を専攻する。

6 忘れ物を取りに家に戻る。

7 サヨナラ満塁ホームランだ。

8 同僚との人間関係に悩む。

9 風鈴の涼やかな音が響く。

10 彼は係累が多くて何かと大変だ。

11 日ごろの鍛錬の成果が出る。

12 家族が炉端に集まる。

13 その施策は砂上の楼閣だ。

14 大きく湾曲した背骨を矯正する。

15 彼女は笑うと八重歯がのぞく。

16 座禅で克己心を養う。

17 度重なる失敗に落ち込む。

18 褒められて有頂天になった。

19 鉄亜鈴で腕力を鍛える。

20 鈴なりのトマトが色づいてきた。

21 贈賄の罪で起訴される。

22 同好会の運営費は会費で賄う。

23 パイプのひびから漏水した。

24 蛇口から水が漏れる。

2 後の［　　］の中のひらがなを三つの□に共通する漢字に直して熟語を作れ。［　　］の中のひらがなは必ず一度だけ使い、（　）にその漢字一字を記せ。

1 □化・□球・柔□ （　　）

2 □行・草□・□修 （　　）

3 官□・□友・閣□ （　　）

4 □執・迷□・□想 （　　）

5 義□・□激・□慨 （　　）

［なん・ふん・もう・り・りょう］

---

3 後の［　　］の中の語を必ず一度だけ使って漢字に直し、対義語・類義語を記せ。

対義語

1 勤勉―（　　）

2 煩雑―（　　）

3 下落―（　　）

4 貧困―（　　）

5 繁栄―（　　）

類義語

6 列挙―（　　）

7 看過―（　　）

8 回顧―（　　）

9 全治―（　　）

10 除去―（　　）

［かいゆ・かんりゃく・こうとう・すいび・たいだ・ついおく・まっしょう・もくにん・ゆうふく・られつ］

4 次の——線のカタカナを漢字に直せ。

1 財布に**スズ**を付けている。
2 次期の**カクリョウ**が内定した。
3 **ジンリン**にもとる行為を非難する。
4 **トウルイ**して得点の機会を作る。
5 社員**リョウ**に入ることにした。
6 未使用の切符を払い**モド**す。
7 彼は一億円を**シュウワイ**した。
8 年間入場者数を**ルイケイ**する。
9 庭に**スズムシ**の声が響いている。
10 計画の**ワクグ**みが完成した。
11 骨折の**チリョウ**のため通院する。
12 再会を果たし**カンルイ**にむせぶ。
13 **ミワク**的な歌声に酔いしれた。
14 王様が**タミ**の声に耳を傾ける。
15 **ワンガン**には工業地帯が広がる。
16 火災の原因は**ロウデン**だった。
17 **カンリョウ**から政治家に転身する。
18 事業が無事に**カンリョウ**した。
19 無担保で**ユウシ**を受ける。
20 **ユウシ**以来初めての出来事だ。
21 湖の**オモテ**に月が映る。
22 服の**オモテ**と裏を間違える。
23 合格通知に小**オド**りして喜ぶ。
24 演奏に合わせて**オド**り出した。

部首を間違えやすい漢字　**賓・謄・塁**

Q…次の漢字の部首は?　①賓　②謄　③塁

A…①「貝(かい・こがい)」、②「言(げん)」、③「土(つち)」。①は「宀(うかんむり)」、②は「月(つきへん)」、③は「田(た)」と間違えやすいので注意しましょう。

総得点 /100

評価
A
80点 B
75点 C
70点 D
60点 E

月　日

1 次の――線の読みをひらがなで記せ。

1×10 /10

1 二種類の金属を融合させる。
2 市で唯一のスケート場に行く。
3 どの銘柄を買うべきか悩む。
4 五分前に予鈴が鳴った。
5 合気道で心身を錬磨する。
6 政財界の癒着が発覚した。
7 皇居の堀端で桜を見る。
8 亜麻色のコートがよく似合う。
9 仏壇から抹香のにおいがする。
10 質朴な人柄に好感を持つ。

2 次の漢字の部首を記せ。また下の熟語の読みをひらがなで記せ。

2×10 /20

	漢字	部首	熟語	読み
1	虜		虜囚	
2	硫		硫酸	
3	厄		厄日	
4	履		草履	
5	痢		下痢	
6	奔		出奔	
7	窯		炭窯	
8	盲		盲従	
9	摩		摩滅	
10	庸		登庸	

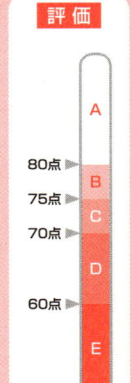

3

次の――線のカタカナを漢字一字と送りがな（ひらがな）に直せ。

〈例〉問題に**コタエル**。（答える）

2×10　／20

1 川の水が**ニゴッ**ている。（　）
2 **ニクラシイ**言い方に腹が立った。（　）
3 **スズシイ**風が吹いてきた。（　）
4 **スルドイ**質問を浴びせる。（　）
5 年末年始は故郷に**モドル**。（　）
6 昔の記憶が**ウスラグ**。（　）
7 友人との会話が**ハズム**。（　）
8 前の車との間隔を**セバメル**。（　）
9 息子を呼んで懇懇と**サトス**。（　）
10 燃料が**モレル**危険性がある。（　）

4

熟語の構成のしかたには次のようなものがある。

1×10　／10

ア 同じような意味の漢字を重ねたもの（岩石）
イ 反対または対応の意味を表す字を重ねたもの（高低）
ウ 上の字が下の字を修飾しているもの（洋画）
エ 下の字が上の字の目的語・補語になっているもの（着席）
オ 上の字が下の字の意味を打ち消しているもの（非常）

次の熟語はア～オのどれにあたるか、記号で記せ。

1 出塁（　）
2 卵殻（　）
3 懇請（　）
4 添削（　）
5 振鈴（　）
6 不滅（　）
7 素朴（　）
8 収賄（　）
9 未来（　）
10 損耗（　）

5 次の文中にまちがって使われている同じ読みの漢字が一字ある。上に誤字を、下に正しい漢字を記せ。

2×5　　／10

		誤	正
1	社会保障制度の見直しにより、富猶層と低所得層の格差の拡大が、問題視されている。	（　）	（　）
2	延命治療中止を判断した経緯に対する医師の説明に、だれもが異和感を覚えた。	（　）	（　）
3	白亜紀の地層から肉食恐硫の歯と見られる化石が見つかった。	（　）	（　）
4	肥満解消をうたった新薬が開発され、厚生労働奨に承認申請が提出された。	（　）	（　）
5	政常不安が問題視されていた発展途上国で、民族紛争による大虐殺が起きた。	（　）	（　）

6 後の□の中の語を必ず一度だけ使って漢字に直し、対義語・類義語を記せ。

1×10　　／10

対義語

1 消耗―（　）
2 融解―（　）
3 凡庸―（　）
4 回収―（　）
5 性急―（　）

類義語

6 達成―（　）
7 興廃―（　）
8 手柄―（　）
9 円熟―（　）
10 合致―（　）

いだい・かんすい・ぎょうこ・くんこう・せいすい・ちくせき・はんぷ・ふごう・ゆうちょう・ろうれん

7

次の（　）内に入る適切な語を、後の［　］の中から選び、漢字に直して四字熟語を完成させよ。

1×10 ／10

1 （　　）自適

2 新進（　　）

3 和洋（　　）

4 （　　）哀楽

5 （　　）自重

6 （　　）妥当

7 （　　）無人

8 （　　）努力

9 （　　）万象

10 （　　）妄想

いんにん・きえい・きど・こだい・しんら・せっちゅう・ふへん・ふんれい・ぼうじゃく・ゆうゆう

8

次の——線のカタカナを漢字に直せ。

1×10 ／10

1 **ガロウ**で個展を開きたい。（　　）

2 市が**レイサイ**企業を支援する。（　　）

3 **イ**の中のかわず大海を知らず。（　　）

4 平和な街が**シュラバ**と化した。（　　）

5 好きな曲を聴いて**ユラク**に浸る。（　　）

6 **コウイン**矢のごとし。（　　）

7 力士が土俵で**スモウ**をとる。（　　）

8 兄が家業の農業を**ツ**いだ。（　　）

9 **ルイセキ**赤字は相当な額だ。（　　）

10 参加費を**チョウシュウ**する。（　　）

総まとめ

総得点

／200

評価

A

140点

B

120点

C

100点

D

80点

E

今までの学習の成果を試してみましょう。

検定を受けるときの注意事項を記載しましたので、実際の検定のつもりで問題に臨んでください。

■**検定時間**　60分

【注意事項】

1　問題用紙と答えを記入する用紙は別になっています。答えはすべて答案用紙に記入してください。

2　常用漢字の旧字体や表外漢字、常用漢字音訓表以外の読み方は正答とは認められません。

3　検定会場では問題についての説明はありませんので、問題をよく読み、設問の意図を理解して答えを記入してください。

4　答えはHB・B・2Bの鉛筆またはシャープペンシルで、枠内に大きくはっきり書いてください。くずした字や乱雑な書き方は採点の対象になりませんので、ていねいに書くように心がけてください。

5　検定を受ける前に「日本漢字能力検定採点基準」『漢検』受検の際の注意点」（本書巻頭カラーページに掲載）を読んでおいてください。

■**マークシート記入について**

準2級ではマークシート方式の問題があります。次の事項に注意して解答欄をマークしてください。

①HB・B・2Bの鉛筆またはシャープペンシルを使用すること。

②マーク欄は[ ]の上から下までぬりつぶすこと。はみ出したり、ほかのマーク欄にかからないように注意すること。正しくマークされていない場合は、採点できないことがあります。

③間違ってマークしたものは消しゴムできれいに消すこと。

④答えは一つだけマークすること（二つ以上マークすると無効）。

準2級 総まとめ

(一) 次の——線の**読み**を**ひらがな**で記せ。 (30) 1×30

1 工場を拡充して増産に対応する。
2 二社の新聞を併読している。
3 先祖代々の系譜を調べる。
4 掛け軸の落款を確かめる。
5 自然の恵みを享受して生きる。
6 忙殺され荒涼とした心境になる。
7 事故のために交通が遮断された。
8 怠惰な生活を反省する。
9 麻酔をして外科手術を行う。
10 職場で厄介な問題が起こる。
11 政治家が収賄の罪に問われる。
12 三年間の賃貸契約で家を借りる。
13 イベントの資金集めに奔走する。
14 生産量が年々逓増している。

(二) 次の漢字の**部首**を記せ。 (10) 1×10

〈例〉 菜 [艹] 間 [門]

1 畝
2 丙
3 戻
4 衡
5 窃
6 賓
7 爵
8 索
9 栽
10 彰

(三) 次の——線の**カタカナ**にあてはまる漢字をそれぞれの**ア～オ**から**一つ**選び、**記号にマーク**せよ。 (30) 2×15

1 **カン**静な住宅街を通過した。
2 事件への遺**カン**の意を表明する。
3 兵士が戦地から無事生**カン**した。

（ア 勘 イ 還 ウ 閑 エ 寛 オ 憾）

(四) **熟語の構成**のしかたには次のようなものがある。 (20) 2×10

ア 同じような意味の漢字を重ねたもの （**岩石**）
イ 反対または対応の意味を表す字を重ねたもの （**高低**）
ウ 上の字が下の字を修飾しているもの （**洋画**）
エ 下の字が上の字の目的語・補語になっているもの （**着席**）
オ 上の字が下の字の意味を打ち消しているもの （**非常**）

次の熟語は右の**ア～オ**のどれにあたるか、**一つ**選び、**記号にマーク**せよ。

1 巧拙
2 争覇
3 急逝
6 擬似
7 無謀
8 尚早

15 かつて結んだ約束を履行する。
16 得意科目で得点を稼いだ。
17 漆細工の盆を友人に贈る。
18 責任者不在で判断に窮する。
19 鉢巻きを締めて気合いを入れた。
20 謹んでお祝い申し上げます。
21 劇ではわき役に徹する。
22 お金では償い切れない失敗だ。
23 旅の支度を調えた。
24 申請の手続きが煩わしい。
25 専ら受験勉強に励む毎日だ。
26 手土産を提げて訪問する。
27 研究に五年の月日を費やす。
28 お話は承りました。
29 発表会の準備に時間を割く。
30 町の美観を損なう看板が多い。

---

4 暑さで体力を消**モウ**する。
5 新生活をあれこれ**モウ**想する。
6 相手チームの**モウ**点をついた。
（ア猛　イ盲　ウ耗　エ妄　オ望）

7 ワインの**ハン**布会が開かれる。
8 **ハン**華街でレストランを営む。
9 家族を同**ハン**して出席する。
（ア繁　イ伴　ウ畔　エ頒　オ販）

10 会長を補**サ**する役目につく。
11 経歴の**サ**称が大問題になる。
12 示**サ**に富んだ話を聞く。
（ア査　イ唆　ウ差　エ詐　オ佐）

13 **コ**りずに何度でも挑戦する。
14 趣向を**コ**らした宴会だった。
15 新作の発売を待ち**コ**がれる。
（ア凝　イ超　ウ懲　エ焦　オ越）

---

4 罷業
5 枢要

9 禍福
10 殉職

(五) 1〜5の三つの□に**共通する漢字**を入れて熟語を作れ。漢字はア〜コから**一つ**選び、**記号にマーク**せよ。　(10) 2×5

1 □石・□氷・粉□
2 □健・□胆・□直
3 沸□・□貴・暴□
4 語□・疲□・□害
5 □滞・苦□・難□

ア廃	イ騰	ウ幣	エ渋	オ剛
カ謄	キ砕	ク弊	ケ忍	コ飾

(六) 後の□の中の語を一度だけ使って**漢字**に直し、**対義語**・**類義語**を記せ。 (20) 2×10

対義語

敏速――（1）

暴露――（2）

開設――（3）

陳腐――（4）

軽侮――（5）

類義語

輸送――（6）

同等――（7）

不意――（8）

根絶――（9）

妥当――（10）

(八) 後の□内のひらがなを**漢字**に直して□に入れ、**四字熟語**を完成せよ。□内のひらがなは一度だけ使い、**答案用紙**に**一字記入**せよ。 (20) 2×10

1 医食同□

2 安□秩序

3 五里□中

4 表□一体

5 衆口一□

6 千□万紅

7 群雄割□

8 少□気鋭

9 □髪衝天

10 □行無常

きょ・げん・し・しょ・そう・ち・ど・ねい・む・り

(十) 次の――線の**カタカナ**を**漢字**に直せ。 (40) 2×20

1 健康を**イジ**するために毎日歩く。

2 古い資料をまとめて**ハキ**する。

3 親は子を**フヨウ**する義務がある。

4 **トウキ**の大皿に料理を盛る。

5 売り上げを**チョウボ**に記入した。

6 作家が推理小説を**シッピツ**する。

7 **ニュウワ**な顔立ちの仏像だ。

8 山間の**ケイコク**に架かる橋を渡る。

9 完走したマラソン選手を**イロウ**した。

10 傷口が**エンショウ**を起こしている。

うんぱん・かんまん・しんせん・
すうはい・てきせつ・とうとつ・
ひってき・ひとく・へいさ・
ぼくめつ

(七) 次の――線の**カタカナ**を**漢字一字**と**送りがな（ひらがな）**に直せ。 (10) 2×5

〈例〉問題に**コタエル**。　答える

1 注意を怠らないように**イマシメル**。

2 彼は三か国語を自由に**アヤツル**。

3 傷が**イエル**まで部活を休む。

4 観葉植物に肥料を**ホドコス**。

5 自然から多くの恩恵を**コウムル**。

(九) 次の各文にまちがって使われている**同じ読みの漢字**が**一字**ある。**上に誤字**を、**下に正しい漢字**を記せ。 (10) 2×5

1 携帯電話の普及は漸増を続け、数年前と比較すれば機能も圧踏的な飛躍を見せている。

2 人間の体は、夏になると血管を広げて熱を発散させるように自率神経が働く。

3 大気・騒音・水質の定期的な環境調査が地方自置体で行われている。

4 景気低迷は、失業率だけでなく学生の就職内定率にも堅著にあらわれている。

5 総雨量が千二百ミリを超える記録的豪雨となったのは抵滞する梅雨前線の影響だ。

11 子どもの手を強く**ニギ**りしめる。

12 粘土細工にニスを**ヌ**る。

13 風景画を**ガクブチ**に入れて飾る。

14 夜店で買った風鈴を**ノキサキ**につるす。

15 虫に**サ**されたところを水で冷やす。

16 敵の策謀に**オチイ**ってしまった。

17 買った食材を**フクロ**に入れる。

18 うっかり口を**スベ**らせてしまった。

19 蚕は**クワ**の葉を食べる。

20 本心を**イツワ**ってお世辞を言う。

準2級 総まとめ 答案用紙

※実際の検定での用紙の大きさとは異なります。

(一) 読み (30)

14	13	12	11	10	9	8	7	6	5	4	3	2	1

1×30

(二) 部首 (10)

10	9	8	7	6	5	4	3	2	1

1×10

(四) 熟語の構成 (20)

10	9	8	7	6	5	4	3	2	1
[ア][イ][ウ][エ][オ]	[ア][イ][ウ][エ][オ]	[ア][イ][ウ][エ][オ]	[ア][イ][ウ][エ][オ]	[ア][イ][ウ][エ][オ]	[ア][イ][ウ][エ][オ]	[ア][イ][ウ][エ][オ]	[ア][イ][ウ][エ][オ]	[ア][イ][ウ][エ][オ]	[ア][イ][ウ][エ][オ]

2×10

(六) 対義語・類義語 (20)

10	9	8	7	6	5	4	3	2	1

2×10

(八) 四字熟語 (20)

10	9	8	7	6	5	4	3	2	1

2×10

(十) 書き取り (40)

10	9	8	7	6	5	4	3	2	1

2×20

総得点
/200

30	29	28	27	26	25	24	23	22	21	20	19	18	17	16	15

(三) 同音・同訓異字 (30)

15	14	13	12	11	10	9	8	7	6	5	4	3	2	1
[ア][イ][ウ][エ][オ]	[ア][イ][ウ][エ][オ]	[ア][イ][ウ][エ][オ]	[ア][イ][ウ][エ][オ]	[ア][イ][ウ][エ][オ]	[ア][イ][ウ][エ][オ]	[ア][イ][ウ][エ][オ]	[ア][イ][ウ][エ][オ]	[ア][イ][ウ][エ][オ]	[ア][イ][ウ][エ][オ]	[ア][イ][ウ][エ][オ]	[ア][イ][ウ][エ][オ]	[ア][イ][ウ][エ][オ]	[ア][イ][ウ][エ][オ]	[ア][イ][ウ][エ][オ]

2×15

(五) 漢字識別 (10)

5	4	3	2	1
[ア][イ][ウ][エ][オ] [カ][キ][ク][ケ][コ]	[ア][イ][ウ][エ][オ] [カ][キ][ク][ケ][コ]	[ア][イ][ウ][エ][オ] [カ][キ][ク][ケ][コ]	[ア][イ][ウ][エ][オ] [カ][キ][ク][ケ][コ]	[ア][イ][ウ][エ][オ] [カ][キ][ク][ケ][コ]

2×5

(七) 漢字と送りがな (10)

5	4	3	2	1

2×5

(九) 誤字訂正 (10)

5	4	3	2	1	
					誤
					正

2×5

20	19	18	17	16	15	14	13	12	11

学年別漢字配当表

「小学校学習指導要領」（平成23年度実施）による

	ア	イ	ウ	エ	オ	カ	キ	ク	ケ	コ	サ
1年【10級】		一	右雨	円	王音	下火花貝学	気九休玉金	空	月犬見	五口校	左三山
2年【9級】		引	羽雲	園遠		何科夏家歌画回会海絵外角楽活間丸岩顔	汽記帰弓牛魚京強教近		兄形計元言原	戸古午後語工公広交光考行高黄合谷国黒今	才細作算
3年【8級】	悪安暗	医委意育員院飲	運	泳駅	央横屋温	化荷界開階寒感漢館岸	起期客究急級宮球去橋業曲局銀	区苦具君	係軽血決研県	庫湖向幸港号根	祭皿
4年【7級】	愛案	以衣位囲胃印		英栄塩	億	加果貨課芽改械害街各覚完官管関観願	希季紀喜旗器機議求泣救給挙漁共協鏡競極	訓軍郡	径型景芸欠結建健験	固功好候航康告	差菜最材昨札刷殺察参産散残
5年【6級】	圧	移因		永営衛易益液演	応往桜恩	可仮価河過賀快解格確額刊幹慣眼	基寄規技義逆久旧居許境均禁	句群	経潔件券険検限現減	故個護効厚耕鉱構興講混	査再災妻採際在財罪雑酸賛
6年【5級】		異遺域	宇	映延沿		我灰拡革閣割株干巻看簡	危机揮貴疑吸供胸郷勤筋		系敬警劇激穴絹権憲源厳	己呼誤后孝皇紅降鋼刻穀骨困	砂座済裁策冊蚕

シ	ス	セ	ソ	タ	チ	ツ	テ	ト	ナ	ニ	ネ
子四糸字耳七車手十出女小上森人	水	正生青夕石赤千川先	早草足村	大男	竹中虫町		天田	土		二日入	年
止市矢姉思紙寺自時室社弱首秋週春書少場色食心新親	図数	西声星晴切雪船線前	組走	多太体台	地池知茶昼長鳥朝直	通	弟店点電	刀冬当東答頭同道読	内南	肉	
仕死使始指歯詩次事持式実写者主守取酒受州拾終習集住重宿所暑助昭消商章勝乗植申身神真深進		世整昔全	相送想息速族	他打対待代第題炭短談	着注柱丁帳調	追	定庭笛鉄転	都度投豆島湯登等動童			
士氏史司試児治辞失借種周祝順初松笑唱焼象照賞臣信		成省清静席積折節説浅戦選然	争倉巣束側続卒孫	帯隊達単	置仲貯兆腸		低底停的典伝	徒努灯堂働特得毒			熱念
支志枝師資飼示似識質舎謝授修述術準序招承証条状常情織職		制性政勢精製税責績接設舌絶銭	祖素総造像増則測属率損	退貸態団断	築張		提程適敵	統銅導徳独		任	燃
至私姿視詞誌磁射捨尺若樹収宗就衆従縦縮熟純処署諸除将傷障城蒸針仁	垂推寸	盛聖誠宣専泉洗染善	奏窓創装層操蔵臓存尊	宅担探誕段暖	値宙忠著庁頂潮賃	痛	展	討党糖届	難	乳認	

学年	ノ	ハ		ヒ		フ		ヘ	ホ		マ	ミ	ム	メ	モ	ヤ	ユ	ヨ	ラ	リ	ル	レ	ロ	ワ	字数
1年【10級】		白八		百		文			木本					名	目					立力林			六		学年字数 80字 累計字数 80字
2年【9級】		馬売買麦半番				父風分聞		米	歩母方北		毎妹万			明鳴	毛門	夜野	友	用曜	来	里理				話	学年字数 160字 累計字数 240字
3年【8級】	農	波配倍箱畑発	反坂板	皮悲美鼻筆氷	表秒病品	負部服福物		平返勉	放			味		命面	問	役薬	由油有遊	予羊洋葉陽様	落	流旅両緑		礼列練	路	和	学年字数 200字 累計字数 440字
4年【7級】		敗梅博飯		飛費必票標		不夫付府副粉		兵別辺変便	包法望牧		末満	未脈民	無			約	勇	要養浴		利陸良料量輪	類	令冷例歴連	老労録		学年字数 200字 累計字数 640字
5年【6級】	能	破犯判版		比肥非備俵評	貧	布婦富武復複	仏	編弁	保墓報豊防貿	暴			務夢	迷綿			輸	余預容		略留領					学年字数 185字 累計字数 825字
6年【5級】	納脳	派拝背肺俳班	晩	否批秘		腹奮		並陛閉片	補暮宝訪亡忘	棒	枚幕	密		盟	模	訳	郵優	幼欲翌	乱卵覧	裏律臨			朗論		学年字数 181字 累計字数 1006字

級別漢字表

（小学校学年別配当漢字を除く一一三〇字）

	ア	イ	ウ	エ	オ	カ	キ	ク	ケ	コ	サ	シ
4級	握扱	依威為偉違維緯壱芋陰隠		影鋭越援煙鉛縁	汚押奥憶	菓暇箇雅介戒皆壊較獲刈甘汗乾勧歓監環鑑含	奇祈鬼幾輝儀戯詰却脚及丘朽巨拠距御凶叫狂況狭恐響驚仰	駆屈掘繰	恵傾継迎撃肩兼剣軒圏堅遣玄	枯誇鼓互抗攻更恒荒香項稿豪込婚	鎖彩歳載剤咲惨	旨伺刺脂紫雌 シ続く
3級	哀	慰		詠悦閲炎宴	欧殴乙卸穏	佳架華嫁餓怪悔塊慨該概郭隔穫岳掛滑肝冠勘貫喚換敢緩	企岐忌軌既棋棄騎欺犠菊吉喫虐虚峡脅凝斤緊	愚偶遇	刑契啓掲携憩鶏鯨倹賢幻	孤弧雇顧娯悟孔巧甲坑拘郊控慌硬絞綱酵克獄恨紺魂墾	債催削搾錯撮擦暫	祉施諮侍慈軸 シ続く
準2級	亜	尉逸姻韻	畝浦	疫謁猿	凹翁虞	渦禍靴寡稼蚊拐懐劾涯垣核殻嚇潟括喝渇褐轄且缶陥患堪棺款閑寛憾還艦頑	飢宜偽擬糾窮拒享挟恭矯暁菌琴謹襟吟	隅勲薫	茎渓蛍慶傑嫌献謙繭顕懸弦	呉碁江肯侯洪貢溝衡購拷剛酷昆懇	佐唆詐砕宰栽斎崎索酢桟傘	肢嗣賜滋璽漆 シ続く
2級	挨曖宛嵐	畏萎椅彙茨咽淫	唄鬱	怨媛艶	旺岡臆俺	苛牙瓦楷潰諧崖蓋骸柿顎葛釜鎌韓玩	伎亀毀畿臼嗅巾僅錦	惧串窟熊	詣憬稽隙桁拳鍵舷	股虎錮勾梗喉乞傲駒頃痕	沙挫采塞埼柵刹拶斬	恣摯餌鹿叱嫉 シ続く

	シ 続き	ス	セ	ソ	タ	チ	ツ	テ	ト	ナ	ニ	ネ	ノ
4級	執芝斜煮釈寂朱狩趣需舟秀襲柔獣瞬旬巡盾召床沼称紹詳丈畳殖飾触侵振浸寝慎震薪尽陣尋	吹	是井姓征跡占扇鮮	訴僧燥騒贈即俗	耐替沢拓濁脱丹淡嘆端弾	恥致遅蓄沖跳徴澄沈珍		抵堤摘滴添殿	吐途渡奴怒到逃倒唐桃透盗塔稲踏闘胴峠突鈍曇		弐		悩濃
3級	疾湿赦邪殊寿潤遵如徐匠昇掌晶焦衝鐘冗嬢錠譲嘱辱伸辛審	炊粋衰酔遂穂随髄	瀬牲婿請斥隻惜籍摂潜繕	阻措粗礎双桑掃葬遭憎促賊	怠胎袋逮滞滝択卓託諾奪胆鍛壇	稚畜窒抽鋳駐彫超聴陳鎮	墜	帝訂締哲	斗塗凍陶痘匿篤豚		尿	粘	
準2級	遮蛇酌爵珠儒囚臭愁酬醜汁充渋銃叔淑粛塾俊准殉循庶緒叙升抄肖尚宵症祥渉訟硝粧詔奨彰償礁浄剰縄壌醸津唇娠紳診刃迅甚	帥睡枢崇据杉	斉逝誓析拙窃仙栓旋践遷薦繊禅漸	租疎塑壮荘捜挿曹喪槽霜藻	妥堕惰駄泰濯但棚	痴逐秩嫡衷弔挑眺釣懲勅朕	塚漬坪	呈廷邸亭貞逓偵艇泥迭徹撤	悼搭棟筒謄騰洞督凸屯	軟	尼妊忍	寧	
2級	腫呪袖羞蹴憧拭尻芯腎	須裾	凄醒脊戚煎羨腺詮箋膳	狙遡曽爽痩踪捉遜	汰唾堆戴誰旦綻	緻酎貼嘲捗	椎爪鶴	諦溺塡	妬賭藤瞳栃頓貪丼	那奈梨謎鍋	匂虹	捻	

	ハ	ヒ	フ	ヘ	ホ	マ	ミ	ム	メ	モ	ヤ	ユ	ヨ	ラ	リ	ル	レ	ロ	ワ
計316字 5級まで 1006字 累計 1322字	杯輩拍泊迫薄爆髪抜罰般販搬範繁盤	彼疲被避尾微匹描浜敏	怖浮普腐敷膚賦舞幅払噴	柄壁	捕舗抱峰砲忙坊肪冒傍帽凡盆	慢漫	妙眠	矛霧娘		茂猛網黙紋	躍	雄	与誉溶腰踊謡翼	雷頼絡欄	離粒慮療隣	涙	隷齢麗暦劣烈恋	露郎	惑腕
計285字 4級まで 1322字 累計 1607字	婆排陪縛伐帆伴畔藩蛮	卑碑泌姫漂苗	赴符封伏覆紛墳	癖	募慕簿芳邦奉胞倣崩飽縫乏妨房某膨謀墨没翻	魔埋膜又	魅		滅免			幽誘憂	揚揺擁抑	裸濫	吏隆了猟陵糧厘		励零霊裂廉錬	炉浪廊楼漏	湾
計333字 3級まで 1607字 累計 1940字	把覇廃培媒賠伯舶漠肌鉢閥煩頒	妃披扉罷猫賓頻瓶	扶附譜侮沸雰憤	丙併塀幣弊偏遍	泡俸褒剖紡朴僕撲堀奔	麻摩磨抹	岬		銘	妄盲耗	厄	愉諭癒唯悠猶裕融	庸窯	羅酪	痢履柳竜硫虜涼僚寮倫	累塁	戻鈴		賄枠
計196字 準2級まで 1940字 累計 2136字	罵剥箸氾汎阪斑	眉膝肘	阜訃	蔽餅璧蔑	哺蜂貌頬睦勃	昧枕	蜜		冥麺		冶弥闇	喩湧	妖瘍沃	拉辣藍	璃慄侶瞭	瑠		呂賂弄籠麓	脇

部首一覧表

表の上には部首を画数順に配列し、下には漢字の中で占める位置によって形が変化するものや特別な名称を持つものを示す。

偏《へん》…
旁《つくり》…
冠《かんむり》…
脚《あし》…
垂《たれ》…
繞《にょう》…
構《かまえ》…

	部首		位置	名称
一画				
1	【一】	一		いち
2	【丨】	丨		ぼう たてぼう
3	【丶】	丶		てん
4	【丿】	丿		の はらいぼう
5	【乙】	乙		おつ
		乚		おつ
6	【亅】	亅		はねぼう
二画				
7	【二】	二		に
8	【亠】	亠		なべぶた けいさんかんむり
9	【人】	人		ひと
		亻		にんべん
		𠆢		ひとやね
10	【入】	入		いる
11	【儿】	儿		ひとあし にんにょう
12	【八】	八		はち
		八		は
13	【冂】	冂		どうがまえ けいがまえ まきがまえ
14	【冖】	冖		わかんむり
15	【冫】	冫		にすい
16	【几】	几		つくえ
17	【凵】	凵		うけばこ
18	【刀】	刀		かたな
		刂		りっとう
19	【力】	力		ちから
20	【勹】	勹		つつみがまえ
21	【匕】	匕		ひ
22	【匚】	匚		はこがまえ
23	【匸】	匸		かくしがまえ
24	【十】	十		じゅう
25	【卜】	卜		と うらない
26	【卩】	卩		わりふ ふしづくり
		㔾		わりふ ふしづくり
27	【厂】	厂		がんだれ
28	【厶】	厶		む
29	【又】	又		また
三画				
30	【口】	口		くち
		口		くちへん
31	【囗】	囗		くにがまえ
32	【土】	土		つち
		土		つちへん
33	【士】	士		さむらい
34	【夂】	夂		すいにょう ふゆがしら
35	【夕】	夕		た ゆうべ
36	【大】	大		だい
37	【女】	女		おんな
		女		おんなへん
38	【子】	子		こ
		子		こへん
39	【宀】	宀		うかんむり
40	【寸】	寸		すん
41	【小】	小		しょう
		⺌		しょう

番号	部首	字形	名称
42	【尢】	尢	だいのまげあし
43	【尸】	尸	かばね しかばね
44	【屮】	屮	てつ
45	【山】	山	やま
		山	やまへん
46	【川】	川	かわ
		巛	かわ
47	【工】	工	え たくみ
		工	たくみへん
48	【己】	己	おのれ
49	【巾】	巾	はば
		巾	はばへん きんべん
50	【干】	干	かん いちじゅう
51	【幺】	幺	よう いとがしら
52	【广】	广	まだれ
53	【廴】	廴	えんにょう
54	【廾】	廾	こまぬき にじゅうあし
55	【弋】	弋	しきがまえ
56	【弓】	弓	ゆみ
		弓	ゆみへん
57	【彐】	彑	けいがしら
58	【彡】	彡	さんづくり
59	【彳】	彳	ぎょうにんべん
60	【⺍】	⺍	つかんむり

四画

忄→心　扌→手　氵→水　犭→犬　艹→艸　辶→辵　阝(右)→邑　阝(左)→阜

番号	部首	字形	名称
61	【心】	心	こころ
		忄	りっしんべん
		⺗	したごころ
62	【戈】	戈	ほこづくり ほこがまえ
63	【戸】	戸	と
		戸	とだれ とかんむり
64	【手】	手	て
		扌	てへん
65	【支】	支	し
66	【攴】	攵	のぶん ぼくづくり
67	【文】	文	ぶん
68	【斗】	斗	とます
69	【斤】	斤	きん
		斤	おのづくり
70	【方】	方	ほう
		方	ほうへん かたへん
71	【日】	日	ひ
		日	ひへん
72	【曰】	曰	ひらび いわく
73	【月】	月	つき
		月	つきへん
74	【木】	木	き
		木	きへん
75	【欠】	欠	あくび かける
76	【止】	止	とめる
77	【歹】	歹	かばねへん いちたへん がつへん
78	【殳】	殳	るまた ほこづくり
79	【毋】	毋	なかれ
80	【比】	比	ならびひ くらべる
81	【毛】	毛	け
82	【氏】	氏	うじ
83	【气】	气	きがまえ
84	【水】	水	みず

番号	部首	字形	読み
84	【水】	氵	さんずい
		氺	したみず
85	【火】	火	ひ
		火	ひへん
		灬	れんが れっか
86	【爪】	爪	つめ
		爫	つめかんむり つめがしら
87	【父】	父	ちち
88	【片】	片	かた
		片	かたへん
89	【牙】	牙	きば
90	【牛】	牛	うし
		牜	うしへん
91	【犬】	犬	いぬ
		犭	けものへん

王・𤣩→玉
耂→老
礻→示
⻌→辵

五画

番号	部首	字形	読み
92	【玄】	玄	げん
93	【玉】	玉	たま
		王	おう
		𤣩	おうへん たまへん
94	【瓦】	瓦	かわら
95	【甘】	甘	かん あまい
96	【生】	生	うまれる
97	【用】	用	もちいる
98	【田】	田	た
		田	たへん
99	【疋】	疋	ひき
		𤴔	ひきへん
100	【疒】	疒	やまいだれ
101	【癶】	癶	はつがしら
102	【白】	白	しろ
103	【皮】	皮	けがわ
104	【皿】	皿	さら
105	【目】	目	め
		目	めへん
106	【矛】	矛	ほこ
107	【矢】	矢	や
		矢	やへん
108	【无】	无	なし ぶ すでのつくり
109	【石】	石	いし
		石	いしへん
110	【示】	示	しめす
		礻	しめすへん
111	【禾】	禾	のぎ
111	【禾】	禾	のぎへん
112	【穴】	穴	あな
		穴	あなかんむり
113	【立】	立	たつ
		立	たつへん

氺→水
衤→衣
罒→网

六画

番号	部首	字形	読み
114	【竹】	竹	たけ
		⺮	たけかんむり
115	【米】	米	こめ
		米	こめへん
116	【糸】	糸	いと
		糸	いとへん
117	【缶】	缶	ほとぎ
118	【网】	罒	あみがしら あみめ よこめ

131	130	129	128	127		126	125		124	123	122	121	120	119
【舟】	【舌】	【臼】	【至】	【自】		【肉】	【聿】		【耳】	【耒】	【而】	【老】	【羽】	【羊】
舟	舌	臼	至	自	月	肉	聿	耳	耳	耒	而	耂	羽	羊
ふね	した	うす	いたる	みずから	にくづき	にく	ふでづくり	みみへん	みみ	すきへん らいすき	しかして しこうして	おいかんむり おいがしら	はね	ひつじ

七画		140		139		138	137		136	135	134	133	132	131
		【襾】		【衣】		【行】	【血】		【虫】	【虍】	【艸】	【色】	【艮】	【舟】
	覀	西	衤	衣	行	行	血	虫	虫	虍	艹	色	艮	舟
	おおいかんむり	にし	ころもへん	ころも	ぎょうがまえ ゆきがまえ	ぎょう	ち	むしへん	むし	とらがしら とらかんむり	くさかんむり	いろ	ねづくり こんづくり	ふねへん

	151	150		149	148	147	146	145		144		143	142	141
	【走】	【赤】		【貝】	【豸】	【豕】	【豆】	【谷】		【言】		【角】	【臣】	【見】
走	走	赤	貝	貝	豸	豕	豆	谷	言	言	角	角	臣	見
そうにょう	はしる	あか	かいへん	かい こがい	むじなへん	ぶた いのこ	まめ	たに	ごんべん	げん	つのへん	かく つの	しん	みる

161		160		159	158		157	156	155		154	153		152
【里】		【釆】		【酉】	【邑】		【辵】	【辰】	【辛】		【車】	【身】		【足】
里	釆	釆	酉	酉	阝	辶	辶	辰	辛	車	車	身	𧾷	足
さと	のごめへん	のごめ	とりへん	ひよみのとり	おおざと	しんにょう しんにゅう	しんにょう しんにゅう	しんのたつ	からい	くるまへん	くるま	み	あしへん	あし

※注「辶」については「遡・遜」のみに適用。

161	【里】	里	さとへん
162	【舛】	舛	まいあし
163	【麦】	麦	むぎ
		麦	ばくにょう
八画			
164	【金】	金	かね
		金	かねへん
165	【長】	長	ながい
166	【門】	門	もん
		門	もんがまえ
167	【阜】	阜	おか
		阝	こざとへん
168	【隶】	隶	れいづくり
169	【隹】	隹	ふるとり
170	【雨】	雨	あめ
		⻗	あめかんむり
171	【青】	青	あお
172	【非】	非	あらず ひ
173	【斉】	斉	せい
九画			
174	【面】	面	めん
175	【革】	革	かくのかわ つくりがわ
		革	かわへん
176	【音】	音	おと
177	【頁】	頁	おおがい
178	【風】	風	かぜ
179	【飛】	飛	とぶ
180	【食】	食	しょく
		𩙿	しょくへん
		飠	しょくへん
181	【首】	首	くび
182	【香】	香	か かおり
十画			
183	【馬】	馬	うま
		馬	うまへん
184	【骨】	骨	ほね
		骨	ほねへん
185	【高】	高	たかい
186	【髟】	髟	かみがしら
187	【鬯】	鬯	ちょう
188	【鬼】	鬼	おに
		鬼	きにょう
189	【韋】	韋	なめしがわ
190	【竜】	竜	りゅう
十一画			
191	【魚】	魚	うお
		魚	うおへん
192	【鳥】	鳥	とり
193	【鹿】	鹿	しか
194	【麻】	麻	あさ
195	【黄】	黄	き
196	【黒】	黒	くろ
197	【亀】	亀	かめ
十二画			
198	【歯】	歯	は
		歯	はへん
十三画			
199	【鼓】	鼓	つづみ
十四画			
200	【鼻】	鼻	はな

※注「飠」については「餌・餅」のみに適用。

■中学校で学習する音訓一覧表

＊学習漢字のうち、中学校で習う読み方を学年・字音の五十音順に一覧表にした。

学年	漢字	読み
小学校1年	音	イン
	下	もと
	字	あざ
	耳	ジ
	手	た
	出	スイ
	女	ニョ / め
	上	のぼ(せる) / のぼ(す)
	生	お(う) / き
	夕	セキ
	石	コク
	川	セン
	早	サッ
	文	ふみ
	目	ボク
小学校2年	羽	ウ
	園	その
	何	カ
	夏	ゲ
	外	ゲ
	弓	キュウ
	京	ケイ
	強	ゴウ / し(いる)
	兄	ケイ
	後	おく(れる)
	公	おおやけ
	交	か(う) / か(わす)
	黄	コウ / こ
	谷	コク
	今	キン
	姉	シ
	室	むろ
	新	にい
	図	はか(る)
	声	こわ
	星	ショウ
	切	サイ
	体	テイ
	茶	サ
	弟	テイ / デ
	頭	かしら
	内	ダイ
	麦	バク
	歩	ブ
	妹	マイ
	万	バン
	門	かど
	来	きた(る) / きた(す)
小学校3年	化	ケ
	荷	カ
	客	カク
	究	きわ(める)
	宮	グウ
	業	わざ
	軽	かろ(やか)
	研	と(ぐ)
	幸	さち
	次	シ
	守	も(り)
	州	す
	拾	シュウ / ジュウ
	集	つど(う)
	重	え
	助	すけ
	商	あきな(う)
	勝	まさ(る)
	申	シン
	神	かん
	昔	シャク
	相	ショウ
	速	すみ(やか)
	対	ツイ
	代	しろ
	丁	テイ
	調	ととの(う) / ととの(える)
	度	タク / たび
	童	わらべ
	発	ホツ
	反	タン
	鼻	ビ
	病	や(む)
	命	ミョウ
	面	おも / おもて
	役	エキ
	有	ウ
	和	やわ(らぐ) / やわ(らげる) / なご(む) / なご(やか)
小学校4年	衣	ころも
	街	カイ
	器	うつわ
	機	はた
	泣	キュウ
	競	きそ(う)
	極	ゴク / きわ(める) / きわ(まる) / きわ(み)
	結	ゆ(う) / ゆ(わえる)
	健	すこ(やか)
	氏	うじ
	試	ため(す)
	児	ニ
	辞	や(める)
	初	そ(める)
	笑	ショウ / え(む)
	焼	ショウ
	省	かえり(みる)
	静	ジョウ
	浅	セン
	戦	いくさ
	仲	チュウ
	得	う(る)
	費	つい(やす) / つい(える)
	夫	フウ
	望	モウ
	牧	まき
	民	たみ
	要	い(る)

小学校5年

漢字	読み
仮	ケ
眼	まなこ
基	もと
技	わざ
境	ケイ
経	キョウ
故	ゆえ
厚	コウ
災	わざわ(い)
財	サイ
示	シ
似	ジ
質	シチ
謝	あやま(る)
授	さず(ける) さず(かる)
修	シュ
承	うけたまわ(る)
性	ショウ
精	ショウ
舌	ゼツ
銭	ぜに
素	ス
率	ソツ
損	そこ(なう) そこ(ねる)
貸	タイ
断	た(つ)
提	さ(げる)
程	ほど
敵	かたき
犯	おか(す)
貧	ヒン
報	むく(いる)
暴	バク
迷	メイ

小学校6年

漢字	読み
遺	ユイ
映	は(える)
我	ガ わ
灰	カイ
革	かわ
割	カツ さ(く)
干	ひ(る)
危	あや(うい) あや(ぶむ)
机	キ
貴	たっと(い) とうと(い) たっと(ぶ) とうと(ぶ)
胸	むな
郷	ゴウ
穴	ケツ
厳	おごそ(か)
己	キ おのれ
紅	ク くれない
鋼	はがね
砂	シャ
座	すわ(る)
裁	た(つ)
若	ジャク
宗	ソウ
就	つ(く) つ(ける)
熟	う(れる)
除	ジ
傷	いた(む) いた(める)
蒸	む(す) む(れる) む(らす)
仁	ニ
推	お(す)
盛	セイ さか(る) さか(ん)
誠	まこと
専	もっぱ(ら)
染	セン
装	ショウ
操	あやつ(る)
蔵	くら
探	さぐ(る)
値	あたい
著	あらわ(す) いちじる(しい)
討	う(つ)
乳	ち
認	ニン
納	ナッ トウ
背	そむ(く) そむ(ける)
秘	ひ(める)
並	ヘイ
閉	と(ざす)
片	ヘン
暮	ボ
訪	おとず(れる)
忘	ボウ
優	やさ(しい) すぐ(れる)
欲	ほ(しい)
卵	ラン
裏	リ
臨	のぞ(む)
朗	ほが(らか)

■高等学校で学習する音訓一覧表 1

＊学習漢字のうち、高等学校で習う読み方を学年・字音の五十音順に一覧表にした。

小学校1年

漢字	読み
火	ほ
女	ニョウ
上	ショウ
青	ショウ
赤	シャク
天	あめ
白	ビャク
目	ま
立	リュウ

小学校2年

漢字	読み
遠	オン
回	エ
会	エ
行	アン
矢	シ
食	ジキ く(らう)
数	ス
声	ショウ
通	ツ
頭	ト
道	トウ
南	ナ
馬	ま
風	フ
聞	モン
歩	フ

小学校3年

漢字	読み
悪	オ
期	ゴ
宮	ク
業	ゴウ
庫	ク
仕	ジ
事	ズ
主	ス
神	こう
昔	セキ
想	ソ
着	ジャク
定	さだ(か)
度	ト
反	ホン
坂	ハン
氷	ひ
病	ヘイ
面	つら
由	ユイ よし
遊	ユ
流	ル
緑	ロク
礼	ライ
和	オ

小学校4年

漢字	読み
栄	は(え) は(える)
各	おのおの
競	せ(る)
建	コン
験	ゲン
功	ク
候	そうろう
殺	サイ セツ
産	うぶ
祝	シュウ
初	うい
成	ジョウ
清	ショウ
節	セチ
説	ゼイ
巣	ソウ
兆	きざ(す) きざ(し)
灯	ひ
博	バク
兵	ヒョウ
法	ハッ ホッ
末	バツ
利	き(く)
老	ふ(ける)

小学校5年

漢字	読み
因	よ(る)
益	ヤク
桜	オウ
価	あたい
過	あやま(つ) あやま(ち)
解	ゲ
格	コウ
眼	ゲン
基	もとい
久	ク
潔	いさぎよ(い)
興	おこ(る) おこ(す)
際	きわ
酸	す(い)
枝	シ
質	チ
常	とこ
情	セイ
織	ショク
政	ショウ まつりごと
接	つ(ぐ)
団	トン
統	す(べる)
富	フウ
暴	あば(く)

小学校6年

漢字	読み
供	ク
勤	ゴン
絹	ケン
権	ゴン
厳	ゴン
冊	サク
若	ニャク も(しくは)
就	ジュ
衆	シュ
従	ショウ ジュ
障	さわ(る)
盛	ジョウ
染	し(みる) し(み)
奏	かな(でる)
装	よそお(う)
操	みさお
担	かつ(ぐ) にな(う)
難	かた(い)
納	ナ ナン
否	いな
亡	モウ な(い)
欲	ほっ(する)
律	リチ

高等学校で学習する音訓一覧表 2

＊「4級」「3級」配当漢字のうち、高等学校で習う読み方を字音の五十音順に一覧表にした。

級	漢字	読み
4級	依	エ
4級	汚	けが(す)　けが(れる)　けが(らわしい)
4級	押	オウ
4級	奥	オウ
4級	鑑	かんが(みる)
4級	戯	たわむ(れる)
4級	詰	キツ
4級	脚	キャ
4級	狭	キョウ
4級	仰	おお(せ)
4級	肩	ケン
4級	鼓	つづみ
4級	更	ふ(ける)　ふ(かす)
4級	香	キョウ
4級	彩	いろど(る)
4級	惨	ザン　みじ(め)
4級	旨	むね
4級	伺	シ
4級	煮	シャ
4級	寂	セキ
4級	秀	ひい(でる)
4級	瞬	またた(く)
4級	沼	ショウ
4級	井	セイ
4級	端	は
4級	沖	チュウ
4級	澄	チョウ
4級	滴	したた(る)
4級	敷	フ
4級	払	フツ
4級	柄	ヘイ
4級	傍	かたわ(ら)
4級	凡	ハン
4級	腰	ヨウ
4級	謡	うたい　うた(う)
4級	絡	から(む)　から(まる)　から(める)
4級	麗	うるわ(しい)
3級	詠	よ(む)
3級	殴	オウ
3級	華	ケ
3級	嫁	カ
3級	忌	い(む)　い(まわしい)
3級	虐	しいた(げる)
3級	虚	コ
3級	脅	おびや(かす)
3級	契	ちぎ(る)
3級	憩	いこ(う)
3級	控	コウ
3級	慌	コウ
3級	絞	コウ
3級	搾	サク
3級	施	セ
3級	慈	いつく(しむ)
3級	如	ニョ
3級	焦	あせ(る)
3級	辱	はずかし(める)
3級	穂	スイ
3級	婿	セイ
3級	請	シン　こ(う)
3級	阻	はば(む)
3級	礎	いしずえ
3級	桑	ソウ
3級	葬	ほうむ(る)
3級	袋	タイ
3級	壇	タン
3級	鎮	しず(める)　しず(まる)
3級	卑	いや(しい)　いや(しむ)　いや(しめる)
3級	泌	ヒ
3級	苗	ビョウ
3級	覆	くつがえ(す)　くつがえ(る)
3級	芳	かんば(しい)
3級	奉	たてまつ(る)
3級	倣	なら(う)
3級	謀	ム　はか(る)
3級	翻	ひるがえ(る)　ひるがえ(す)
3級	免	まぬか(れる)
3級	憂	う(い)
3級	陵	みささぎ
3級	糧	ロウ　かて
3級	霊	リョウ　たま

二とおりの読み／注意すべき読み

「常用漢字表」（平成22年）本表備考欄による

二とおりの読み

↓のようにも読める。

語	読み	↓
遺言	ユイゴン	イゴン
奥義	オウギ	おくギ
堪能	カンノウ	タンノウ
吉日	キチジツ	キツジツ
兄弟	キョウダイ	ケイテイ
甲板	カンパン	コウハン
合点	ガッテン	ガテン
昆布	コンブ	コブ
紺屋	コンや	コウや
詩歌	シカ	シイカ
七日	なのか	なぬか
老若	ロウニャク	ロウジャク
寂然	セキゼン	ジャクネン
法主	ホッス	ホウシュ ホッシュ
十	ジッ	ジュッ
情緒	ジョウチョ	ジョウショ
憧憬	ショウケイ	ドウケイ
人数	ニンズ	ニンズウ
寄贈	キソウ	キゾウ
側	がわ	かわ
唾	つば	つばき
愛着	アイジャク	アイチャク
執着	シュウジャク	シュウチャク
貼付	チョウフ	テンプ
難しい	むずかしい	むつかしい
分泌	ブンピツ	ブンピ
富貴	フウキ	フッキ
文字	モンジ	モジ
大望	タイモウ	タイボウ
頬	ほお	ほほ
末子	バッシ	マッシ
末弟	バッテイ	マッテイ
免れる	まぬかれる	まぬがれる
妄言	ボウゲン	モウゲン
面目	メンボク	メンモク
問屋	とんや	といや
礼拝	ライハイ	レイハイ

注意すべき読み

語	読み
三位一体	サンミイッタイ
従三位	ジュサンミ
一羽	イチわ
三羽	サンば
六羽	ロッぱ
春雨	はるさめ
小雨	こさめ
霧雨	きりさめ
因縁	インネン
親王	シンノウ
勤王	キンノウ
反応	ハンノウ
順応	ジュンノウ
観音	カンノン
安穏	アンノン
天皇	テンノウ
身上	シンショウ シンジョウ（読み方により意味が違う）
一把	イチワ
三把	サンバ
十把	ジッ（ジュッ）パ

常用漢字表 付表（熟字訓・当て字　一一六語）

＊小・中・高：小学校・中学校・高等学校のどの時点で学習するかの割り振りを示した。

※以下に挙げられている語を構成要素の一部とする熟語に用いてもかまわない。

例「河岸（かし）」→「魚河岸（うおがし）」／「居士（こじ）」→「一言居士（いちげんこじ）」

語	読み	小	中	高
明日	あす	●		
小豆	あずき		●	
海女　海士	あま			●
硫黄	いおう		●	
意気地	いくじ		●	
田舎	いなか		●	
息吹	いぶき			●
海原	うなばら		●	
乳母	うば		●	
浮気	うわき			●
浮つく	うわつく		●	
笑顔	えがお		●	
叔父　伯父	おじ		●	
大人	おとな	●		
乙女	おとめ		●	
叔母　伯母	おば		●	
お巡りさん	おまわりさん		●	
お神酒	おみき			●
母屋　母家	おもや			●
母さん	かあさん	●		
神楽	かぐら			●
河岸	かし			●
鍛冶	かじ		●	
風邪	かぜ		●	
固唾	かたず		●	
仮名	かな		●	
蚊帳	かや			●
為替	かわせ		●	
河原　川原	かわら	●		
昨日	きのう	●		
今日	きょう	●		
果物	くだもの	●		
玄人	くろうと			●
今朝	けさ	●		
景色	けしき	●		
心地	ここち		●	
居士	こじ			●
今年	ことし	●		
早乙女	さおとめ		●	
雑魚	ざこ			●
桟敷	さじき			●
差し支える	さしつかえる		●	
五月	さつき		●	
早苗	さなえ		●	
五月雨	さみだれ		●	
時雨	しぐれ		●	
尻尾	しっぽ		●	

竹刀	しない		●	
老舗	しにせ		●	
芝生	しばふ		●	
清水	しみず	●		
三味線	しゃみせん		●	
砂利	じゃり		●	
数珠	じゅず			●
上手	じょうず	●		
白髪	しらが		●	
素人	しろうと			●
師走	しわす（しはす）			●
数寄屋　数奇屋	すきや			●
相撲	すもう		●	
草履	ぞうり		●	
山車	だし			●
太刀	たち		●	
立ち退く	たちのく		●	
七夕	たなばた	●		
足袋	たび		●	
稚児	ちご			●
一日	ついたち	●		
築山	つきやま			●
梅雨	つゆ		●	
凸凹	でこぼこ		●	
手伝う	てつだう	●		
伝馬船	てんません			●
投網	とあみ			●
父さん	とうさん	●		
十重二十重	とえはたえ			●
読経	どきょう			●
時計	とけい	●		
友達	ともだち	●		
仲人	なこうど			●
名残	なごり		●	
雪崩	なだれ		●	
兄さん	にいさん	●		
姉さん	ねえさん	●		
野良	のら			●
祝詞	のりと			●
博士	はかせ	●		
二十　二十歳	はたち		●	
二十日	はつか	●		
波止場	はとば		●	
一人	ひとり	●		
日和	ひより		●	
二人	ふたり	●		
二日	ふつか	●		
吹雪	ふぶき		●	
下手	へた	●		
部屋	へや	●		
迷子	まいご	●		
真面目	まじめ	●		
真っ赤	まっか	●		
真っ青	まっさお	●		
土産	みやげ		●	
息子	むすこ		●	
眼鏡	めがね	●		
猛者	もさ			●
紅葉	もみじ		●	
木綿	もめん		●	
最寄り	もより		●	
八百長	やおちょう			●
八百屋	やおや	●		
大和	やまと		●	
弥生	やよい		●	
浴衣	ゆかた			●
行方	ゆくえ		●	
寄席	よせ			●
若人	わこうど		●	

■編集協力—株式会社エイティエイト・株式会社冬陽社
■制作協力—株式会社昭英社・株式会社暁和・株式会社瀬口デザイン事務所・
株式会社渋谷文泉閣・株式会社イシワタグラフィックス・
有限会社アートボックス・福井　愛
■写真—オアシス

漢検 準2級 漢字学習ステップ 改訂二版

2017年10月30日　第1版第9刷　発行
編　者　公益財団法人 日本漢字能力検定協会
発行者　髙坂　節三
印刷所　三省堂印刷株式会社

発行所　公益財団法人 日本漢字能力検定協会
〒605-0074　京都市東山区祇園町南側551番地
☎075(757)8600
ホームページ http://www.kanken.or.jp/

Printed in Japan
ISBN978-4-89096-217-4 C0081

準2級

標準解答

別冊

改訂二版
漢検 漢字学習ステップ

「標準解答」は
別冊になっています
ので本体からはなし
てお使いください。

漢検 公益財団法人 日本漢字能力検定協会

700217 (1-9)

ステップ 1

P.8 1

1 いんぶん
2 うらかぜ
3 いつだつ
4 いんぞく
5 いちい
6 あくえき
7 ありゅう
8 えっけん
9 さんいつ
10 うね
11 あたい
12 か
13 おど
14 はげ
15 えんてんか
16 あざ
17 あざむ
18 かぜ
19 ほくおう
20 しぐれ
21 しもん
22 はか
23 どんじゅう
24 にぶ

P.9 2

1 オ
2 エ
3 イ
4 ア
5 オ
6 エ
7 ウ
8 エ
9 ア

3

1 拡大
2 慎重
3 擁護
4 異端
5 逸材
6 近隣
7 哀訴
8 抑圧
9 興味
10 没頭

P.10 4

1 亜熱帯
2 婚姻
3 中尉
4 余韻
5 拝謁
6 検疫
7 畝
8 逸話
9 浦里
10 扱
11 猛威
12 行為
13 煙突
14 声援
15 縁側
16 祝宴
17 液晶
18 校閲
19 依頼
20 以来
21 威儀
22 意義
23 射
24 鋳

ステップ 2

P.12 1

1 かしょう
2 くつおと
3 ろうおう
4 うずしお
5 さいか
6 おうめんきょう
7 おそれ
8 でかせ
9 ぜっか
10 うず
11 かせん
12 るいじんえん
13 ごうか
14 とつ
15 こうおつ
16 かさく
17 おろしね
18 きかがく
19 りょうしょう
20 うけたまわ
21 けんえん
22 さる
23 ぎょうてん
24 あお

P.13 2

1 ウ
2 ケ
3 キ
4 オ
5 コ

3

1 羽 はね
2 虍 とらがしら・とらかんむり
3 ネ しめすへん
4 革 かわへん
5 宀 うかんむり
6 禾 のぎへん
7 凵 うけばこ
8 殳 るまた・ほこづくり
9 辰 しんのたつ
10 口 くち

P.14 4

1 稼
2 凹
3 虞
4 渦巻
5 禍根
6 運動靴
7 老翁
8 寡黙
9 猿
10 違和
11 影響
12 越冬
13 汚
14 押
15 奥底
16 穏便
17 優雅
18 菓子
19 手繰
20 眼
21 紹介
22 照会
23 移籍
24 遺跡

ステップ3

P.16
1

1 しょうがい
2 かいたい
3 かくしん
4 だんがい
5 かいこ
6 かきね
7 か
8 ちゅうかく
9 かいせき
10 ゆうば
11 ぶざま
12 がいよう
13 く
14 かたまり
15 がいとう
16 しゅうとくぶつ
17 こもりうた
18 こきん
19 ふぶき
20 なだれ
21 こうかくるい
22 かいがら
23 たいまん
24 おこた

P.17
2

1 即発
2 臨機
3 一致
4 衝天
5 天涯
6 迷惑
7 同床
8 矛盾
9 禍福
10 一言

3

1 エ
2 イ
3 オ
4 オ
5 エ
6 イ
7 ウ
8 イ
9 ア

P.18
4

1 人垣
2 懐中
3 蚊
4 殻
5 生涯
6 弾劾
7 核兵器
8 誘拐
9 地殻
10 欧州
11 稲刈
12 甘味料
13 警戒
14 皆目
15 喚起
16 粋
17 全壊
18 全快
19 乾燥
20 感想
21 歓心
22 関心
23 痛
24 傷

ステップ4

P.20
1

1 ひがた
2 か
3 そうかつ
4 きょうかつ
5 いかく
6 かっしょく
7 かんかつ
8 かわ
9 りんかく
10 かんかく
11 こうむ
12 やおもて
13 あやつ
14 もっぱ
15 きりふ
16 むすこ
17 さつきば
18 へきが
19 ちんちょう
20 めずら
21 しんとう
22 ひた
23 くどう
24 か

P.21
2

1 エ
2 イ
3 ウ
4 ウ
5 ア
6 オ
7 オ
8 ア
9 エ

3

1 口 かっぱ
2 忄 ほうかい
3 扌 ほうかつ
4 山 ふがく
5 車 とうかつ
6 言 がいとう
7 ネ かったん
8 木 かくまく
9 甘 かんろ
10 隹 きょり

P.22
4

1 且
2 所轄
3 括弧
4 潟
5 茶褐色
6 威嚇
7 喝破
8 新潟
9 超過
10 対抗
11 相互
12 誇張
13 鼓動
14 分割
15 傾聴
16 隔絶
17 一括
18 一喝
19 発刊
20 発汗
21 乾
22 渇
23 攻
24 責

ステップ5

P.24 **1**

1 かんよう
2 しゃっかん
3 かんぼつ
4 た
5 のうかん
6 かんづめ
7 かんせい
8 しっかん
9 さんがく
10 かっそうろ
11 かんじん
12 かんじょう
13 か
14 きゅうどう
15 げし
16 れんか
17 かわせ
18 うわ
19 けっかん
20 おちい
21 かんき
22 か
23 かんつう
24 つらぬ

P.25 **2**

1 買↓売
2 看↓患
3 型↓潟
4 製↓制
5 番↓盤
6 区↓駆
7 称↓証
8 肝↓寛
9 喝↓活
10 蔵↓贈

3

1 コ
2 ウ
3 オ
4 ク
5 カ

P.26 **4**

1 缶
2 閑散
3 落款
4 出棺
5 陥落
6 患部
7 寛大
8 殺伐
9 監視
10 粘土
11 横殴
12 含
13 嫁
14 概算
15 速
16 体裁
17 搬出
18 栄冠
19 急患
20 休館
21 割
22 咲
23 堪
24 絶

ステップ6

P.28 **1**

1 かんせん
2 へんかん
3 てきぎ
4 がんじょう
5 ぎじんほう
6 きが
7 いかん
8 しょうかん
9 かんもん
10 かんこう
11 きかく
12 きろ
13 かつじょう
14 きどう
15 けびょう
16 みょうじょう
17 もよ
18 わこうど
19 ぎめい
20 いつわ
21 かんわ
22 ゆる
23 ばくふ
24 まく

P.29 **2**

1 還 かんぷきん
2 換 てんかんき
3 閑 とうかんし
4 款 えんしゃっかん
5 敢 ゆうもうかかん
6 貫 はだかいっかん
7 勧 じにんかんこく
8 鑑 どうぶつずかん
9 陥 けっかんしゃ
10 艦 せんすいかん

3

1 抜かす
2 鮮やかな
3 訴える
4 慰める
5 嘆かわしい
6 穏やかだ
7 蓄える
8 跳ねる
9 煙たい
10 恥ずかしく

P.30 **4**

1 遺憾
2 飢餓
3 帰還
4 偽造品
5 時宜
6 擬態語
7 虚偽
8 飢
9 頑固
10 艦隊
11 騎馬
12 戯画
13 菊
14 月賦
15 輝
16 滑落
17 土砂降
18 旅客機
19 割愛
20 皆無
21 若干
22 弱冠
23 執
24 採

力だめし 第1回

P.31

1

1 うず　2 がんぜ　3 しんかん　4 しゅうか　5 くつず

6 いっぴん　7 やわ　8 なご　9 いつわ　10 ぎぞう

2

1 力 がいそう　2 扌 ゆうかい　3 二 あえん

4 女 いんか　5 音 いんりつ　6 缶 せいかん

7 食 きが　8 疒 ぼうえき　9 殳 こうかく

10 舟 かんちょう

P.32

3

1 忙しい　2 怪しむ　3 損ねる　4 狂おしい　5 占める

6 悔しがる　7 騒がしい　8 背ける　9 緩やかだ　10 企てる

4

1 検疫　2 褐色　3 石棺　4 渦潮　5 余韻

6 閑職　7 時宜　8 患部　9 秀逸　10 偽善

P.33

5

1 確→核　2 艦→款　3 極→局　4 擬→疑　5 期→既

6

1 虐待　2 派遣　3 寛大　4 答申　5 一括

6 切迫　7 卓越　8 応諾　9 辛抱　10 基盤

P.34

7

1 一夕　2 兼備　3 奪胎　4 一笑　5 雷同

6 暮四　7 孤軍　8 酔生　9 一知　10 有為

8

1 安眠　2 猿　3 脳裏　4 惨禍　5 石垣

6 蚊　7 仲裁　8 凹　9 架線　10 吐露

ステップ7

P.36

1

1 あかつき　2 はさ　3 きょぜつ　4 きゅうぼう

5 ふんきゅう　6 きょうらく　7 ききょう　8 きょうが

9 すで　10 しょうぎ　11 きけん　12 きしゅ

13 ぎせいしゃ　14 し　15 いくえ　16 かいどう

17 きゃっか　18 きゃくほん　19 きょひ　20 こば

21 ろうきゅうか　22 く　23 きゅうりょう　24 おか

P.37

2

1 きゅうもん　2 かぶん　3 きょうけん　4 えつらん

5 やっかん　6 かんげん　7 きょうねん　8 ざんてい

9 かんげん　10 どんてん　11 せんか　12 けっかい

13 もぎ　14 こんきゅう　15 かいきょう　16 おんきょう

17 だんがい　18 がんめい　19 ろうでん　20 しょうがい

3

1 虚偽　2 零落　3 閑暇　4 懐柔　5 湿潤

6 遺憾　7 秀逸　8 飽食　9 無窮　10 知己

P.38

4

1 窮地　2 恭順　3 挟　4 拒絶　5 暁

6 糾弾　7 巨費　8 拠点　9 距離　10 狭

11 号泣　12 抽出　13 失墜　14 南蛮　15 遺言

16 赴任　17 濃厚　18 詠嘆　19 普及　20 不朽

21 教授　22 享受　23 矯正　24 強制

ステップ8

1 (P.40)

1 もっきん
2 ぎんみ
3 きん
4 びょうげんきん
5 しゅくん
6 すみ
7 えりもと
8 かお
9 ぎん
10 つつし
11 いちぐう
12 きんちょう
13 ぐもん
14 ぐうぜん
15 きょうぐう
16 すけだち
17 けいだい
18 すあし
19 ばとうきん
20 こと
21 ぜっきょう
22 さけ
23 はんきょう
24 ひび

2 (P.41)

1 謹製
2 規模
3 鉄琴
4 維新
5 偉容
6 奪還
7 苦吟
8 遺伝
9 窮屈
10 著述

3

1 イ
2 オ
3 エ
4 ウ
5 ア
6 オ
7 オ
8 エ
9 イ

4 (P.42)

1 殺菌
2 謹慎
3 片隅
4 襟
5 琴
6 詩吟
7 勲章
8 一隅
9 謹
10 薫
11 凶作
12 近況
13 不屈
14 発掘
15 緊迫
16 制御
17 欄外
18 麦芽
19 遭遇
20 偶発的
21 皆勤
22 解禁
23 琴線
24 金銭

ステップ9

1 (P.44)

1 けいしゅく
2 ぶんけん
3 けいこうとう
4 けいこく
5 けっしゅつ
6 ちかけい
7 ほたる
8 けんきょ
9 くき
10 こんだて
11 いや
12 けんてつ
13 ぎけい
14 しゃきょう
15 おとめ
16 ちえ
17 こうけいしゃ
18 しばふ
19 けんえん
20 きら
21 けいさい
22 かか
23 ていけい
24 たずさ

2 (P.45)

1 キ
2 ク
3 イ
4 ケ
5 オ

3

1 エ
2 ア
3 ウ
4 ウ
5 ア
6 イ
7 エ
8 オ
9 ウ
10 ア

4 (P.46)

1 蛍光
2 渓流
3 歯茎
4 嫌疑
5 謙譲
6 同慶
7 嫌
8 献金
9 傑作
10 蛍
11 嫌
12 海峡
13 歓迎
14 肩幅
15 愚
16 回忌
17 献身
18 検針
19 機嫌
20 期限
21 打
22 討
23 延
24 伸

ステップ10

P.48 **1**

1 けんちょ　2 ごおん　3 ごばん　4 じょうげん
5 まゆ　6 しゅこう　7 ゆだ　8 かなめ
9 けいやく　10 けいじ　11 いこ　12 のきさき
13 ことさら　14 かりそ　15 ぼうけん　16 ごかく
17 はとば　18 なっとう　19 けんあん　20 か
21 ちょうこう　22 えど　23 とうわく　24 まど

P.49 **2**

1 ごえつどうしゅう　ウ　2 きんげんじっちょく　エ
3 こぐんふんとう　オ　4 いっちょういっせき　ア
5 かろとうせん　イ

3

1 じゅよう　2 い　3 きんしん　4 つつし
5 さいくつ　6 ほ　7 ぎそう　8 いつわ
9 そんげん　10 おごそ　11 じたい　12 や
13 はんえい　14 は　15 かんらく　16 おちい
17 びしょう　18 え　19 はくりょく　20 せま

P.50 **4**

1 弦楽　2 繭　3 江　4 顕微鏡　5 呉服
6 肯定　7 囲碁　8 倹約　9 神主　10 佳境
11 幻想　12 五月雨　13 大気圏　14 堅実　15 玄米
16 鯨　17 懸賞　18 検証　19 脅威　20 驚異
21 鋭利　22 営利　23 懸　24 掛

ステップ11

P.52 **1**

1 こうおん　2 おうこう　3 こうけん　4 ごうちょく
5 みぞ　6 へいこう　7 そっこう　8 こうどく
9 ごうもん　10 ごうふく　11 そうこく　12 きょうえつ
13 けんめい　14 きんかい　15 こうみょう　16 はっこう
17 にわとり　18 たいこ　19 こもん　20 かえり
21 かいこ　22 やと　23 ようこう　24 たづな

P.53 **2**

1 洪 こうせきそう　2 衡 どりょうこう　3 酵 こうぼきん
4 購 こうばい　5 香 こうしんりょう　6 荒 はてんこう
7 甲 こうかくるい　8 鉱 こうみゃく　9 恒 こうきゅうてき

3

1 亻 はんこう　2 貝 らいこう　3 刂 ごうたん
4 心 けんすい　5 犬 けんぽん　6 石 ごかい
7 虫 けいせつ　8 頁 けんじ　9 言 きょうけん
10 力 ぶくん

P.54 **4**

1 均衡　2 洪水　3 海溝　4 剛健　5 溝
6 購入　7 諸侯　8 拷問　9 交互　10 攻撃
11 更新　12 恒例　13 条項　14 近郊　15 原稿
16 拘束　17 貢献　18 後見　19 古代　20 誇大
21 反抗　22 犯行　23 遣　24 使

ステップ12

P.56

1

1 ぎょくさい
2 こくひょう
3 たいさ
4 こんだん
5 しゅさい
6 きょうさ
7 さしょう
8 こんちゅう
9 ひか
10 あわ
11 こくふく
12 じごく
13 つうこん
14 ふさい
15 ぼうが
16 おおやけ
17 いっさい
18 たび
19 さいせき
20 くだ
21 かいさい
22 もよお
23 こんたん
24 たましい

P.57

2

1 魂→懇
2 坑→抗
3 機→器
4 避→被
5 攻→衡
6 仕→思
7 偽→擬
8 将→相
9 万→満
10 誇→呼

3

1 砕
2 罰
3 兼
4 敢
5 紫
6 闘
7 沈
8 尋
9 即
10 薄

P.58

4

1 懇親
2 酷使
3 詐欺
4 補佐
5 示唆
6 粉砕
7 宰相
8 昆布
9 意気込
10 閉鎖
11 色彩
12 催促
13 紺色
14 困惑
15 小柄
16 面目
17 縁
18 豪雨
19 酷似
20 告示
21 抗生
22 厚生
23 開墾
24 悔恨

力だめし 第2回

P.59

1

1 いっこん
2 えり
3 ふきんしん
4 すみずみ
5 はさ
6 きゅうめい
7 けいりゅう
8 ごいし
9 しょこう
10 きんせん

2

1 宀 さいりょう
2 日 こんちゅう
3 肉 こうだく
4 口 ごおん
5 矢 きょうしょく
6 口 きょうさ
7 女 けんぎ
8 亠 きょうゆう
9 貝 こうばい
10 糸 まゆだま

P.60

3

1 伺う
2 拒む
3 凝らす
4 和やかに
5 承る
6 慌てる
7 映える
8 陥る
9 砕く
10 甘やかさ

4

1 エ
2 エ
3 ア
4 ウ
5 エ
6 イ
7 オ
8 ウ
9 オ
10 イ

P.61

5

1 閲→謁
2 提→堤
3 肯→更
4 訓→勲
5 唆→詐

6

1 凡人
2 恭順
3 悲哀
4 冷淡
5 遠隔
6 黙殺
7 慶賀
8 懇意
9 突如
10 抵当

P.62

7

1 工
2 憂
3 発
4 炉
5 兼
6 到
7 棄
8 為
9 顧
10 率

8

1 茎
2 雌雄
3 下弦
4 偉
5 吟遊
6 蛍雪
7 換気
8 余儀
9 動揺
10 炊

ステップ13

1 P.64

1 けっさい 2 あまがさ 3 さき 4 しょくさい
5 けんさく 6 しし 7 さんどう 8 ぼうきゃく
9 かんせん 10 しぼ 11 さっかく 12 さっかしょう
13 ざんじ 14 ふくし 15 にもの 16 ひさん
17 あらわ 18 や 19 さくさん 20 うめず
21 さくじょ 22 けず 23 かくご 24 さと

2 P.65

1 恒例 2 新鋭 3 謙虚
4 歳末 5 却下 6 不審
7 拠点 8 頑健 9 紛糾
10 肯定

3

1 イ 2 エ 3 オ
4 エ 5 ア 6 イ
7 エ 8 ア 9 イ

4 P.66

1 書斎 2 盆栽 3 桟橋 4 索引 5 甘酢
6 選択肢 7 日傘 8 長崎 9 薬剤師 10 伺
11 環境 12 肝要 13 添削 14 発酵 15 債権
16 交錯 17 撮影 18 財布 19 梅雨 20 竹刀
21 快晴 22 改正 23 解 24 溶

ステップ14

1 P.68

1 じゃばら 2 ばんしゃく 3 たまわ 4 じみ
5 こくじ 6 しし 7 はたあ 8 こた
9 しゅぬ 10 さむらい 11 じぜん 12 しっぷう
13 じゃま 14 しがいせん 15 しゅみ 16 しゃめん
17 そこ 18 う 19 しゃこう 20 さえぎ
21 しっき 22 うるし 23 しっぷ 24 しめ

2 P.69

1 エ 2 イ 3 オ
4 エ 5 ウ 6 ア
7 ウ 8 ア 9 イ
10 オ

3

1 A 2 B 3 A
4 A 5 B

4 P.70

1 漆黒 2 遮断 3 長蛇 4 賜 5 漆細工
6 蛇 7 滋養 8 遮 9 大蛇 10 御璽
11 継嗣 12 酌量 13 解釈 14 牛耳 15 静寂
16 災 17 諮問 18 古今 19 要旨 20 容姿
21 彫 22 掘 23 懐柔 24 海獣

ステップ15

1 P.72

1 しゅぎょく　5 ほうしゅう　9 きょうしゅう　13 かんだか　17 ころも　21 しゅうき
2 だんしゃく　6 ゆうしゅう　10 しゅうたい　14 たいしゃく　18 は　22 なまぐさ
3 みにく　7 しんじゅ　11 とくしゅ　15 あや　19 ふくいん　23 せいだい
4 じゅがく　8 にお　12 しゅうにん　16 お　20 しせつ　24 さか

2 P.73

1 はさい　5 さくさん　9 しっこう　13 かいこう　17 ほかく
2 くだ　6 す　10 うるし　14 みぞ　18 え
3 ぞくしゅう　7 しゃこう　11 けいそう　15 じゅんたく　19 らんかく
4 にお　8 さえぎ　12 ほたる　16 うるお　20 から

3

1 エ　4 ウ
2 キ　5 ケ
3 イ

4 P.74

1 醜聞　6 異臭　11 需要　16 疾走　21 一翼
2 哀愁　7 爵位　12 襲名　17 恩赦　22 朱色
3 脱獄囚　8 応酬　13 授与　18 花園　23 囚人
4 珠算　9 醜　14 暫定　19 羽毛　24 衆人
5 儒教　10 趣　15 目撃　20 宗家

ステップ16

1 P.76

1 ほじゅう　5 ししゅく　9 はぐく　13 まんきつ　17 うれ　21 かじゅう
2 じゅく　6 しぶかわ　10 つく　14 ぎょうし　18 こ　22 しるこ
3 おじ　7 せいしゅく　11 きょうこく　15 にきん　19 ほうがん　23 くじゅう
4 くじゅう　8 じゅう　12 ぎゃくたい　16 かろ　20 れんさい　24 しぶ

2 P.77

1 ウ　4 オ　7 オ
2 ア　5 ウ　8 ウ
3 オ　6 イ　9 ア

3

1 当→討　4 受→授　7 体→帯　10 称→照
2 重→長　5 集→収　8 伸→振
3 加→化　6 移→異　9 句→口

4 P.78

1 塾生　6 厳粛　11 思慮　16 豪華　21 奇声
2 充血　7 銃声　12 緩和　17 報　22 規制
3 淑女　8 墨汁　13 寿命　18 木綿　23 祈念
4 渋茶　9 渋　14 勘弁　19 難渋　24 記念
5 叔母　10 獣医　15 邪推　20 何重

ステップ17

P.80
1

1 しょむ
2 しゅんびん
3 はなお
4 ひじゅん
5 いっしょう
6 じゅんしょく
7 いんじゅん
8 いっしょ
9 じじょでん
10 ますめ
11 いじょう
12 とつじょ
13 しゅじく
14 ちょじゅつ
15 まんぱん
16 じょきょ
17 は
18 しんちょう
19 ちょうじゅ
20 ことぶき
21 ぼうとう
22 おか
23 おんけん
24 おだ

P.81
2

1 因循
2 殉難
3 端緒
4 俊敏
5 叙勲
6 充血
7 渋面
8 自粛
9 旬刊
10 巡業

3

1 土 ぎじゅく
2 辶 じゅんぽう
3 糸 ないしょ
4 歹 じゅんきょう
5 川 なかす
6 广 しゅうしょ
7 冫 じゅんしょう
8 又 じょじょう
9 亻 しゅんけつ
10 彳 じゅんこう

P.82
4

1 緒
2 俊才
3 情緒
4 殉国
5 升
6 循環
7 庶民
8 准将
9 叙述
10 芝居
11 遵守（順守）
12 旬
13 克服
14 釈放
15 枚挙
16 瞬時
17 侵入
18 進入
19 不足
20 不測
21 定期
22 提起
23 洗剤
24 潜在

ステップ18

P.84
1

1 そしょう
2 きおうしょう
3 しょうやく
4 せいしょう
5 ふしょう
6 よい
7 しょうがい
8 しょうそう
9 かか
10 けっしょう
11 しょうそう
12 ばんしょう
13 しょうしゅう
14 しょうち
15 かくにん
16 かどまつ
17 てんにょ
18 と
19 だんしょう
20 え
21 ぎょうせき
22 はやわざ
23 きょうごう
24 きそ

P.85
2

1 エ
2 ケ
3 キ
4 イ
5 ウ

3

1 ウ
2 エ
3 イ
4 エ
5 ウ
6 ア
7 ウ
8 イ
9 オ

P.86
4

1 症例
2 訴訟
3 抄本
4 不祥事
5 肖像
6 交渉
7 宵越
8 高尚
9 鐘楼
10 車掌
11 紋章
12 焦点
13 巨匠
14 昇格
15 石灰
16 商
17 起床
18 気性
19 景勝
20 継承
21 干渉
22 鑑賞
23 潤色
24 殉職

力だめし 第3回

1 P.87

1 じょう　2 じょじ　3 くろず　4 びしゅう　5 ぼんさい　6 しさく　7 しょさい　8 ちゃしぶ　9 しょうじょう　10 ばんしゃく

2

1 キ　2 コ　3 ク　4 ウ　5 ア

3 P.88

1 遮る　2 滑らかな　3 携え　4 賢い　5 恨めしい　6 賜る　7 強いる　8 熟れる　9 結わえる　10 触る

4

1 ア　2 オ　3 エ　4 ウ　5 エ　6 ウ　7 イ　8 ウ　9 ア　10 エ

5 P.89

1 確→獲　2 捕→補　3 偽→儀　4 状→情　5 所→署

6

1 購入　2 霊魂　3 寡黙　4 美麗　5 高尚　6 懇切　7 考慮　8 算段　9 庶民　10 敢闘

7 P.90

1 鶏口　2 一髪　3 無尽　4 帯水　5 白日　6 自賛　7 精進　8 一汁　9 周到　10 八倒

8

1 端緒　2 威信　3 報酬　4 敏腕　5 壁画　6 綱領　7 特殊　8 賃貸　9 蛇足　10 裁

ステップ 19

1 P.92

1 しょうえん　2 かんしょう　3 じょうか　4 けしょう　5 けんしょう　6 しょうしょ　7 すいしょう　8 あんしょう　9 ほしょう　10 しょうこう　11 しょうあく　12 かんしょう　13 つうしょう　14 じう　15 ため　16 うじがみ　17 ぎんえい　18 こころざ　19 べんしょう　20 つぐな　21 りんじ　22 のぞ　23 がりゅう　24 わ

2 P.93

1 尚武　2 狂乱　3 巨漢　4 美粧　5 償還　6 契機　7 岩礁　8 深紅　9 遊戯　10 及第

3

1 離　2 逆　3 威　4 沈　5 邪　6 幽　7 驚　8 望　9 戒　10 奇

4 P.94

1 洗浄　2 化粧　3 硝酸　4 奨学　5 無償　6 奨励　7 表彰　8 座礁　9 代償　10 詔　11 錯誤　12 微笑　13 殊勲　14 屈辱　15 追随　16 近郷　17 衣装　18 祝杯　19 巡回　20 軸　21 償却　22 焼却　23 完勝　24 環礁

ステップ20

P.96

1

1 くちびる
2 よじょう
3 じょうど
4 なわば
5 しんし
6 ぎんじょう
7 しん
8 つつ・つづ
9 じょうちょう
10 じょうまえ
11 しょくぼう
12 しんしゅく
13 しんさん
14 れいじょう
15 ゆ
16 も
17 ようしゃ
18 きょ
19 じょうもん
20 なわ
21 きじょう
22 せたけ
23 じょうと
24 ゆず

P.97

2

1 エ
2 ア
3 オ
4 イ
5 オ
6 エ
7 イ
8 オ
9 エ

3

1 しんげん
2 ふる
3 いっしょう
4 ますせき
5 ほじょう
6 なわめ
7 えいよ
8 ほま
9 はきゅう
10 およ
11 でんじゅ
12 さず
13 しゅうあく
14 みにく
15 りしょく
16 ふ
17 かいりつ
18 いまし
19 ちょうじょう
20 あおだたみ

P.98

4

1 醸成
2 過剰
3 紳士的
4 火縄銃
5 津波
6 土壌
7 唇
8 醸造
9 娠
10 浸水
11 鼓舞
12 手触
13 徐行
14 嬢
15 嘱託
16 冗談
17 起訴
18 厳
19 深刻
20 申告
21 錠剤
22 浄財
23 剰余
24 譲与

ステップ21

P.100

1

1 じゅくすい
2 だしん
3 はもの
4 じんそく
5 おうしん
6 はなは
7 そうすい
8 すうはい
9 すいま
10 すうき
11 すいきょう
12 ぶすい
13 じゅんれい
14 つつし
15 むじんぞう
16 じんえい
17 におう
18 あいしょう
19 しんりょう
20 み
21 すいたい
22 おとろ
23 すいこう
24 と

P.101

2

1 浄化
2 遵守（順守）
3 干渉
4 享楽
5 醜聞
6 発祥
7 真髄（神髄）
8 均衡
9 手柄
10 傍観

3

1 添える
2 尋ねる
3 占う
4 掲げ
5 触れる
6 詳しく
7 浸す
8 驚かす
9 斜めに
10 償う

P.102

4

1 甚
2 初診
3 迅速
4 睡眠
5 刃渡
6 崇高
7 中枢
8 診断
9 元帥
10 午睡
11 薪
12 尋問
13 完遂
14 骨髄
15 審議
16 純粋
17 叫
18 寝食
19 地震
20 磁針
21 搾
22 絞
23 澄
24 透

ステップ 22

P.104
1

1 すぎなみき
2 きゅうせい
3 せっしゅ
4 ちせつ
5 す
6 せいしょう
7 つたな
8 かいせき
9 せっそく
10 けんじ
11 あさせ
12 はなむこ
13 はいせき
14 ぜせい
15 どうせい
16 ずいじ
17 のぼ
18 ぶしょう
19 せんせい
20 ちか
21 しんせい
22 したう
23 せきはい
24 お

P.105
2

1 山 そんすう
2 辶 ちょうせい
3 言 せいし
4 酉 びしゅう
5 刀 はさき
6 刂 じょういん
7 ⺌ こうしょう
8 大 かんしょう
9 巾 とうすい
10 斉 きんせい

3

1 ウ
2 ア
3 オ
4 エ
5 ア
6 ウ
7 ウ
8 オ
9 イ

P.106
4

1 誓
2 拙宅
3 据
4 一斉
5 杉
6 分析
7 窃盗
8 逝去
9 拙劣
10 女神
11 勝
12 犠牲
13 擦
14 脱水
15 照準
16 一対
17 添乗
18 天井
19 征服
20 制服
21 有終
22 優秀
23 就
24 着

ステップ 23

P.108
1

1 もとせん
2 せんい
3 ゆうぜん
4 せんきょう
5 じっせん
6 せんもう
7 へんせん
8 しょうかせん
9 ぜんもんどう
10 せんぷう
11 きわ
12 だいり
13 あざ
14 せんす
15 べんぜつ
16 そっせん
17 たせん
18 すす
19 ちょうば
20 は
21 きかい
22 あや
23 きょうこう
24 かた

P.109
2

1 エ
2 イ
3 ウ
4 ア
5 オ
6 ウ
7 ア
8 オ
9 エ
10 イ

3

1 巡→循
2 気→機
3 券→圏
4 少→小
5 望→臨
6 噴→粉
7 処→書
8 価→貨
9 調→潮
10 裁→採

P.110
4

1 実践
2 栓抜
3 旋回
4 繊細
5 座禅
6 左遷
7 仙人
8 旋律
9 血栓
10 掃
11 炎
12 筆跡
13 修繕
14 収穫
15 石高
16 今昔
17 慎重
18 新調
19 定職
20 抵触
21 脂肪
22 死亡
23 推薦
24 水仙

ステップ 24

P.112

1

1 そうわ　2 かそせい　3 ひそう　4 そうちょう
5 さ　6 ちそ　7 ゆうそう　8 べっそう
9 ぜんぞう　10 そえん　11 せんと　12 そし
13 そち　14 うった　15 せっぱん　16 せんぱく
17 やぼ　18 げばひょう　19 そうさ　20 さが
21 はいとく　22 そむ　23 えいぜん　24 つくろ

P.113

2

1 慎む　2 襲わ　3 侵さ
4 誓っ　5 優しい　6 逃れる
7 甚だ　8 拙い　9 控える
10 挟まる

3

1 俊　2 霧　3 衰
4 迅　5 笑　6 剛
7 閑　8 迷　9 疎
10 舞

P.114

4

1 挿入　2 塑像　3 壮健　4 山荘　5 過疎
6 漸次　7 租税　8 挿絵　9 空疎　10 鮮明
11 狭　12 鶏　13 稲穂　14 蒸　15 虚勢
16 阻害　17 創作　18 捜索　19 要請　20 養成
21 選考　22 専攻　23 厚　24 暑

力だめし 第4回

P.115

1

1 こうせつ　2 じじょう　3 すいみん　4 せっとう
5 せいやく　6 とうせき　7 いっせい　8 すうじく
9 もんしん　10 ぜんしん

2

1 コ　2 ア　3 エ　4 ウ　5 ケ

P.116

3

1 オ　2 イ　3 ア　4 エ　5 ア
6 イ　7 オ　8 イ　9 オ　10 ウ

4

1 エ　2 エ　3 ウ　4 イ　5 ウ
6 ウ　7 ア　8 オ　9 ア　10 オ

P.117

5

1 嘆→端　2 盤→板　3 活→画　4 硝→粧　5 屈→掘

6

1 汚濁　2 末端　3 備蓄　4 膨張　5 甘言
6 崇拝　7 明敏　8 左遷　9 模範　10 邪魔

P.118

7

1 粛　2 離　3 謀　4 依　5 如
6 吐　7 慮　8 励　9 隻　10 奇

8

1 交　2 器　3 装飾　4 発端　5 弁償
6 劣等　7 排斥　8 粗品　9 炎症　10 禅宗

ステップ25

P.120 **1**

1 ほうそう
2 だ
3 はつしも
4 だせい
5 だけつ
6 かいぞく
7 じょうかそう
8 じゅうそう
9 そそう
10 こうたい
11 おもなが
12 せいそう
13 そまつ
14 そうせいじ
15 あいぞう
16 こうそう
17 ぶっそう
18 ぞうとう
19 かいそう
20 も
21 そうしん
22 もちゅう
23 そうなん
24 あ

P.121 **2**

1 蛇行
2 解雇
3 惜敗
4 希薄
5 稚拙
6 傾向
7 継承
8 熟睡
9 前途
10 仲裁

3

1 往
2 欧
3 横
4 彰
5 祥
6 肖
7 趣
8 珠
9 種

P.122 **4**

1 堕落
2 妥協
3 藻
4 喪主
5 浴槽
6 軍曹
7 霜焼
8 惰眠
9 喪失
10 文藻
11 浅瀬
12 雑煮
13 即決
14 風俗
15 既成
16 早速
17 水槽
18 吹奏
19 妥当
20 打倒
21 占拠
22 選挙
23 粗
24 荒

ステップ26

P.124 **1**

1 くちく
2 たな
3 ちじょう
4 ただ
5 あんたい
6 ちつじょ
7 だがし
8 せんたく
9 たいぜん
10 ださく
11 ぐち
12 ほうちく
13 たいきょう
14 たいほ
15 たき
16 たくばつ
17 こうたく
18 くちはば
19 きんたい
20 なま
21 たいざい
22 とどこお
23 そくしん
24 うなが

P.125 **2**

1 亻 しゅせん
2 方 しゅうせん
3 艹 せんきょ
4 土 そぞう
5 士 きょうそう
6 曰 りくそう
7 口 そそう
8 忄 だりょく
9 馬 むだ
10 氺 たいと

3

1 加→過
2 広→興
3 人→任
4 寒→閑
5 収→酬
6 義→儀
7 含→眼
8 線→旋
9 詳→証
10 援→延

P.126 **4**

1 泰然
2 書棚
3 逐一
4 痴漢
5 秩序
6 怠惰
7 洗濯機
8 駄賃
9 但
10 渋滞
11 開拓
12 濁流
13 委託
14 承諾
15 魂
16 福祉
17 身銭
18 耐久
19 移動
20 異動
21 摘要
22 適用
23 事態
24 辞退

ステップ27

1 P.128

1 ちょうえき
2 ちょくし
3 なが
4 つ
5 こ
6 ちょうでん
7 ちゃくし
8 ちょうぼう
9 ちゅうしん
10 ちょうはつ
11 おのれ
12 けいちょう
13 ぶあい
14 らくたん
15 きまじめ
16 きょうだん
17 ちょうばつ
18 こ
19 ちょうじ
20 とむら
21 ちょうせん
22 いど
23 ちゅうぞう
24 いもの

2 P.129

1 傾い
2 据える
3 珍しい
4 描く
5 倒れる
6 醜い
7 衰え
8 迎える
9 紛らわしい
10 頼もしく

3

1 慈
2 鬼
3 満
4 壁
5 範
6 双
7 薄
8 即
9 客
10 我

4 P.130

1 眺望
2 苦衷
3 懲戒
4 釣
5 弔
6 眺
7 挑
8 勅語
9 弔問
10 懲
11 挑戦
12 嫡男
13 冷淡
14 丹念
15 凝
16 鍛
17 土壇場
18 脱
19 象徴
20 前兆
21 踏
22 触
23 務
24 勤

ステップ28

1 P.132

1 かいづか
2 ほうてい
3 きんてい
4 かんてい
5 りょうてい
6 つけもの
7 きゅうてい
8 ちん
9 しんてい
10 たてつぼ
11 ていたく
12 ちぎょ
13 ちくさん
14 ちっそく
15 ちゅうせん
16 たくわ
17 おき
18 ちんもく
19 いちじる
20 ひよりみ
21 だっしゅ
22 うば
23 たんまつ
24 いどばた

2 P.133

1 ア
2 イ
3 ウ
4 エ
5 オ
6 ウ
7 エ
8 ア
9 オ
10 イ

3

1 エ
2 キ
3 イ
4 ケ
5 コ

4 P.134

1 坪庭
2 贈呈
3 亭主
4 出廷
5 茶漬
6 豪邸
7 朕
8 露呈
9 塚
10 窒素
11 恥
12 遅延
13 陳腐
14 常駐
15 抱擁
16 机上
17 貴重
18 記帳
19 鎮火
20 沈下
21 送
22 贈
23 弾
24 引

ステップ29

1 P.136

1 ていげん
2 かんてつ
3 どろなわ
4 きゅうめいてい
5 こうてつ
6 とうてつ
7 てっかい
8 どろあそ
9 ていしゅく
10 ていさつ
11 いごこち
12 ついらく
13 ていこく
14 かいてい
15 とってい
16 そうてい
17 ぎてい
18 さぐ
19 ていけつ
20 し
21 ちょうこく
22 ほ
23 ちょうえつ
24 こ

2 P.137

1 概略
2 安泰
3 発端
4 添加
5 誕生
6 献上
7 欠陥
8 駆逐
9 措置
10 周到

3

1 優柔
2 良俗
3 鯨飲
4 一貫
5 模索
6 思慮
7 壮大
8 厚顔
9 懲悪
10 葬祭

4 P.138

1 徹底
2 泥沼
3 更迭
4 撤去
5 内偵
6 貞女
7 撤退
8 逓増
9 競艇
10 徹夜
11 抵抗
12 滴
13 防波堤
14 低迷
15 質屋
16 現役
17 法廷
18 法定
19 私邸
20 指定
21 現
22 著
23 遅
24 後

ステップ30

1 P.140

1 かんとく
2 とうさい
3 こうとう
4 とうしゃ
5 すいとう
6 ついとう
7 とくれい
8 ぼうとう
9 とうとつ
10 とうそつ
11 ここ
12 とうげい
13 てんねんとう
14 きどあいらく
15 とうげんきょう
16 すいとう
17 くうどう
18 ほら
19 びょうとう
20 むねあ
21 ふうとう
22 つつぬ
23 とうし
24 す

2 P.141

1 木 きへん
2 禾 のぎへん
3 言 げん
4 馬 うま
5 心 こころ
6 月 つきへん
7 弓 ゆみ
8 土 つち
9 廴 えんにょう
10 忄 りっしんべん

3

1 徹
2 撤
3 鉄
4 容
5 溶
6 要
7 駆
8 懸
9 掛

4 P.142

1 哀悼
2 封筒
3 洞察
4 督促
5 謄本
6 上棟
7 急騰
8 竹筒
9 搭乗
10 棟
11 洞穴
12 家督
13 恵
14 殺到
15 圧倒
16 鉄塔
17 騰貴
18 登記
19 首相
20 殊勝
21 簡単
22 感嘆
23 逃走
24 闘争

力だめし 第5回

P.143

1

1 ちくじ
2 こうてつ
3 ちゃくりゅう
4 どろぬま
5 はつえんとう
6 だじゃく
7 よくそう
8 しょうちょく
9 だちん
10 ていしん

2

1 阝 べってい
2 土 たてつぼ
3 女 だけつ
4 口 けんてい
5 衣 せっちゅう
6 亠 りょうてい
7 口 しし
8 ⺮ えんとう
9 目 とうとく
10 貝 ていせつ

P.144

3

1 弔う
2 閉ざす
3 巡る
4 眺める
5 秘める
6 懲りる
7 悩ましい
8 卑しめる
9 漂う
10 漬ける

4

1 エ
2 エ
3 ア
4 オ
5 ア
6 オ
7 イ
8 ウ
9 エ
10 ウ

P.145

5

1 痴
2 廷
3 偵
4 艇
5 隆

6

1 喪失
2 追跡
3 荘重
4 秩序
5 堕落
6 窮乏
7 起伏
8 沈着
9 隷属
10 変遷

P.146

7

1 乾燥
2 絶倒
3 不眠
4 墨客
5 奮闘
6 堅固
7 篤実
8 前途
9 拙速
10 怪奇

8

1 貝塚
2 静脈
3 試
4 釣
5 漫然
6 暴騰
7 知己
8 棚卸
9 暇
10 霜降

ステップ 31

P.148

1

1 かいにん
2 あんねい
3 こうなん
4 とつ
5 にんじゅう
6 はじ
7 ちゅうとん
8 あま
9 しにせ・ろうほ
10 たお
11 いんとく
12 とくしか
13 ふみきり
14 げきとつ
15 どんてん
16 きじょう
17 したく
18 してい
19 にんたい
20 しの
21 なんか
22 やわ
23 よくば
24 ほ

P.149

2

1 ウ
2 ア
3 エ
4 オ
5 イ
6 オ
7 ア
8 イ
9 ウ
10 エ

3

1 抱→胞
2 貫→慣
3 詳→祥
4 好→構
5 摘→適
6 準→准
7 傾→景
8 情→常
9 造→贈
10 倒→踏

P.150

4

1 忍者
2 尼寺
3 凸版
4 柔軟
5 屯所
6 丁寧
7 把握
8 妊娠
9 凸凹
10 忍
11 鐘
12 根性
13 危
14 干物
15 童
16 得
17 胴回
18 後悔
19 軒下
20 貯蓄
21 公認
22 後任
23 澄
24 済

ステップ32

1 P.152

1 はくちゅう
2 ばいしゃく
3 ばくぜん
4 はくらい
5 はいあん
6 はき
7 ちょうばいか
8 おじ
9 さいばい
10 れんぱ
11 くうばく
12 はくしゃく
13 ばいしょう
14 にまんえん
15 のうこう
16 ひょうし
17 はたお
18 はいしゃく
19 はいすいこう
20 ばいせき
21 はいき
22 すた
23 くのう
24 なや

2 P.153

1 壊れる
2 沈める
3 腐り
4 隠れる
5 忍ばせ
6 初める
7 捕まえる
8 懲らしめる
9 授ける
10 漏らす

3

1 帆 エ
2 滅 ア
3 翼 ウ
4 丈 イ
5 是 オ
6 令 カ

4 P.154

1 船舶
2 砂漠
3 賠償
4 廃
5 覇者
6 画伯
7 媒介
8 廃止
9 培養
10 制覇
11 伯母
12 納得
13 停泊
14 迫真
15 拍車
16 販売
17 小児科
18 気配
19 後輩
20 荒廃
21 伝染
22 電線
23 電動
24 殿堂

ステップ33

1 P.156

1 はんぼう
2 ひけん
3 とびらえ
4 ひでんか
5 うえきばち
6 すはだ
7 とびら
8 はばつ
9 なごり
10 はんか
11 おもかげ
12 びぼうろく
13 ほばく
14 ばっさい
15 ばっすい
16 むなさわ
17 む
18 そむ
19 はんざつ
20 わずら
21 はんざい
22 おか
23 はんかん
24 たんもの

2 P.157

1 哀悼
2 恒久
3 黙秘
4 丁寧
5 栽培
6 手腕
7 雑踏
8 放浪
9 伯仲
10 策謀

3

1 騰
2 搭
3 統
4 廃
5 輩
6 俳
7 陪
8 培
9 倍

4 P.158

1 披露
2 扉
3 王妃
4 頒布
5 煩
6 肌身
7 財閥
8 鉢植
9 批判
10 苗代
11 束縛
12 脱皮
13 卑下
14 分泌
15 浸透
16 払
17 同伴
18 目頭
19 送検
20 創建
21 系統
22 傾倒
23 副食
24 服飾

ステップ34

P.160

1

1 ひんぱん
2 ふぞく
3 みけねこ
4 きふ
5 ふよう
6 どびん
7 ひめん
8 しゅひん
9 ふろく
10 がくふ
11 ひんど
12 はいき
13 ほばしら
14 かみひとえ
15 ばちあ
16 そほうか
17 ひ
18 つい
19 きふく
20 ふ
21 けっぺき
22 くちぐせ
23 だんぼう
24 ひとふさ

P.161

2

1 披 ひろう
2 疲 ひろう
3 被 ひがい
4 彼 ひがん
5 妃 こうひ
6 碑 ぼひ
7 賓 げいひん
8 浜 かいひん
9 頻 ひんしゅつ

3

1 督
2 呈
3 疫
4 冗
5 索

P.162

4

1 頻発
2 猫背
3 暗譜
4 寄附・寄付
5 来賓
6 罷業
7 花瓶
8 国賓
9 扶助
10 微風
11 年譜
12 爆笑
13 散髪
14 全般
15 老婆心
16 藩主
17 逃避
18 注釈
19 振替
20 尾行
21 回避
22 会費
23 補修
24 補習

ステップ35

P.164

1

1 わ
2 こうおつへい
3 がっぺい
4 ふつふつ
5 ぶげん
6 ふんぜん
7 かへい
8 ぶじょく
9 ふってん
10 ふんいき
11 へい
12 はいこう
13 くらい
14 ぼしゅん
15 びえん
16 かいひん
17 ひんぷ
18 だんぺん
19 へいはつ
20 あわ
21 みっぺい
22 と
23 ふちん
24 う

P.165

2

1 疲れる
2 潤し
3 廃れる
4 埋もれる
5 崩れる
6 惑わす
7 妨げる
8 危うい
9 抱え
10 探る

3

1 滑 カ
2 伯 オ
3 岐 エ
4 尾 ウ
5 攻 ア
6 廉 イ

P.166

4

1 板塀
2 紙幣
3 義憤
4 軽侮
5 沸
6 雰囲気
7 併用
8 憤激
9 丙種
10 沸騰
11 浮揚
12 市販
13 運搬
14 模範
15 恐怖
16 古墳
17 腐食
18 噴火
19 平衡
20 平行
21 被
22 非
23 軽微
24 警備

ステップ36

1 P.168

1 へんくつ
2 こんぼう
3 ごへい
4 ひとあわ
5 へんけん
6 ぼうけん
7 ふへん
8 きゅうへい
9 ついぼ
10 げんぽう
11 ほ
12 へんろ
13 おうちゃく
14 すいとうぼ
15 ぜっぺき
16 てんぽ
17 れんぽう
18 はんぼう
19 へんこう
20 かたよ
21 すいほう
22 あわゆき
23 ぜんぷく
24 りはば

2 P.169

1 エ
2 オ
3 ア
4 イ
5 ウ
6 ア
7 エ
8 イ
9 オ
10 ウ

3

1 悼
2 陶
3 逃
4 繁
5 判
6 搬
7 弊
8 併
9 閉

4 P.170

1 疲弊
2 泡立
3 紡績
4 遍歴
5 偏重
6 気泡
7 褒
8 弊害
9 解剖
10 年俸
11 転覆
12 派遣
13 皮膚
14 吹
15 慕情
16 応募
17 難癖
18 柄
19 発泡
20 発砲
21 介抱
22 快方
23 偏食
24 変色

力だめし 第6回

1 P.171

1 とうき
2 へんれき
3 ほ
4 ぞうへい
5 ふじょ
6 へいせつ
7 ざんにん
8 どべい
9 こうばく
10 おおざっぱ

2

1 肌
2 廃
3 媒
4 洞
5 覇

3 P.172

1 屯田
2 解剖
3 培養
4 伯爵
5 軟弱
6 舶来
7 罷業
8 鉄瓶
9 煩忙
10 丁寧

4

1 ウ
2 ア
3 ウ
4 イ
5 エ
6 ア
7 オ
8 ア
9 オ
10 イ

5 P.173

1 適→摘
2 徐→除
3 賓→頻
4 起→器
5 破→覇

6

1 濃縮
2 混濁
3 芳香
4 猛暑
5 偏屈
6 妊娠
7 丹念
8 弊風
9 鼓舞
10 交渉

7 P.174

1 堅
2 倒
3 憾
4 胆
5 朽
6 麗
7 免
8 慮
9 騒
10 没

8

1 変哲
2 剣
3 棋譜
4 鉢合
5 健脚
6 出納
7 圏内
8 憤慨
9 猫舌
10 幸

ステップ37

1 P.176

1 けんま
2 こうぼく
3 ほんりゅう
4 あさなわ
5 そとぼり
6 そぼく
7 ぼくめつ
8 とうほん
9 まやく
10 まてんろう
11 さんかくす
12 さいぼう
13 ほうらく
14 りっきゃく
15 さいほう
16 ぼうじゃく
17 めんどう
18 たんけん
19 れんま
20 みが
21 けつぼう
22 とぼ
23 ぼうだい
24 ふく

2 P.177

1 劣悪
2 末尾
3 回避
4 冗漫
5 廃止
6 尽力
7 純朴
8 核心
9 罷免
10 斜陽

3

1 憤→噴
2 掃→吐
3 効→功
4 刻→酷
5 看→観
6 部→侮
7 亡→暴
8 冒→謀
9 変→偏
10 籍→跡

4 P.178

1 麻糸
2 質朴
3 磨
4 麻酔
5 堀端
6 打撲
7 奔走
8 僕
9 摩擦
10 翻意
11 風来坊
12 脱帽
13 平凡
14 盆踊
15 歳暮
16 峠
17 淡
18 暖房
19 奔放
20 本邦
21 希薄
22 気迫
23 飽食
24 奉職

ステップ38

1 P.180

1 やくどし
2 ゆえつ
3 いちまつ
4 もうしん
5 かんめい
6 めいもう
7 もうどうけん
8 めいき
9 まもう
10 まっちゃ
11 みさき
12 やくばら
13 おもも
14 のうり
15 ごくい
16 やっき
17 ねむけ
18 むぼう
19 しゅっぱん
20 ほか
21 ほしょく
22 つか
23 むじゅん
24 ほこさき

2 P.181

1 大 だい
2 巾 はば
3 力 ちから
4 艹 こまぬき・にじゅうあし
5 亻 にんべん
6 麻 あさ
7 凵 うけばこ
8 女 おんな
9 瓦 かわら
10 衣 ころも

3

1 喪 ウ
2 裂 カ
3 縄 イ
4 鬼 ア
5 奪 オ
6 縫 エ

4 P.182

1 災厄
2 愉快
3 岬
4 抹殺
5 妄執
6 厄介
7 盲点
8 銘
9 消耗
10 抹消
11 盲腸
12 婿
13 我慢
14 散漫
15 繁茂
16 一網
17 跳躍
18 波紋
19 正銘
20 証明
21 盲従
22 猛獣
23 霧中
24 夢中

ステップ39

1 P.184

1 ゆうちょう
2 せつゆ
3 へいゆ
4 ゆうふく
5 ゆいび
6 ゆうよ
7 ゆうかい
8 ぼんよう
9 きんゆう
10 い
11 かまだ
12 ふゆう
13 こまく
14 けいひん
15 みりょう
16 ようご
17 すぐ
18 ほが
19 きょうゆ
20 さと
21 まいぞう
22 あなう
23 ぜつめつ
24 ほろ

2 P.185

1 試す
2 澄まし
3 磨く
4 偏る
5 群がる
6 志す
7 褒める
8 煩わしい
9 誉れ
10 挑む

3

1 癒
2 愉
3 諭
4 有
5 融
6 雄
7 召
8 雌
9 女

4 P.186

1 余裕
2 悠久
3 癒着
4 中庸
5 唯我
6 諭
7 窯元
8 猶予
9 融通
10 暦
11 辞
12 抱
13 紅
14 腕力
15 幽閉
16 用途
17 誘致
18 憂慮
19 余地
20 予知
21 観葉
22 慣用
23 猛
24 望

ステップ40

1 P.188

1 らしんばん
2 りゅうじん
3 らくのう
4 りれきしょ
5 ほりょ
6 えきり
7 はきもの
8 たつまき
9 かりゅうかい
10 られつ
11 りゅうさん
12 ふりこう
13 こうら
14 しゅうりょう
15 こうりゅう
16 まさ
17 まこと
18 じょうみゃく
19 らんどく
20 かんり
21 のうりょう
22 すず
23 よくあつ
24 おさ

2 P.189

1 ウ
2 ア
3 エ
4 イ
5 ア
6 エ
7 イ
8 オ
9 イ
10 オ

3

1 深謀
2 鬼面
3 竜頭
4 未踏
5 浦浦・浦々
6 東奔
7 論旨
8 孤立
9 清寂
10 打尽

4 P.190

1 夕涼
2 赤痢
3 網羅
4 酪農
5 恐竜
6 履修
7 虜囚
8 柳
9 履
10 硫黄
11 川柳
12 清涼
13 猟師
14 丘陵
15 卵白
16 豚肉
17 脈拍
18 配慮
19 砂利
20 迎合
21 満身
22 慢心
23 承認
24 証人

ステップ41

1 P.192

1 ばくりょう　2 べつわく　3 たいりょう　4 りん　5 りんり　6 もど　7 まんるい　8 どうりょう　9 ふうりん　10 けいるい　11 たんれん　12 ろばた　13 ろうかく　14 わんきょく　15 やえば　16 こっきしん　17 たびかさ　18 うちょうてん　19 あれい　20 すず　21 ぞうわい　22 まかな　23 ろうすい　24 も

2 P.193

1 軟　2 履　3 僚　4 妄　5 憤

3

1 怠惰　2 簡略　3 高騰　4 裕福　5 衰微　6 羅列　7 黙認　8 追憶　9 快癒　10 抹消

4 P.194

1 鈴　2 閣僚　3 人倫　4 盗塁　5 寮　6 戻　7 収賄　8 累計　9 鈴虫　10 枠組　11 治療　12 感涙　13 魅惑　14 民　15 湾岸　16 漏電　17 官僚　18 完了　19 融資　20 有史　21 面　22 表　23 躍　24 踊

力だめし 第7回

1 P.195

1 ゆうごう　2 ゆいいつ　3 めいがら　4 よれい　5 れんま　6 ゆちゃく　7 ほりばた　8 あま　9 まっこう　10 しつぼく

2

1 虍 りょしゅう　2 石 りゅうさん　3 厂 やくび　4 尸 ぞうり　5 疒 げり　6 大 しゅっぽん　7 穴 すみがま　8 目 もうじゅう　9 手 まめつ　10 广 とうよう

3 P.196

1 濁っ　2 憎らしい　3 涼しい　4 鋭い　5 戻る　6 薄らぐ　7 弾む　8 狭める　9 諭す　10 漏れる

4

1 エ　2 ウ　3 ウ　4 イ　5 エ　6 オ　7 ア　8 エ　9 オ　10 ア

5 P.197

1 猶→裕　2 異→違　3 硫→竜　4 奨→省　5 常→情

6

1 蓄積　2 凝固　3 偉大　4 頒布　5 悠長　6 完遂　7 盛衰　8 勲功　9 老練　10 符合

7 P.198

1 悠悠・悠々　2 気鋭　3 折衷　4 喜怒　5 隠忍　6 普遍　7 傍若　8 奮励　9 森羅　10 誇大

8

1 画廊　2 零細　3 井　4 修羅場　5 愉楽　6 光陰　7 相撲　8 継　9 累積　10 徴収

準2級 総まとめ 標準解答

(一) 読み (30)

1	2	3	4	5	6	7	8	9	10	11	12	13	14
かくじゅう	へいどく	けいふ	らっかん	きょうじゅ	こうりょう	しゃだん	たいだ	げか	やっかい	しゅうわい	ちんたい	ほんそう	ていぞう

1×30

(二) 部首 (10)

1	2	3	4	5	6	7	8	9	10
田	一	戸	行	穴	貝	罒	糸	木	彡

1×10

(四) 熟語の構成 (20)

1	2	3	4	5	6	7	8	9	10
イ	エ	ウ	エ	ア	ア	オ	ウ	イ	エ

2×10

(六) 対義語・類義語 (20)

1	2	3	4	5	6	7	8	9	10
緩慢	秘匿	閉鎖	新鮮	崇拝	運搬	匹敵	唐突	撲滅	適切

2×10

(八) 四字熟語 (20)

1	2	3	4	5	6	7	8	9	10
源	寧	霧	裏	致	紫	拠	壮	怒	諸

2×10

(十) 書き取り (40)

1	2	3	4	5	6	7	8	9	10
維持	破棄	扶養	陶器	帳簿	執筆	柔和	渓谷	慰労	炎症

2×20

15	16	17	18	19	20	21	22	23	24	25	26	27	28	29	30
りこう	かせ	うるしざいく	きゅう	はちま	つつし	てっ	つぐな	ととの	わずら	もっぱ	さ	つい	うけたまわ	さ	そこ

(三) 同音・同訓異字 (30)

1	2	3	4	5	6	7	8	9	10	11	12	13	14	15
ウ	オ	イ	ウ	エ	イ	エ	ア	イ	オ	エ	イ	ウ	ア	エ

2×15

(五) 漢字識別 (10)

1	2	3	4	5
キ	オ	イ	ク	エ

2×5

(七) 漢字と送りがな (10)

1	2	3	4	5
戒める	操る	癒える	施す	被る

2×5

(九) 誤字訂正 (10)

	1	2	3	4	5
誤	踏	率	置	堅	抵
正	倒	律	治	顕	停

2×5

11	12	13	14	15	16	17	18	19	20
握	塗	額縁	軒先	刺	陥	袋	滑	桑	偽

都道府県名

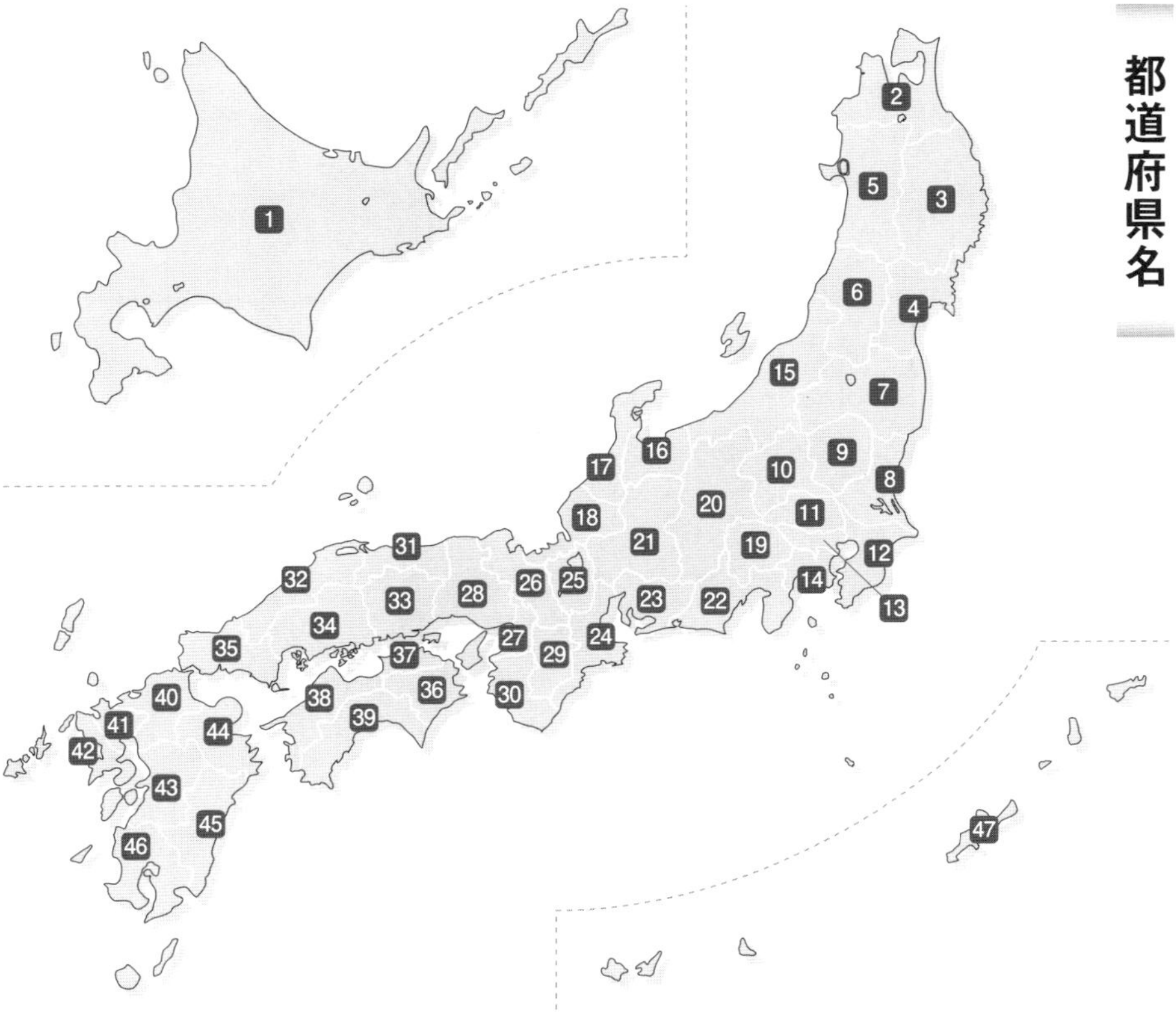

1	北海道《ほっかいどう》
2	青森県《あおもりけん》
3	岩手《いわて》県
4	宮城《みやぎ》県
5	秋田《あきた》県
6	山形《やまがた》県
7	福島《ふくしま》県
8	茨城《いばらき》県
9	栃木《とちぎ》県
10	群馬《ぐんま》県
11	埼玉《さいたま》県
12	千葉《ちば》県
13	東京都《とうきょうと》
14	神奈川《かながわ》県
15	新潟《にいがた》県
16	富山《とやま》県
17	石川《いしかわ》県
18	福井《ふくい》県
19	山梨《やまなし》県
20	長野《ながの》県
21	岐阜《ぎふ》県
22	静岡《しずおか》県
23	愛知《あいち》県
24	三重《みえ》県
25	滋賀《しが》県
26	京都府《きょうとふ》
27	大阪《おおさか》府
28	兵庫《ひょうご》県
29	奈良《なら》県
30	和歌山《わかやま》県
31	鳥取《とっとり》県
32	島根《しまね》県
33	岡山《おかやま》県
34	広島《ひろしま》県
35	山口《やまぐち》県
36	徳島《とくしま》県
37	香川《かがわ》県
38	愛媛《えひめ》県
39	高知《こうち》県
40	福岡《ふくおか》県
41	佐賀《さが》県
42	長崎《ながさき》県
43	熊本《くまもと》県
44	大分《おおいた》県
45	宮崎《みやざき》県
46	鹿児島《かごしま》県
47	沖縄《おきなわ》県